Uni-Taschenbücher 598

UTB

Eine Arbeitsgemeinschaft der Verlage

Birkhäuser Verlag Basel und Stuttgart
Wilhelm Fink Verlag München
Gustav Fischer Verlag Stuttgart
Francke Verlag München
Paul Haupt Verlag Bern und Stuttgart
Dr. Alfred Hüthig Verlag Heidelberg
Leske Verlag + Budrich GmbH Opladen
J. C. B. Mohr (Paul Siebeck) Tübingen
C. F. Müller Juristischer Verlag – R. v. Decker's Verlag Heidelberg
Quelle & Meyer Heidelberg
Ernst Reinhardt Verlag München und Basel
F. K. Schattauer Verlag Stuttgart–New York
Ferdinand Schöningh Verlag Paderborn
Dr. Dietrich Steinkopff Verlag Darmstadt
Eugen Ulmer Verlag Stuttgart
Vandenhoek & Ruprecht in Göttingen und Zürich
Verlag Dokumentation München-Pullach

Jürgen Grzesik

Die Steuerung von Lernprozessen im Unterricht

Quelle & Meyer Heidelberg

Jürgen Grzesik
ord. Professor für Pädagogik an der Universität Köln

CIP-Kurztitelaufnahme der Deutschen Bibliothek

Grzesik, Jürgen
Die Steuerung von Lernprozessen im Unterricht. – 1. Aufl. – Heidelberg : Quelle und Meyer, 1976. (Uni-Taschenbücher; 598)
ISBN 3-494-02063-9

ISBN 3-494-02063-9

Printed in Germany.
Satz und Druck: Druckhaus Darmstadt GmbH
Einbandgestaltung: Alfred Krugmann, Stuttgart
Gebunden bei der Buchbinderei Sigloch, Stuttgart

Inhalt

Vorwort

Keinem Lehrer ist die Erfahrung fremd, daß Schüler auf sorgfältig vorbereitete Problemstellungen, Veranschaulichungen oder komplette Unterrichtsmethoden nicht so reagieren, wie er es erwartet. Ein solcher Mißerfolg seiner Arbeit ist für den Lehrer oft bestürzend. Andererseits ist es aber nicht weniger erstaunlich, daß Schüler in zahllosen Fällen genauso reagieren, wie es der Lehrer erwartet hat. Ein Lehrer, für den das Unterrichten noch nicht die Form einer leblosen Routine angenommen hat, ist deshalb gespannt, ob die von ihm erwarteten Reaktionen auch eintreten. Diese Spannung wird um so größer sein, je weniger er der Wirkung seines Handelns auf die jeweiligen Schüler sicher ist. Wer seine ersten Unterrichtsversuche macht, empfindet sie wohl am stärksten.

Kenntnisse über die Zusammenhänge zwischen dem Handeln des Lehrenden und den Reaktionen der Lernenden können diese Unsicherheit und die aus ihr resultierende Spannung verringern, jedoch nie ganz beheben. Solche Kenntnisse versucht diese Untersuchung zu vermitteln, indem sie einen Beitrag zur Aufhellung der Interaktionsprozesse zwischen Schüler und Lehrer leistet.

Wir beschreiten zunächst den Weg einer systematischen Analyse von grundlegenden Möglichkeiten der Beeinflussung des Lernenden im Unterricht. Durch die Verknüpfung dieser Beeinflussungsmöglichkeiten werden dann einfache und komplexe Verlaufsformen des Unterrichtens gebildet.

Da unsere Aussagen sich auf grundlegende Zusammenhänge zwischen Lehren und Lernen beziehen, ist mit ihnen der Anspruch verbunden, für jede Art des Unterrichts zu gelten. Sie befassen sich nämlich mit den Rahmenbedingungen, innerhalb derer sich z. B. jeder Unterrichtsstil oder jede Form des Fachunterrichts bewegen muß. Die von uns aufgewiesenen grundlegenden Bedingungen eröffnen den Raum für die Vielfalt möglicher Unterrichtsmethoden. Damit tritt an die Stelle einer Universalmethode für jeden Unterricht oder von speziellen Rezepten für ganz bestimmte Unterrichtssituationen ein Begriffssystem, mit dessen Hilfe sowohl Unterrichtsverläufe für Lernprozesse im jeweiligen Fachunterricht als auch in ganz speziellen Unterrichtssituationen analysiert oder entworfen werden können.

Mit Hilfe des in dieser Untersuchung entwickelten Begriffszusammenhangs kann man an einem beobachteten Unterrichtsverlauf aufzeigen, daß bestimmte Beeinflussungsmöglichkeiten auftreten, wie sie miteinander verknüpft sind und auf welche Weise sie sich auf die

Lernenden auswirken. Kurz: er ist ein ganz auf das Unterrichten zugeschnittenes Analyseinstrument.

Mit seiner Hilfe kann man aber auch je nach Unterrichtsziel, Entwicklungsstand der Lernenden und Planungsebene die verschiedensten Unterrichtsmethoden entwerfen. Die Analyse grundlegender Möglichkeiten der Beeinflussung des Lernenden eröffnet die Möglichkeit der experimentellen Untersuchung spezifischer Formen des Unterrichtens und läßt der Freiheit des Planenden größtmöglichen Raum. Auf dieser Grundlage können alternative Unterrichtsmethoden entworfen und erprobt werden.

Über die Unterrichtsplanung kann die Kenntnis dieser Begriffe sich schließlich auch auf die Unterrichtspraxis auswirken. Sie kann unmittelbar zur Verbesserung des Unterrichts beitragen, wenn der Lehrer sich ihrer bedient.

Deshalb ist dieses Buch in erster Linie für diejenigen geschrieben, die Lehrer werden wollen oder es schon sind.

I. Kapitel: Die Problematik einer Untersuchung der Steuerung von Lernprozessen im Unterricht

Der Titel „Die Steuerung von Lernprozessen im Unterricht“ ist ein anderer Ausdruck für das, was man gewöhnlich als „Unterrichtsmethode“ bezeichnet.[1]

Die Problematik, um die es uns geht, besteht unabhängig davon, ob man den einen oder den anderen Ausdruck wählt. In beiden Fällen geht es um die Frage, *auf welche Art und Weise man den Lernenden im Unterricht beeinflussen kann*, d. h. welche *Möglichkeiten der Beeinflussung* es gibt, welche *Mittel* dem Lehrenden hierfür zur Verfügung stehen. Im Hinblick auf dieses Problem ist es unerheblich, ob man von der Steuerung des Lernens im Unterricht oder von der Unterrichtsmethode spricht.

Mit der Wahl des anderen Ausdrucks zeigen wir aber an, daß wir das bleibende Problem, über welche Beeinflussungsmöglichkeiten der Lehrende im Unterricht verfügen kann, von bestimmten Positionen des gegenwärtigen Forschungsstandes aus untersuchen wollen.[2]

Mit dem Problem der Beeinflussungsmöglichkeiten wird jeder konfrontiert, der selbst zu unterrichten sucht oder über Unterricht nachdenkt. Unter den schreibenden Pädagogen haben sich diejenigen am intensivsten mit ihm auseinandergesetzt, die selbst in bedeutendem Maße unterrichtet bzw. erzogen haben.[3]

Die bisher vorgelegten Lösungsmöglichkeiten für dieses Problem unterscheiden sich allerdings von Autor zu Autor. Man denke nur an die sokratische Mäeutik, an die von Comenius propagierte Universalmethode, an Rousseaus negative und indirekte Erziehung, an die Elementarmethode Pestalozzis, an die Kombinatorik von elementaren Momenten des Unterrichts bei Herbart, die allgemeine Stufentheorie der Herbartianer und die von Makarenko geforderte und z. T. praktizierte pädagogische Technik!

So interessant die Geschichte unseres Themas ist, wir wollen ihr nicht folgen. Nur zwei Zitate sollen ein Schlaglicht auf sie werfen und uns zugleich eine Erklärung dafür ermöglichen, weshalb wir zwei für die Lösung der Methodenproblematik häufig in Anspruch genommene Termini meiden.

In Pestalozzis Buch „Wie Gertrud ihre Kinder lehrt“ von 1801 steht der Satz: „Es ist unbegreiflich, daß die Menschheit sich nicht dahin erhebt, *eine lückenlose Stufenfolge aller Entwicklungsmittel meines Geistes und meiner Gefühle* zu eröffnen, deren wesentlicher Zweck dieser sein müßte, die Vorteile des Unterrichtes und seines

Mechanismus auf die Erhaltung der sittlichen Vollkommenheit zu bauen, ..." [4]

In Makarenkos Buch „Ein pädagogisches Poem, ‚Der Weg ins Leben'" von 1935 steht: „Wir alle wissen ganz genau, welche Art Menschen man erziehen muß. Das weiß jeder gebildete, klassenbewußte Arbeiter und jedes Parteimitglied. Folglich liegt die Schwierigkeit nicht in der Frage, was wir erziehen sollen, sondern wie wir es tun sollen. Und das ist eine Frage der pädagogischen Technik. Technik ist nur auf Grund von Erfahrung möglich. Die Gesetze für das Schneiden von Metallen wären nicht gefunden worden, hätte die Menschheit niemals Erfahrungen im Metallschneiden gesammelt. Nur wenn technische Erfahrung vorliegt, sind Erfindungen, Vervollkommnungen, Auslese und Beseitigung des Ausschusses möglich. Unsere pädagogische Tätigkeit wurde nie auf technischer Logik aufgebaut, sondern immer auf der Logik einer Moralpredigt. Das macht sich besonders in der eigentlichen Erziehung bemerkbar; in der Unterrichtspraxis ist es leichter." [5]

Vergleichen wir nur diese beiden Aussagen, ohne ihre Beziehungen zu anderen Äußerungen der beiden Autoren zu untersuchen, dann lassen sich eine Reihe von Gemeinsamkeiten feststellen:

Für beide steht der Zweck der Erziehung bzw. des Unterrichts bereits fest. Sie haben ihre eigene, hier nicht weiter erläuterte Vorstellung davon, was bei dem jungen Menschen durch die pädagogische Beeinflussung erreicht werden soll. Diese Zielvorstellung steht für sie nicht mehr zur Disposition, ihre Berechtigung wird nicht mehr diskutiert, sondern unausgesprochen oder ausdrücklich als gesichert angesehen. Für Pestalozzi ist es der sittlich vollkommene Mensch und für Makarenko der neue sozialistische Mensch.

Beide richten ihr Interesse stattdessen auf die „Entwicklungsmittel" bzw. auf die pädagogische Tätigkeit, durch die das bereits feststehende Ziel erreicht werden soll. Es geht ihnen um die Art der pädagogischen Beeinflussung des jungen Menschen.

Beide haben aber auch schon eine bestimmte Auffassung vom Unterrichten bzw. von der erzieherischen Beeinflussung. Sie sprechen von einem Mechanismus des Unterrichts bzw. von einer pädagogischen Technik. Dies besagt für sie vor allem, daß die durch pädagogische Tätigkeit erzielten Wirkungen gesetzmäßig eintreten [6] wie in der Natur die Aushöhlung des Bachbettes durch Wasser und im Handwerk oder in der Industrie die Herstellung eines bestimmten Produkts durch bestimmte Techniken. Allein dadurch ist die Erreichung des bereits feststehenden Zieles sichergestellt. Handelt es sich bei der Beziehung zwischen der pädagogischen Tätigkeit und ihren Wirkungen um Kausalgesetze, dann sind sie erkennbar. Was erkennbar ist, ist auch lehrbar, weshalb eine als Mechanismus oder pädagogische Technik aufgefaßte Unterrichtsmethode an beliebig viele Lehrende übermittelt werden kann.

Beide sprechen fordernd und programmatisch von der Entdeckung des Unterrichtsmechanismus bzw. von der Ausbildung einer pädagogischen Technik. Wenn man an die Datierung ihrer Aussagen (Anfang des 19. Jahrhunderts und die dreißiger Jahre dieses Jahrhunderts) denkt, wird man zumindest die mühelose Erfüllbarkeit ihrer Forderungen bezweifeln müssen.

Durch diesen historischen Rückgriff wird zunächst unser Problembereich deutlicher: Wir haben es mit dem konkreten unterrichtlichen bzw. erzieherischen Handeln zu tun, mit seiner Beziehung zu Zielen und seinen Wirkungen beim Lernenden.

Zugleich haben wir schon eine bestimmte Auffassung vom unterrichtlichen Handeln und seinen Beziehungen kennengelernt: Nach Pestalozzi und Makarenko ist es *abhängig von* vorgängigen Zielvorstellungen und vermag es ihre Realisierung *kausalgesetzlich zu erwirken.* Während Pestalozzi an den Mechanismus der Natur denkt, den der Lehrende im Unterricht nachahmen soll, vergleicht Makarenko den Erziehungsprozeß mit dem „Produktionsprozeß materieller Güter".[7] Die Herkunft der beiden Begriffe aus der Natur und dem Produktionsprozeß berechtigt zu der Frage, ob die Termini „Mechanismus des Unterrichts" und „pädagogische Technik" der eigentümlichen Form der unterrichtlichen Beeinflussung des Menschen gerecht werden oder ob ihre Übertragung von der physischen Natur bzw. dem Produktionsprozeß materieller Güter die Eigentümlichkeit dieses Prozesses gerade verdecken.

Hauptsächlich aus diesem Grunde vermeiden wir es bewußt, im Hinblick auf die Beeinflussung des Lernenden im Unterricht von einem Mechanismus oder einer pädagogischen Technik zu sprechen. Es kommt noch hinzu, daß beide Termini in einer seit der Antike geführten Diskussion auf sehr unterschiedliche Weise definiert und oft mit einem positiven oder einem negativen Wertakzent versehen worden sind.[8] Wer diese Termini benutzt, muß deshalb damit rechnen, daß sich bei seinen Lesern nicht nur mannigfache Nebenbedeutungen einstellen, sondern daß sie sogleich auch wertend Stellung beziehen und alles Folgende nur noch unter diesem Vorurteil zur Kenntnis nehmen. So stellt sich z. B. heute gegenüber einem Pädagogen, der den Terminus pädagogische Technik gebraucht, bei vielen sofort der Technologie-Verdacht[9] ein, d. h. der Vorwurf, daß er die Wertfrage aus der Pädagogik auszuklammern suche. Noch vor wenigen Jahren, zur

Zeit der stärksten Wirkung Heideggers, hätte man ihm vorgeworfen, daß er nicht nach dem „Scheinen und Walten der Wahrheit" des Seins frage, sondern sich nur mit dem Entbergen der rechnerisch feststellbaren Natur befasse.[10] Zwischen diesen beiden Formen einer radikalen Kritik der Technik gibt es philosophiegeschichtlich eindeutig aufzuweisende Beziehungen,[11] die für das Verhältnis zwischen Heideggers Existenzialontologie und der „kritischen Theorie" recht aufschlußreich sind. Diese bis in die Gegenwart hineinreichende historische Belastung der beiden Termini ist der zweite Grund dafür, daß wir sie meiden.

Entsprechendes gilt für den als Gegenbegriff zu „Mechanismus" und „Technik" für das Unterrichten und Erziehen gebrauchten Terminus der „Kunst". Auch hier gibt es viele Definitionen, handelt es sich um eine fragwürdige Analogie (diesmal mit dem künstlerischen Schaffen) und ist die emotionale Zustimmung oder Ablehnung schnell im Spiel.[12] Mit dem Terminus der Kunst verbinden sich die Vorstellungen, daß die pädagogische Tätigkeit eine vortheoretische Praxis, schöpferisch, individuell, irrational und weder lern- noch lehrbar sei.

Die mit den beiden Termini „Technik" und „Kunst" verbundenen Schwierigkeiten erklären sich zum Teil auch daraus, daß durch sie ein umfangreicher und hochkomplexer Problembereich erklärt werden soll, was sie nicht leisten können, und daß sich mit dem Terminus „Technik" gern ein Optimismus im Hinblick auf die methodische Machbarkeit, mit dem Terminus „Kunst" dagegen ein Methodenpessimismus verbindet, was schnell zu hitzigen Auseinandersetzungen führt, weil beide Einstellungen offensichtlich an grundlegende Wertpositionen gebunden sind.[13]

Unsere bisherigen Überlegungen haben dann die ihnen zugedachte Funktion erfüllt, wenn sie nicht nur einen ersten Einblick in unsere Thematik eröffnet haben, sondern es durch sie auch gelungen ist, ein wenig Raum zu schaffen für eine möglichst vorurteilsfreie Beurteilung der folgenden Analysen. Von nun an wollen wir uns dem thematisierten Problembereich direkt zuwenden, um ihn einer systematischen Analyse zu unterwerfen. Das heißt, wir verzichten nicht nur auf einen historischen Rückblick, sondern auch auf eine ausdrückliche Auseinandersetzung mit bereits vorliegenden Theorien.

1. Die Untersuchungsmethode

Ehe wir uns dem bis jetzt erst vorläufig abgegrenzten Problembereich zuwenden, müssen wir festlegen, in welcher Weise dies geschehen soll.

Das komplexe konkrete Unterrichtsgeschehen kann auf sehr verschiedene Weise untersucht werden. Was man an ihm erfaßt, ist abhängig von der Art der *Beobachtung*, dem jeweiligen Verfahren der *Analyse* und dem *Allgemeinheitsgrad* der angestrebten Aussagen.

Man kann die *Beobachtung* auf das äußere Verhalten des Lehrenden und der Lernenden einschränken. Strenggenommen dürfte man dann nur Aussagen über sinnlich wahrnehmbare, d. h. insbesondere über visuell erfahrbare optische und auditiv wahrnehmbare akustische, Phänomene bei Lehrenden und Lernenden machen. Sobald man aber eine Bewegung der Hand *als* zeichnen, *als* schreiben, *als* rechnen oder *als* ablehnende Geste bezeichnet, geht man bereits über die rein sinnliche Wahrnehmung hinaus, indem man das, was man sieht, als Ausdruck einer geistigen Tätigkeit oder Zuständlichkeit ansieht. Entsprechendes gilt für Gestik, Mimik, körperliche Haltung, Werkzeuggebrauch, unartikulierte Laute und den ganzen Bereich der Sprache. In jeder noch so strengen behavioristischen Verhaltensbeschreibung findet bereits eine solche Interpretation des sinnlich Wahrnehmbaren statt. So führt z. B. Gagné als Verben für beobachtbares Verhalten an: „zeichnen, bestimmen, wiedererkennen, rechnen“.[14] Eine solche Interpretation des bei anderen beobachteten äußeren Geschehens oder Zustandes können wir nur auf Grund dessen vollziehen, daß wir vorher auf ein gleiches oder ähnliches äußeres *und* inneres Verhalten, das wir selbst bereits vollzogen haben, reflektieren. Das an uns selbst erfahrene Innere sprechen wir dann dem bei anderen beobachteten Äußeren zu.[15] Die Erschließung des inneren Verhaltens eines anderen kann oft nur durch eine Synthese von Momenten des eigenen Verhaltens, d. h. nur auf Grund von Leistungen unserer Einbildungskraft bzw. Phantasie, erfolgen.

In vielen Fällen kann jedoch das bei anderen beobachtete äußere Verhalten nicht eindeutig interpretiert werden. Dann hilft uns manchmal die wiederholte Beobachtung des gleichen Verhaltens in verschiedenen konkreten Situationen etwas weiter, weil wir es mit dem in Beziehung setzen können, was in diesen Situationen ebenfalls gleichartig ist. Was kann man aber tun, wenn jemand im Unterricht lacht, wir aber nicht wissen, weshalb bzw. über was er lacht, wenn ein Schüler die Äußerung eines anderen heftig verwirft, wir aber nicht wissen, weshalb dies geschieht, oder wenn das Resultat einer Aufgabe oder einer Überlegung vorgelegt wird, wir aber nicht wissen, wie dieses Resultat zustandegekommen bzw. wie der Betreffende in seinen Besitz gekommen ist? Man kann dann den Beobachteten fragen, weshalb er gelacht, warum er eine Aussage abgelehnt hat, auf welchem Wege er zu einem bestimmen Resultat gekommen ist. Unsere Fragen können zu der eigentümlichen Situation führen, daß wir wieder ein sprachliches oder nichtsprachliches äußeres Verhalten beobachten können, das wir auf den vom Sprechenden gemeinten Sinn hin interpretieren müssen. Zugleich aber erfahren wir dann *mittelbar über den Sprechenden* etwas von den uns nicht zugänglichen inneren Vorgängen oder Zuständen eben dieser Person. In diesem Augenblick verlassen wir uns nicht nur auf unsere eigene Beobachtung, sondern auch auf die Selbstbeobachtung desjenigen, dessen Verhalten wir beobachten wollen. Wir beschränken uns also nicht auf eine Interpretation des sinnlich wahrgenommenen Verhaltens eines anderen Menschen, sondern berücksichtigen auch die von ihm selbst introspektiv gewonnenen Befunde, die uns nicht unmittelbar zugänglich sind.

Sobald man zum Zwecke der Interpretation des bei anderen Personen beobachteten Verhaltens Befunde der eigenen Introspektion heranzieht und auch auf introspektive Befunde anderer, insbesondere der beobachteten Personen selbst, nicht verzichtet, weitet man die Beobachtung auf den Gesamtbereich dessen aus, was uns beim Lehrenden und beim Lernenden unmittelbar oder mittelbar zugänglich ist. Über die Unzuverlässigkeit der Introspektion ist seit der Ausarbeitung moderner empirischer Erkenntnisverfahren in der Psychologie und der Soziologie oft geschrieben worden.[16] Heute sind sich aber viele Psychologen dessen bewußt, daß der Verzicht auf die Selbstbeobachtung für die Interpretation menschlichen Verhaltens unmöglich ist und die Introspektion der Beobachteten eine zusätzliche Erkenntnisquelle darstellt.[17] Entsprechendes gilt für die Erhebungsverfahren der empirischen Soziologie.[18] Zu beachten ist allerdings, daß jede Erkenntnisart und jede Erkenntnisquelle, d. h. auch die sinnliche Erfahrung, ihre eigene Problematik besitzen. Ihre Möglichkeiten sind begrenzt, und es gibt spezifische Formen der Täuschung, die durch Vorsichtsmaßnahmen bis zu einem gewissen Grade vermieden werden können. Es gibt nicht nur die Unwahrhaftigkeit in ihren verschiedenen Spielarten der Selbsttäuschung, sondern auch spezifische optische und akustische Täuschungen. Wer der Meinung ist, daß er sich bei der Beschreibung menschlichen Verhaltens ausschließlich auf die Sinneserfahrung stützen könne und dadurch für alle seine Aussagen die Objektivität gesichert sei, verfällt einem Schein, weil er es versäumt hat, die angeführten Verhältnisse zur Kenntnis zu nehmen.

Ohne daß wir die Problematik des Zugangs eines Beobachters zu dem Verhalten anderer Personen hier gründlicher erörtern können, beziehen wir im folgenden möglichst gut gesicherte Befunde der eigenen und der fremden Introspektion mit ein.

Was der Beobachtung zugänglich ist, muß der *Analyse* unterworfen werden, wenn man genaueren Aufschluß über es gewinnen will. Wir könnten es bei den beiden pauschalen Begriffen des Lehrerverhaltens und des Verhaltens der Lernenden bewenden lassen und alles beim Lehrenden und bei den Lernenden Beobachtbare mit ihnen bezeichnen. Für eine Untersuchung der Beeinflussung von Lernprozessen im Unterricht ist damit aber gar nichts gewonnen. Es muß deshalb eine bestimmte Form der Analyse gewählt werden. Von der Art des gewählten Analyseverfahrens hängt es dann ab, von welcher Art die möglichen Befunde insgesamt sind.

Wir könnten versuchen, mit der Hilfe von Begriffen im Verhalten des Lehrenden und auch der Lernenden Klassen von Einheiten zu bilden. Man gliedert dann das in der Linie der Zeit verlaufende Geschehen beim Lehrenden und bei den Lernenden auf die Weise in Einheiten auf, daß man aus dem Geschehensstrom mit Hilfe eines Begriffs eine Einheit von einer gewissen Dauer ausgrenzt, den dann folgenden Verlauf mit Hilfe eines anderen Begriffs von der nächsten Phase abgrenzt und so fort. Weil diese Verfahren es sich zum Ziel setzen, das *konkrete* Verhalten der Lehrenden und der Lernenden in Klassen von Einheiten aufzugliedern, bezeichnen wir sie als klassifizierende Verfahren und die in ihnen verwendeten Begriffe als Merkmalsbegriffe.

Es gibt eine größere Zahl von empirischen Untersuchungen, in denen der Versuch gemacht worden ist, das im Unterricht zu beobachtende Verhalten des Lehrenden zu klassifizieren. Hierzu zählen u. a. die Arbeiten von Peter Petersen, Else Müller-Petersen, Friedrich Winnefeld, David G. Ryans, N. A. Flanders und Gerd Schleiffer.[19] Obwohl die von diesen und anderen Autoren aufgestellten Listen von Merkmalsbegriffen alle die Aufgabe erfüllen sollen, die tatsächlich auftretenden Lehrhandlungen vollständig zu klassifizieren, ergibt sich bei ihrem Vergleich, daß die in diesen Listen auftretenden Begriffe weder der Art noch der Zahl nach übereinstimmen. Sucht man nach Gründen für diesen frappierenden Befund, dann wird sichtbar, wie wenig die klassifizierende Methode für eine Analyse des konkreten Lehrerverhaltens, durch die die Steuerung von Lernprozessen im Unterricht erfaßt werden soll, geeignet ist.

Das konkrete *Lehrerverhalten* ist ein hochkomplexes Geschehen. Will man es klassifizieren, dann ergibt sich zunächst die Frage, welche Einheiten man in Klassen zusammenfassen will. Soll der *Einzelkontakt* zwischen Lehrendem und Lernendem, d. h. jede Hin- oder Abwendung des Lehrenden vom Lernenden, die kleinste Verhaltenseinheit sein, wie Winnefeld diese Frage zu beantworten sucht, oder sollen größere Einheiten des Lehrerverhaltens im Unterricht klassifiziert werden, wie es z. B. durch die Kategorien „aktive Gesprächsführung“ oder „Maßnahmen zur technischen Einrichtung des Unterrichts“ von Schleiffer geschieht? [20]

Um dieser Frage zu entgehen, könnte man sich darauf zurückziehen, den Verlauf des Lehrerverhaltens oder des ganzen Unterrichtsgeschehens lediglich nach Zeiteinheiten zu klassifizieren, z. B. Einheiten von 2, 4, 7 oder 10 Minuten. Es genügt, an diese Möglichkeit zu denken, um sofort zu erkennen, wie willkürlich und äußerlich sie ist. Eine solche Aufgliederung des konkreten Lehrerverhaltens wäre gegenüber dem komplexen Sachgehalt dieses Geschehens völlig indifferent. Dies änderte sich nur unerheblich, wenn man statt gleichmäßiger Zeiteinheiten die faktischen Pausen im *aktiven äußeren Verhalten* des Lehrenden für die Aufgliederung des Lehrgeschehens verwendete. Diese Aufteilung benutzt allerdings schon ein zusätzliches Kriterium, nämlich das der Aktivität. Damit ist offenkundig, daß jede sachhaltige und nicht nur zeitliche Unterscheidung von Einheiten im Lehrerverhalten darauf angewiesen ist, Merkmale des konkreten Lehrerverhaltens für die Klassifizierung zu benutzen.

Gäbe es im Verhalten des Lehrenden und auch im Verhalten der Lernenden kleinste meßbare Zeiteinheiten mit nur einem Merkmal, dann wäre eine einheitliche Klassifizierung von Einheiten des Unterrichtsgeschehens möglich. Stattdessen gibt es auch in den kleinsten Zeiteinheiten eine große Zahl von nacheinander auftretenden Merkmalen und sogar von gleichzeitig auftretenden – man denke nur an die mediale, kognitive und emotionale Dimension des Lehrerverhaltens. Deshalb gibt es eine prinzipiell unbegrenzt große Zahl möglicher Begriffsbildungen auf Grund von wiederholt auftretenden Merkmalen des Lehrerverhaltens und des Schülerverhaltens. Welche Begriffe tatsächlich gebildet werden, hängt von dem Erkenntnisinteresse des Analysierenden ab. So ist Anderson z. B. am sogenannten dominierenden oder integrierenden Verhalten des Lehrenden interessiert, Winnefeld an sogenannten didaktischen Tendenzen der Lehrhandlungen, Ryans an den unterschiedlichen Verhaltensmerkmalen des erfolgreichen und des nicht erfolgreichen Lehrers, Flanders an der didaktischen Funktion der sprachlich objektivierten Handlungen des Lehrers und Else Müller-Petersen an Inhalt, Ausdrucksform sowie Antriebsart des Lehrerverhaltens. An diesen Beispielen läßt sich unmittelbar ablesen, daß das Erkenntnisinteresse in Begriffen für das Lehrerverhalten zum Ausdruck kommt. Da diese Begriffe außerordentlich viel umfassen, eignen sie sich selbst nicht oder nur sehr begrenzt für eine Aufgliederung des konkreten Geschehens in Klassen von gleichartigen Einheiten. Es müssen ihnen deshalb Begriffe mit geringerem Umfang untergeordnet werden, die dies leisten. Die Bestimmungen dieser Begriffe dienen als Unterscheidungsgründe (Kriterien) für die Bildung von Einheiten des konkreten Geschehens mit den ihnen entsprechenden Merkmalen. Mit Hilfe dieser Begriffe wird ein Teil des konkreten Unterrichtsgeschehens, der die von einem Begriff bezeichneten Merkmale enthält, vom anderen Geschehen als eine Einheit unterschieden. Das heißt: Sie bezeichnen im konkreten Geschehen die Indikatoren für die übergeordneten Begriffe. Da aber unterschiedliche Begriffssysteme für die vollständige Aufgliederung des ganzen konkreten Geschehens benutzt werden, ergibt sich ein Widerspruch zwischen der Vielzahl unterschiedlicher Begriffssysteme und dem für alle erhobenen Anspruch einer vollständigen Aufgliederung des konkreten Geschehens.

Auf Grund dieser kurzen Darstellung können einige grundlegende Schwächen aller klassifizierenden Verfahren bezeichnet werden.

1. Obwohl sie mit den von ihnen verwendeten Begriffen immer nur einige Merkmale des konkreten Lehr- und Lerngeschehens erfassen können, versuchen sie mit ihrer Hilfe eine vollständige Aufgliederung des konkreten Geschehens zu leisten. Auf diese Weise entsteht der Schein, daß sie mit ihren Begriffen komplette konkrete Einheiten erfassen könnten, obwohl die meisten Merkmale dieser Einheiten überhaupt nicht begrifflich erfaßt worden sind.

2. Durch ein System von Merkmalsbegriffen müßte sich das gesamte konkrete Verhalten der Lehrenden, das konkrete Verhalten der Lernenden oder beider zusammen in klar voneinander getrennte, nebeneinanderliegende Einheiten aufgliedern lassen. Tatsächlich macht es aber große Schwierigkeiten, die klassenbildenden Begriffe in eine klare Nebenordnung zu bringen, wodurch allein die sichere Unterscheidung von Einheiten des konkreten Geschehens ermöglicht würde. So unterscheidet z. B. Winnefeld als „direkte aktive Tendenzen“ des Lehrenden Präzisierungsimpulse, Verdeutlichungs- und Verbesserungsimpulse.[21] Sind aber beim Lernenden die Verhaltensweisen der Präzisierung, der Verdeutlichung und der Verbesserung eindeutig zu unterscheiden? Kann die Verbesserung nicht z. B. gerade in einer Präzisierung bestehen, oder ist die Verdeutlichung nicht zugleich auch eine Verbesserung? Und gibt es im Verhalten des Lehrenden tatsächlich klar zu unterscheidende Impulse für den Vollzug dieser drei Klassen von Verhaltensweisen? Wenn hier im Hinblick auf den jeweiligen Kontext der konkreten Unterrichtssituation, d. h. auf die durch diese Begriffe nicht berücksichtigten Merkmale, unterschiedlich entschieden werden kann, sind diese Begriffe für die ihnen zugemutete Aufgabe nicht geeignet.

3. Indem das Unterrichtsgeschehen lediglich in Einheiten des Lehrerverhaltens, des Schülerverhaltens oder in solche Einheiten aufgegliedert wird, die Lehrer- und Schülerverhaltensweisen umgreifen, wird das Verhältnis *zwischen* dem Lehrerverhalten und dem Schülerverhalten selbst nicht begrifflich erfaßt. Das klassifizierende Verfahren ist auf die Abgrenzung von Einheiten in der Linie der Zeit, nicht aber auf die Analyse von Beziehungen zwischen gleichzeitigen und aufeinander folgenden Handlungen beim Lehrenden und beim Lernenden abgestellt.

4. Die Unterordnung der klassifizierenden Begriffe unter Oberbegriffe, auf die sich das Erkenntnisinteresse richtet, ist sehr problematisch. Ist man z. B. an der sogenannten sozial-integrativen *Verhaltensform* des Lehrenden interessiert, dann ist es sehr fraglich, ob in jedem Falle die Klassen des freundlichen und des optimistischen Verhaltens als Indiz für *sozial-integratives Verhalten* angesehen, d. h. diesem Begriff untergeordnet werden können.[22] Die Problematik einer eindeutigen Zuordnung von untergeordneten zu übergeordneten Merkmalsbegriffen zeigt sich z. B. schon daran, daß Ryans die gleichen Klassen des freundlichen und des optimistischen Verhaltens als Indizien für den *erfolgreichen Lehrer* ansieht.[23] Die nur schwer exakt zu fassenden Bestimmungen dieser Begriffe und die durch sie nicht berücksichtigten Merkmale des konkreten Geschehens lassen es als sehr fraglich erscheinen, ob man die erfolgreichen oder sozial-integrativen Lehrer eindeutig an Klassen von Verhaltensweisen mit einem Merkmal, wie etwa dem der Freundlichkeit, wird erkennen können. Der freundliche Lehrer kann auf tragische Weise erfolglos sein oder zur Verhaltensform des Laissez-Faire neigen. (Für diese Verhaltensform wird Freundlichkeit von Tausch und Tausch auch als Indiz angeführt.[24])

Wenn diese Kritik des klassifizierenden Verfahrens zutrifft, dann ist es für eine Analyse der Steuerung von Lernprozessen wenig geeignet, weil man mit einem solchen Begriffssystem nur wenig von der Problematik der Beeinflussung des Lernenden zu verarbeiten vermag. Im äußersten Falle erhält man eine hochsignifikante Korrelation zwischen einzelnen oder mehreren Merkmalen (Cluster) auf Seiten des Lehrenden und der Lernenden, durch die über die Art der Beziehung zwischen Lehrer- und Schülerverhalten noch nichts ausgesagt ist. Die Grenzen der Leistungsfähigkeit klassifizierender Systeme zeigen sich auch in anderen Disziplinen, z. B. der Botanik und der Chemie (s. das System der Klassifikation von Pflanzen nach der Anordnung von Staub- und Fruchtblättern nach Linné oder das periodische System der chemischen Elemente nach steigendem Atomgewicht). Für die

Analyse komplizierter Beziehungszusammenhänge mit einer gewissen Gesetzmäßigkeit reicht die äußerliche Aufteilung nach bestimmten unterscheidenden Merkmalen nicht mehr aus. Hierzu benötigt man eine differenziertere Begrifflichkeit mit einer größeren Kapazität für die Verarbeitung der komplexen Realität.

Wir bedienen uns deshalb eines anderen Analyseverfahrens. Es kann hier nur in seinen Hauptzügen dargestellt, nicht aber ausführlich wissenschaftstheoretisch erörtert werden. Es besteht aus einem Begriffssystem für Faktoren im Handeln des Lehrenden einerseits und im Handeln der Lernenden andererseits sowie den zwischen diesen beiden Gruppen von Faktoren bestehenden funktionalen Zusammenhängen. Im Unterschied zu den Merkmalsbegriffen handelt es sich hier um Funktionsbegriffe, durch die Beziehungen zwischen dem Handeln des Lehrenden und dem Lernenden erfaßt werden. Statt das ganze konkrete Geschehen des *Lehrerverhaltens* zu klassifizieren, suchen wir in ihm möglichst viele Faktoren zu unterscheiden, durch die ein Einfluß auf das Lernen anderer Personen ausgeübt werden kann. Im einzelnen besagt dies:

Mit einem solchen Ansatz berücksichtigen wir von vornherein, daß unsere Begrifflichkeit für die Analyse der Steuerung von Lernprozessen unvollständig ist. Sie kann durch Differenzierung und Ergänzung erweitert werden. Das entspricht der beim gegenwärtigen Forschungsstand noch recht unvollständigen Kenntnis des Lehrens.[25]

Indem wir von Faktoren im Lehrerverhalten sprechen, sind wir genötigt, auf die wechselseitige Beeinflussung zwischen unterscheidbaren Phänomenen in ihm selbst zu achten.

Wir beschränken uns auf solche Faktoren im Lehrerverhalten, die als mögliche Bedingungen für bestimmte Phänomene im Lernprozeß der Schüler in Frage kommen.

Diese Faktoren sind in zweierlei Hinsicht variabel: Erstens ist variabel, ob sie überhaupt in einem bestimmten konkreten Lehrerverhalten auftreten.

Zweitens sind sie materialiter variabel, so daß ihre inhaltliche Ausprägung (Belegung) in bestimmten konkreten Verhaltensweisen des Lehrenden unterschiedlich sein kann.

Ebenso wie im Lehrerverhalten unterscheiden wir bestimmte Faktoren im Verhalten der Lernenden. Dies geschieht aber nicht unter dem Gesichtspunkt des Lehrens, sondern dem des Lernens. Solche Faktoren im Verhalten der Lernenden stehen ebenso wie die Faktoren im Lehrerverhalten in bestimmten wechselseitigen Beziehungen zueinander und müssen ebenso wie diese insgesamt und auch inhaltlich als Variablen des konkreten Lerngeschehens angesehen werden.

Die Faktoren im Verhalten des Lernenden unterscheiden sich der Art nach deutlich von den Faktoren im Lehrerverhalten.

Zwischen den Faktoren im Lehrerverhalten und den Faktoren im Verhalten der Lernenden gibt es funktionale Beziehungen, so daß von einem oder mehreren Faktoren im Lehrerverhalten bei den Lernenden eine oder mehrere Funktionen gleichzeitig ausgeübt werden können.

Wir verwenden demnach für die Analyse der Beeinflussung von Lernprozessen durch den Lehrenden *Funktionsbegriffe,* die sich dadurch auszeichnen, daß sie zwischen unabhängigen Variablen im Lehrerverhalten und abhängigen Variablen im Verhalten der Lernenden eine bestimmte Beziehung erfassen.[26]

Gegenüber Merkmalsbegriffen zeichnen sie sich durch folgende Leistungen aus:

1. Durch sie läßt sich im komplexen konkreten Unterrichtsgeschehen jede unterscheidbare Art der Beeinflussung von Lernprozessen der Schüler für sich erfassen. Die Einflüsse können zeitlich nacheinander oder gleichzeitig erfolgen. Die unabhängigen und die abhängigen Variablen können in derselben Zeiteinheit auftreten, die Ausübung einer Funktion durch unabhängige Variablen kann aber auch erst viel später im Handeln des Lernenden in Erscheinung treten. Wenn man Funktionsbegriffe benutzt, ist man deshalb weder genötigt, Einheiten des konkreten Geschehens zu bilden, noch bezieht man alle noch nicht begrifflich erfaßten Phänomene eines konkreten Verhaltens mit ein.

2. Durch Funktionsbegriffe werden die verschiedenen Formen der Beeinflussung als Beziehungen zwischen dem Lehrenden und dem Lernenden selbst erfaßt und unterschieden. Es werden nicht auf der Seite des Lehrenden und auf der Seite des Lernenden Einheiten gebildet, die dann erst in Beziehung zueinander gesetzt werden müssen, noch werden von vornherein Einheiten des ganzen Unterrichtsgeschehens gebildet, in denen aber die Beziehung zwischen dem Lehrenden und dem Lernenden ungeklärt bleibt.

3. Durch diese Form der Analyse können im Lehrerverhalten unterschiedliche Phänomene zusammengefaßt werden, die die gleiche Funktion ausüben. Es können aber auch solche Fälle erfaßt werden, in denen ein und dasselbe Phänomen unterschiedliche Funktionen ausübt. Die auf die unterschiedliche materiale Beschaffenheit bestimmter Phänomene in einem konkreten Lehrerverhalten fixierte klassifizierende Analyse konnte weder die funktionale Äquivalenz unterschiedlicher Phänomene noch die Polyfunktionalität ein und desselben Phänomens in ihrem Begriffssystem unterbringen.

4. Durch den Gebrauch von Funktionsbegriffen ist weder etwas über den Gesetzescharakter der verschiedenen Beeinflussungsarten des

Lernenden noch etwas über deren Modus vorweggenommen. Das heißt: es ist durch ihre Verwendung noch keineswegs entschieden, ob diese Beeinflussung die Form von Kausalgesetzen hat, von statistischen Gesetzen, von Bedingungen mit zufälligen Folgen, von Vorgaben, auf die der Lernende beliebig reagieren kann oder von personalen Akten, auf die er als Person antwortet. Es ist ebenfalls offen, ob die jeweilige Funktion als faktische in einem konkreten Unterrichtsgeschehen auftritt, als vom Lehrenden zwar realiter intendierte, aber nur potentiell erfüllte, weil ihre tatsächliche Erfüllung beim Lernenden nicht beobachtet werden kann, oder als nur vorgestellte im Bewußtsein des Planenden. Obwohl bei der Entscheidung für Funktionsbegriffe der Gesetzescharakter und der Modus offen bleiben, können sie doch in die Bestimmung der jeweiligen Funktionen aufgenommen werden, weil der Funktionsbegriff weit genug hierfür ist. Durch Merkmalsbegriffe dagegen kann weder der Gesetzescharakter noch der Modus zulänglich thematisiert werden, weil es unmöglich ist, von gesetzmäßigen, d. h. in irgendeinem Grade konstanten, Beziehungen *zwischen komplexen Einheiten des Lehrerverhaltens* einerseits und *komplexen Einheiten beim Lernenden* andererseits zu sprechen, und weil es keinen Sinn hat, vom potentiellen Modus einer faktisch aufgetretenen Einheit des Lehrerverhaltens zu sprechen, wenn man deren Funktionen für den Lernenden überhaupt nicht kennt und die Vorstellung solcher Einheiten für die Planung wegen der groben Aufteilung des Unterrichtsgeschehens sehr unergiebig ist.

5. Durch die klare Unterscheidung zwischen den unabhängigen Variablen auf Seiten des Lehrenden und den abhängigen Variablen auf Seiten des Lernenden kann die unterschiedliche Art und die materiale Bestimmtheit dieser Variablen auf beiden Seiten deutlich werden. Klassifiziert man dagegen nur das Lehrerverhalten, nur das Schülerverhalten oder Einheiten des ganzen Unterrichtsgeschehens, dann werden die Unterschiede zwischen den unabhängigen und den abhängigen Variablen noch nicht thematisiert.

Diese Argumente müssen hier genügen, um die Behauptung zu stützen, daß durch Funktionsbegriffe der von uns in den Blick gefaßte Bereich der Steuerung von Lernprozessen im Unterricht viel genauer und angemessener erfaßt werden kann als durch Merkmalsbegriffe.[27]

Selbstverständlich kann man auch einzelne Funktionen unter Oberbegriffen zu gleichartigen Funktionen zusammenfassen. Man klassifiziert dann aber nicht Einheiten des konkreten Verhaltens der Lehrenden und Lernenden, sondern die bereits von diesem Geschehen abstrahierten Funktionen. So ermöglicht es der Gebrauch von Funktionsbegriffen, von vielen Phänomenen des konkreten Unterrichtsgeschehens abzusehen. Andererseits aber wird der thematisierte Bereich viel genauer erfaßbar. Dies hat eine große Bedeutung nicht nur für die Genauigkeit der Unterrichtsanalyse, sondern auch für die Möglichkeit, die komplexe zukünftige Unterrichtswirklichkeit zu planen. Unter Verzicht auf Begriffe, die die ganze zukünftige Wirklichkeit vergeblich zu übergreifen suchen, kann man in einem Teilbereich diese zukünftige Wirklichkeit genauer antizipieren.[28]

Die durch eine solche Art der Beobachtung und Analyse gewonnenen Aussagen haben auch eine besondere Form des *Allgemeinen.*

Da sie sich aus der Beobachtung und Analyse des konkreten Unterrichtsgeschehens ergeben, handelt es sich bei ihnen um empirische Aussagen, d. h. Erfahrungsurteile.

Aussagen über eine streng einmalige Form der Steuerung von Lernprozessen sind aber weder für eine wiederholte Unterrichtsanalyse noch für die Planung eines zukünftigen und damit neuen Unterrichtsgeschehens zu gebrauchen. Deshalb können wir es nicht bei Aussagen bewenden lassen, in denen das Auftreten bestimmter Faktoren im Lehrerverhalten und bestimmter Funktionen dieser Faktoren für den Lernenden zu einer bestimmten Zeit an einem bestimmten Ort und bei bestimmten Personen festgestellt wird.

Obwohl wir für die Analyse und Planung von Unterricht Aussagen über wiederholt auftretende Formen der Steuerung von Lernprozessen benötigen, werden die hier angestrebten Aussagen keinen statistischen Charakter haben. Wir müßten dann z. B. genau angeben, mit welcher Häufigkeit die Funktionen bestimmter Faktoren unter bestimmten Bedingungen tatsächlich erfüllt werden. Solche Bedingungen könnten z. B. sein: die Klassengröße, die Art des Lehrgegenstandes, die Art des Unterrichtszieles, der Entwicklungsstand der Lernenden. Sie sind für das Auftreten bestimmter Formen der Steuerung als Randbedingungen anzusehen. Sobald bestimmte Formen der Steuerung von Lernprozessen wiederholt auftreten, kann ein solcher Versuch gemacht werden, über die Häufigkeit der Erfüllung bestimmter Funktionen unter konstanten Randbedingungen statistische Aussagen zu machen. Hierzu sind ausgedehnte Untersuchungen faktischer Unterrichtsverläufe unter strengen methodischen Bedingungen erforderlich, die wir noch nicht angestellt haben. Sie können durchgeführt werden, führen aber nur zu generellen Aussagen über Faktisches und nicht zu Aussagen darüber, ob bestimmte Formen der Steuerung in Zukunft, etwa nach einer Änderung der Auffassung über die anzustrebenden Unterrichtsziele, mit derselben Häufigkeit auftreten werden. Solche Aussagen haben daher primär einen Erkenntniswert für die Erschließung des faktisch Gegebenen und nur bedingt auch einen prognostischen Wert. Erst wenn entschieden worden ist, daß die statistisch ausgewiesenen Funktionen einer bestimmten Form der Steuerung wieder eintreten sollen, kann man die Wahrscheinlichkeit, mit der sie bei der Ausführung dieser Steuerungsform wieder auftreten wird, voraussagen.

Anstelle von statistischen Aussagen machen wir zunächst nur solche Aussagen über Formen der Steuerung von Lernprozessen, die zwar auf Beobachtungen ihres wiederholten Auftretens beruhen, im Hinblick auf die Häufigkeit ihres Auftretens aber unbestimmt bleiben. Wir behaupten deshalb nur, daß sie in unbestimmt vielen konkreten Unterrichtsverläufen bereits aufgetreten sind und ebenfalls in unbestimmt vielen zukünftigen Unterrichtsverläufen wieder auftreten können. Mit anderen Worten: Wir sprechen von *allgemeinen Möglichkeiten* der Steuerung von Lernprozessen. Sie stehen dem Lehrenden ständig zur Verfügung, und er kann von ihnen Gebrauch machen. Ob er diese Möglichkeiten realisiert, d. h. faktisch in Anspruch nimmt, ist davon abhängig, ob er die von ihnen zu erfüllenden Funktionen beim Lernenden anstrebt und ob er die bei diesen hierfür erforderlichen Bedingungen als gegeben ansieht.

Hieraus ergeben sich einige wichtige Folgerungen:

1. Die *Kenntnis solcher allgemeinen Möglichkeiten* der Steuerung von Lernprozessen ist die Bedingung dafür, daß der Lehrende zwischen ihnen wählen kann. Sie ist die Bedingung der Möglichkeit der Wahl zwischen ihnen. Seine Wahlfähigkeit bleibt, solange er überhaupt zwischen ihnen zu unterscheiden vermag, bestehen. Je mehr Möglichkeiten dieser Art er kennt, um so größer ist diese Freiheit der Wahl für ihn. Mit der Genauigkeit der Kenntnis dieser Möglichkeiten wächst ihre sachkundige, d. h. funktionsgerechte Handhabung. An die Stelle einer willkürlichen, weitgehend auf dem Zufall beruhenden Entscheidung tritt dann mehr und mehr eine rational begründete Entscheidung zwischen verschiedenen Steuerungsmöglichkeiten.

2. Die Rationalität dieser Entscheidung hängt außerdem noch davon ab, ob er die Wahl aus den ihm bekannten Steuerungsmöglichkeiten von möglichst genauen und möglichst klar bewußten Unterrichtszielen abhängig macht. Damit ist eine solche rationale Wahl von weiteren Kenntnissen abhängig. Nur die möglichst genaue Kenntnis von Steuerungsmöglichkeiten mit ihren Funktionen *und* die möglichst genaue *Kenntnis von Unterrichtszielen* ergeben zusammen die Grundlage für die Beurteilung der Frage, ob bestimmte Steuerungsmöglichkeiten zur Realisierung bestimmter Unterrichtsziele beitragen können, d. h. geeignete Mittel für bestimmte Zwecke sind. Nur so kann nämlich geprüft werden, ob die erfüllten Funktionen einer

Steuerungsmöglichkeit bereits die Realisierung eines Teilzieles darstellen oder aber zur Verwirklichung eines weitergesteckten Zieles beitragen. Wenn der Lehrende *für das Verhältnis zwischen bestimmten Steuerungsmöglichkeiten und bestimmten Unterrichtszielen wissenschaftlich gesicherte statistische Aussagen kennt,* kann er über dieses Verhältnis zuverlässige Wahrscheinlichkeitsaussagen machen. Anderenfalls ist er allein auf seine oder tradierte Erfahrungen angewiesen, was ihn nur zu mehr oder weniger sicheren Schätzurteilen befähigt. Hier haben statistische Aussagen ihren Ort im Entscheidungsprozeß über Steuerungsmittel. Mit ihrer Hilfe werden keine Prognosen aufgestellt über das komplette zukünftige Unterrichtsgeschehen, d. h. ohne Berücksichtigung der Entscheidungsfreiheit des jeweiligen Lehrers, sondern der Lehrende bedient sich ihrer bei seiner Entscheidung. Damit ist für diese Entscheidung ein dreifaches Wissen erforderlich: Wissen über Unterrichtsziele, Wissen über Steuerungsmöglichkeiten und Wissen über die Beziehung zwischen Steuerungsmöglichkeiten und Unterrichtszielen.

3. Die Abhängigkeit der Entscheidung über Steuerungsmittel von der Entscheidung über Unterrichtsziele ist nicht nur eine Abhängigkeit von Kenntnissen, sondern auch eine Abhängigkeit von einer vorgängigen *Wertentscheidung*, denn jedes gesetzte Ziel ist eine gewünschte zukünftige Gegebenheit. Hier stellt sich die wichtige Frage, ob die Entscheidung für eine bestimmte Steuerungsform wertfrei ist. Sie ist nicht wertfrei, weil die Bejahung eines Unterrichtszieles übertragen wird auf die für die Realisierung dieses Zweckes erforderlichen Mittel. Hier stellt sich das schwierige Problem, wieweit die Entscheidung für bestimmte Zwecke die Wahl von Mitteln legitimieren kann. Die Entscheidung über Mittel für die Realisierung von Unterrichtszielen ist aber auch *selbst* nicht wertfrei; denn bei genauerem Hinsehen erkennt man, daß jede Entscheidung für eine bestimmte Steuerungsmöglichkeit nicht nur in Abhängigkeit von vorgängigen Zielsetzungen wertbestimmt ist, sondern auch selbst eine Wertentscheidung darstellt. Damit keine Mißverständnisse auftreten, muß dies etwas genauer bedacht werden. Jede, auch die geringfügigste Steuerung will beim Lernenden eine Funktion ausüben. Die Erfüllung dieser Funktion beim Lernenden wird intendiert, d. h. angestrebt, und damit als Zweck der gewählten Steuerungsmöglichkeit gewünscht. Zwischen einem solchen nächsten Ziel und einem zeitlich viel späteren Ziel gibt es keinen grundsätzlichen Unterschied. Über beide muß entschieden werden, was ohne eine Wertung nicht möglich ist. Daher ist jede Entscheidung über die Wahl eines Steuerungsmittels immer auch eine Wertentscheidung. Demgegenüber ist die Ableitung einer Ent-

scheidung über ein Steuerungsmittel aus einer weiter vorgreifenden oder einer allgemeineren Zielsetzung ein sekundäres Problem.[29]

4. Während bei der Wahl von Steuerungsmöglichkeiten immer eine Wertung mit im Spiel ist (eine Wertung der durch diese Form der Steuerung zu erfüllende Funktion und eventuell noch das Problem der Ableitung aus anderen Wertentscheidungen), ist die Kenntnis von allgemeinen Steuerungsmöglichkeiten wertfrei. Man kann solche Kenntnisse gewinnen und besitzen, ohne daß man sich schon für die Realisierung auch nur einer einzigen dieser Möglichkeiten entscheiden müßte. Erst wenn man Unterricht plant und ausführt, ist diese Entscheidung unumgänglich. Sie setzt dann aber bereits in der angeführten Weise Kenntnisse über Steuerungsmöglichkeiten voraus.

Auf Grund dieser Unterschiede und Zusammenhänge zwischen der Kenntnis von Steuerungsmöglichkeiten und der Wahl von Steuerungsmöglichkeiten kann man die Art der Steuerungsmöglichkeiten und die Entscheidung über sie getrennt zum Thema machen. Mit anderen Worten: Man kann über allgemeine Steuerungsmöglichkeiten sprechen, ohne schon das Problem ihrer Wahl erörtern zu müssen, und man kann die Wahlproblematik von Steuerungsmöglichkeiten erörtern, ohne schon solche Möglichkeiten genau analysiert zu haben. Erst in der Praxis der Unterrichtsplanung und endgültig in der Praxis des Unterrichts als Ausführung des Geplanten ist beides notwendig miteinander verbunden.

Da man auch in einem begrenzten Bereich wie dem der Beeinflussung des Lernenden im Unterricht nie alles zugleich mit gleicher Gründlichkeit behandeln kann, machen wir uns nur einen dieser beiden Aspekte des konkreten Lehrerverhaltens zum Thema: die allgemeinen Steuerungsmöglichkeiten. Sieht man einmal davon ab, daß es nach unseren Überlegungen den Unterschied zwischen wertfreier Mittelwahl und wertenden Zwecksetzungen gar nicht gibt, dann wäre es ein technologischer Standpunkt, wenn wir die Entscheidungsproblematik und damit die pädagogischen Wertentscheidungen keiner wissenschaftlichen Behandlung für zugänglich hielten. Davon kann aber keine Rede sein. Wir machen sie nur jetzt nicht zum Thema, weil es hierzu eigener umfangreicher Untersuchungen bedarf.

Indem wir unsere Untersuchungsart auf die Weise zu bestimmen suchten, daß wir die *Beobachtungsart*, das *Analyseverfahren* und die *Form der von uns angestrebten allgemeinen Aussagen* beschrieben haben, haben wir zwangsläufig auch schon einiges über den *Gegenstandsbereich* sagen müssen, dem wir uns zuwenden wollen. Es ist das sinnlich und innerlich wahrnehmbare Geschehen beim Lehrenden und beim Lernenden, es sind in ihm funktionale Zusammenhänge zwischen Lehren und Lernen, und es sind hier wiederum die allgemeinen Steuerungsmöglichkeiten. Ehe wir uns mit bestimmten allgemeinen Möglichkeiten der Steuerung von Lernprozessen im Unterricht befassen können, müssen wir uns über die Bestimmung der Untersuchungsart und den anfangs gebrauchten allgemeinen Terminus der Beeinflussung von Lernprozessen hinaus eine genauere Vorstellung von unserem Gegenstandsfeld machen. Das soll im nächsten Abschnitt geschehen.

Es kann keine Frage sein, daß unsere bisherigen Überlegungen und alle noch folgenden nichts anderes darstellen als den Prozeß einer zunehmend differenzierteren begrifflichen Erfassung des konkreten Unterrichtsgeschehens. Wenn wir unsere Form der begrifflichen Fassung des Unterrichtsgeschehens nicht absolut setzen wollen, müssen wir von vornherein einräumen, daß es auch andere Formen der begrifflichen Fassung des Unterrichtsgeschehens gibt und sogar Formen mit einem größeren Erklärungswert, d. h. einer größeren Leistungsfähigkeit für die Verarbeitung der Komplexität des konkreten Unterrichtsgeschehens, geben kann. Wir stellen daher diese Form der begrifflichen Aufarbeitung lediglich zur Diskussion. Eine solche Diskussion könnte z. B. die Gestalt eines Vergleichs mit konkurrierenden Begriffssystemen annehmen.

2. Der Gegenstandsbereich

Von Unterricht, vom Lehrenden und vom Lernenden haben wir bisher gesprochen, ohne genauer zu bestimmen, in welchem Sinne wir diese Begriffe gebrauchen. Durch diese Begriffe werden aber die *äußeren Grenzen unseres Gegenstandsbereiches* festgelegt, so daß wir sie in dem für diese Abgrenzung erforderlichen Maße bestimmen müssen.

Unterricht ist eine besondere Art der Interaktion. Im Normalfall findet diese Interaktion zwischen Personen statt, im Fall des Selbstunterrichts handelt es sich dagegen um eine Interaktion in ein und derselben Person. Mit anderen Worten: im Normalfall handelt es sich bei ihr um eine interindividuelle, im Fall des Selbstunterrichts um eine intraindividuelle Beziehung. In jedem Fall ist im Unterricht die Beziehung zwischen Personen oder in ein und derselben Person insofern asymmetrisch, als die eine Seite Funktionen des Lehrens ausübt, die andere Funktionen des Lernens. Diese Funktionen sind keineswegs mit bestimmten Personen identisch, sondern werden nur auf Zeit von ihnen ausgeübt. Sie bilden (konstituieren) eine unter vielen anderen Rollen, die eine Person der Möglichkeit nach ausüben kann bzw. faktisch ausübt. Wie schnell sie mit anderen Rollen wechselt, sieht man am besten in Unterrichtsprozessen, die außerhalb des institutionalisierten Unterrichts, wie er z. B. in unseren öffentlichen Schulen vorliegt, stattfinden. Hier alterniert z. B. die Erklärung der Handhabung eines Gerätes mit der Verkäuferrolle bzw. das Lernen dieser Handhabung mit der Käuferrolle oder die Rolle, einen Weg zu erläutern, mit der Rolle des lediglich im Wahrnehmungsfeld eines anderen auftauchenden Passanten. Aber auch im institutionalisierten Unterricht ist die offizielle Lehrperson keineswegs immer ein Lehrender und ist der Schüler keineswegs immer ein Lernender. Die Unterscheidung zwischen Person und Rolle ermöglicht es auch, Vorgänge zu berücksichtigen, in denen der Schüler gegenüber anderen Schülern oder sogar gegenüber dem Lehrer Lehrfunktionen übernimmt. Man muß außerdem berücksichtigen, daß die Lehr- und Lernfunktionen dominant, d. h. überdeckend, oder rezessiv, d. h. verdeckt, auftreten können. So spielen sich beim Lehrenden bestimmte Lernprozesse ab, während er primär lehrt (docendo discimus), und auch das Lernen einer Person kann für andere Personen, z. B. den offiziellen Lehrer, belehrend sein.

Wenn wir auf Grund dieser Überlegungen Unterricht als die interindividuelle oder intraindividuelle Interaktion zwischen Personen bzw. einer Person in der dominanten Funktion des Lehrens und der dominanten Funktion des Lernens bezeichnen, dann hat unser Gegenstandsbereich die Grenzen der für die spezifische Interaktionsform des Unterrichts konstitutiven Rollen und bezieht nicht die am Unterricht beteiligten Personen insgesamt mit ein. Der Begriff „Funktion“ ist in diesem Zusammenhang der Oberbegriff für alle von uns im folgenden und auch darüber hinaus noch unterscheidbaren einzelnen Funktionen. Die Unterscheidung der im Unterricht auftretenden spezifischen Rollen von den Personen und den übrigen von ihnen ausgeübten Rollen erlaubt es erst, die Beziehungen zwischen beidem zu thematisieren. Haben wir es z. B. in einer Unterrichtssituation mit einer größeren Zahl von Schülern zu tun, was bei uns in den öffentlichen Schulen die Regel ist, dann kann sich eine bestimmte Form der Steuerung von Lernprozessen an die ganze Gruppe von Lernenden als einheitlichem Adressaten richten. Nur auf Grund des Unterschieds zwischen der Rolle als Lernender und der Rolle als Person kann dann das Verhältnis der von ihnen auf Grund einer bestimmten Steuerung erwarteten gleichen Reaktion und ihrer unterschiedlichen persönlichen Lebensgeschichte thematisiert werden. Entsprechendes gilt für Beziehungen zwischen den Lehrfunktionen und der persönlichen Lebensgeschichte beim Lehrer. – Die Rollen des Lernens und des Lehrens können freilich auch von anderen Rollen innerhalb der Berufsrolle des Lehrers und der umfassenderen Rolle, Schüler zu sein, unterschieden sowie in ihren Beziehungen zu diesen anderen Rollen erörtert werden.[30]

Bei dieser Abgrenzung des Unterrichts sind schon die Begriffe „Lehren“ und „Lernen“ dadurch bestimmt worden, daß wir sie als Rollen bezeichnet haben. Im folgenden wollen wir von dem Sonderfall des Selbstunterrichts absehen. Dann läßt sich für das *„Lehren“* aus dieser Definition des Unterrichts außerdem entnehmen, daß es aus Akten von Personen besteht, die sich auf andere Personen richten. Auf Grund der von uns gewählten Beobachtungsart beschränken wir uns nicht auf äußere Vollzüge, sondern beziehen auch die ihnen zugrundeliegenden mentalen Prozesse mit ein. Die dem Lehren eigene Gerichtetheit (Intentionalität) sowie die an ihm unterscheidbaren äußeren, d. h. sinnlich wahrnehmbaren, und mentalen Prozesse berücksichtigen wir von nun an in der Weise, daß wir nicht mehr den meist behavioristisch eng verstandenen Verhaltensbegriff gebrauchen, sondern den Handlungsbegriff. Wir sprechen deshalb von nun an nicht mehr vom ‚Lehrerverhalten‘, sondern von ‚Lehrhandlungen‘.[31] Wenn wir diesen Terminus ohne Zusatz gebrauchen, verstehen wir darunter stets ein mentales und zugleich auch als äußeres Handeln für den Lernenden zugängliches Geschehen beim Lehrenden.

Lernen findet nur unter dem unmittelbaren oder mittelbaren Einfluß der äußeren Situation des Lernenden statt, d. h. angesichts einer faktisch gegebenen oder nur vorgestellten Umwelt. Das Lernen *im Unterricht* findet immer unter dem Einfluß einer äußeren Situation statt, die von mindestens einer Person mit Lehrfunktionen hergestellt wird. Diese produktive, hervorbringende Leistung der Lehrhandlungen besteht darin, daß durch sie in der äußeren Situation des Lernenden Bedingungen zusammengestellt werden, auf Grund deren der Lernende bestimmte Lernprozesse vollziehen kann. Im Anschluß an Gagné nennen wir diese Bedingungen externe Bedingungen des Lernens. Gagné formuliert diesen Tatbestand einmal so: „Unterrichten heißt, die Bedingungen des Lernens, die außerhalb des Lernenden bestehen, zu arrangieren.“ [32] Entweder bringt der Lehrende in Lehrhandlungen diese Bedingungen selbst hervor, indem er z. B. einen Rat erteilt, eine Aufgabe stellt, eine Schülerleistung beurteilt, oder er schafft diese Bedingungen zwar nicht selbst, bringt sie aber ins Blickfeld des Lernenden, indem er z. B. eine Karte aufhängt, ein physikalisches Experiment vorführt, Bücher aufschlagen läßt, Bilder zeigt, etwas vorliest, erzählt oder referiert. Im ersten Fall bestehen die Lehrhandlungen aus Instruktionen für das Lernen, im zweiten Fall aus der Vorgabe von Gegenständen mit bestimmten Materialfaktoren für den Lernprozeß. Demnach ist es für die Rolle des Lehrens im

Unterricht spezifisch, daß der Lehrende durch Lehrhandlungen in Gestalt von Lerninstruktionen und in Gestalt der Vorgabe von Gegenständen mit bestimmten Materialfaktoren Funktionen für den Verlauf des Lernens beim Lernenden auszuüben sucht. Zwischen Lerninstruktionen und Materialfaktoren gibt es bestimmte Beziehungen.

Da durch diese Bestimmung des Lehrens der Bereich, in dem wir nach Steuerungsfunktionen suchen werden, genauer festgelegt wird, hebe ich die einzelnen Bestimmungen noch einmal hervor: die Rollenhaftigkeit, die Interpersonalität, den Handlungscharakter, das Arrangieren von Faktoren der äußeren Situation des Lernenden als externen Bedingungen seines Lernens, die Produktivität dieses Tuns, seine Unterscheidung in die Produktion von Lerninstruktionen und die Vorgabe von Unterrichtsgegenständen mit bestimmten Materialfaktoren.

Mit dieser Definition sind zugleich schon einige grundlegende Aussagen über den Gegenstand unseres Interesses gemacht worden:

1. Das Lernen des Menschen wird durch seine äußere Situation beeinflußt, und das Lehren oder Unterrichten ist eine besondere Form dieser Beeinflussung. Das Lernen im Unterricht unterscheidet sich durch die vom Lehrenden hergestellte spezifische äußere Situation von allen Formen des Lernens, die im Umgang mit Sachen und Personen außerhalb des Unterrichts auftreten, z. B. dem Lernen durch die eigene, von anderen nicht gelenkte sinnliche Wahrnehmung von Farben, Formen, Geräuschen, Oberflächenqualitäten, Temperatur, Geschmacksqualitäten etc., dem Lernen durch die selbständige Beobachtung sozialer Verhaltensweisen, dem Lernen durch die Reflexion auf eigene Handlungen, etwa das Verhältnis zwischen Absicht und Erfolg, oder dem Lernen bei bewußter eigener Beschäftigung mit Tieren, Menschen und Sachen.[33]

2. Es gibt keinen Unterricht mit Ausnahme des Selbstunterrichts ohne eine Beeinflussung durch andere Menschen. Diese Beeinflussung kann freilich sehr gering sein. Selbst der Extremfall des Verzichts auf einen genau bestimmten Einfluß, z. B. als Gewährenlassen oder Schweigen, ist in der Unterrichtssituation eine Form der Beeinflussung. Wie stark Rousseau, der Vater aller Formen der antiautoritären Erziehung, selbst durch seine negative Erziehung den Educandus zu beeinflussen sucht, ist offenbarend für die Haltlosigkeit der Behauptung, es könne Erziehung und Unterricht ohne jede Beeinflussung durch einen anderen geben. Im 2. Buch seines Erziehungsromans „Emile" sagt er: „Die erste Erziehung muß also rein negativ sein ... Wenn es euch gelänge, nichts zu tun und nichts geschehen zu lassen, wenn es euch gelänge, euren Zögling gesund und kräftig bis zu seinem

zwölften Lebensjahr zu bringen, ohne daß er seine rechte von seiner linken Hand zu unterscheiden vermöchte, so würden sich die Augen seines Verständnisses vom ersten Augenblick an unter eurer Obhut der Vernunft öffnen. Ohne Vorurteile, ohne Gewohnheiten wäre nichts in ihm, was euren Bemühungen entgegenwirken könnte. Bald würde er unter euren Händen der weiseste aller Menschen, und indem ihr zu Anfang gar nichts getan hättet, hättet ihr ein Wunder an Erziehung vollbracht." [34] Hat der Erzieher wirklich nichts zu tun, wenn er einen jungen Menschen „gesund und kräftig bis zu seinem zwölften Lebensjahr" bringt und wenn er sich so sehr aller Überlieferung enthält, daß der junge Mensch bis zu diesem Alter nicht einmal die konventionelle Unterscheidung zwischen ‚rechts' und ‚links' kennenlernt? Und hat diese Enthaltung davon, den jungen Menschen z. B. mit überlieferten Vorstellungen von Tugend und Wahrheit bekannt zu machen, für Rousseau nicht nur den Zweck, ihn um so mehr dem eigenen Einfluß auszuliefern, den eigenen „Bemühungen", der eigenen „Vernunft", der Formung zum weisesten aller Menschen mit eigener Hand? Unterricht enthält daher immer eine Fremdbestimmung, wenn auch in sehr unterschiedlichen Formen und in sehr unterschiedlichem Grade.

3. Indem der Lehrende Faktoren der äußeren Situation des Lernenden arrangiert, übt er auf den Lernenden nur über diese Faktoren und nur potentiell einen Einfluß aus. Seinem unmittelbaren Einfluß unterliegen daher nur potentielle Bedingungen des Lernens. Ob sie tatsächlich das Lernen mitbedingen, hängt von externen Faktoren ab, die vom Lehrenden *nicht* arrangiert worden sind, und von einer Vielzahl von internen Bedingungen, d. h. von Faktoren, die beim Lernenden bereits ausgebildet sind. Die vom Lehrenden arrangierten Bedingungen sind daher immer nur *Teilbedingungen* in einem zumeist sehr umfangreichen Bedingungskomplex eines bestimmten Lernprozesses.[35] Wenn wir von externen Bedingungen für das Lernen sprechen, bringen wir noch keine bestimmte Gesetzmäßigkeit der Einwirkung zum Ausdruck, wie sie beim behavioristischen Konditionieren mitgedacht wird. Welche Rolle externe bedingende Faktoren beim Zustandekommen eines Lernprozesses spielen, läßt sich nur durch die Analyse ihrer Funktion bestimmen (s. o. S. 21 ff.). Sie kann im Skinnerschen Sinne darin bestehen, daß durch solche Faktoren ein Lernprozeß statistisch meßbar verursacht wird. Sie kann aber auch darin bestehen, daß der Lernende die Freiheit besitzt, einen ihm vorgegebenen Faktor nicht als Bedingung seines Lernens zu akzeptieren, um nur zwei Möglichkeiten der Beziehung zwischen externen Bedingungen und Lernprozeß vorwegzunehmen. Daß die

Dinge hier nicht so einfach liegen, zeigt sich auch daran, daß für den Lernenden immer nur sein subjektives Bewußtsein von der äußeren Situation relevant wird und nicht etwa eine für alle Lernenden einer Gruppe in gleicher Weise objektive äußere Situation.

4. Für das Lernen im Unterricht ist wie für das Lehren ausgemacht, daß es eine Rolle unter anderen ist. Es besteht wie das Lehren aus gerichteten äußeren und mentalen Vollzügen, weshalb wir von nun an auch für das Lernen den Handlungsbegriff benutzen. Lernhandlungen sind aber keineswegs darauf gerichtet, bei anderen Personen Lernprozesse zu beeinflussen. Bei einer Analyse der Steuerungsfunktionen wird sich zeigen, daß in Lernhandlungen sehr verschiedene Intentionen auftreten und unterschiedliche Kombinationen miteinander eingehen können. Außerdem wird sich zeigen, daß die von den Schülern verfolgten Absichten keineswegs immer mit der Lernintention zusammenfallen, in denen sich der Lernende absichtlich und voll bewußt auf ein bestimmtes Lernresultat richtet.

Es entspricht unseren Aussagen über das Lehren, wenn wir im Lernen ein vielfach bedingtes Geschehen sehen, für das die vom Lehrenden arrangierten Bedingungen der jeweiligen äußeren Situation nur *ein* Bedingungsfeld darstellen.

Auch das Lernen ist wie das Lehren eine produktive Tätigkeit. In ihm produziert der Lernende aber nicht ein Arrangement von Bedingungen der äußeren Situation für andere, sondern bestimmte Veränderungen in seinem eigenen Handeln. Sobald nämlich eine Veränderung stattfindet, durch die zusätzliche Voraussetzungen für das weitere Handeln geschaffen werden, ohne daß dieser Gewinn ausschließlich als Ergebnis eines genetisch determinierten Reifungsprozesses angesehen werden kann, ist dieses Resultat durch einen Lernprozeß zustandegekommen. Lernen unterscheidet sich damit auch von einer Änderung, die aus dem bloßen Wechsel von Handlungen besteht. Es findet aber *in* solchem Wechsel statt, indem eine neue Handlung bzw. eine neue Modifikation einer bereits vollzogenen Handlung auftritt oder die Sicherheit des Vollzugs der bereits bekannten Handlungen durch Wiederholung erhöht wird. Durch den Gewinn an neuen Qualitäten oder die Erhöhung der Dauerhaftigkeit bereits erworbener Qualitäten werden auf jeden Fall die Voraussetzungen für den Vollzug weiterer Handlungen verändert.

Durch diese Definition des Lernens ist noch nichts darüber ausgesagt, ob der in einem Lernprozeß erzielte Gewinn als ein positives oder ein negatives Lernresultat angesehen werden soll. Dies wäre nur mit Hilfe von Wertnormen möglich.

Für das Lernen im Unterricht ist demnach kennzeichnend: der

Rollencharakter, die multiple Bedingtheit und die Hervorbringung neuer oder verstärkter Qualitäten des Handelns. Damit haben wir aus dem Strom der lebendigen Lebenswirklichkeit des Menschen einige Merkmale abgehoben, die für die Rolle des Lernenden im Unterricht konstitutiv sind.

Lehrhandlungen und Lernhandlungen im definierten Sinne bilden den Gegenstandsbereich, auf den wir jetzt die vorher dargestellte Untersuchungsmethode anwenden. In ihm werden wir nach allgemeinen Möglichkeiten der Steuerung von Lernprozessen suchen.

II. Kapitel: Die Steuerung von Lernprozessen durch Lerninstruktionen

Der Terminus „instruction“ wird im anglo-amerikanischen Raum primär für „Unterricht“ gebraucht.[1] Bei uns dagegen hat „Instruktion“ das Bedeutungsfeld von „Anleitung, Vorschrift, Richtschnur oder Dienstanweisung“.[2] Wir verwenden hier weder das eine noch das andere Bedeutungsfeld, sondern schließen uns an den Wortgebrauch der experimentellen Psychologie an. Von ihr wird der Terminus „Instruktion“ für die Anweisung des Versuchsleiters an die Versuchsperson gebraucht. Wir werden allerdings berücksichtigen müssen, daß solche Anweisungen auch durch andere Medien als die Sprache vermittelt werden können: durch Mimik, Gestik und die Haltung oder Bewegung des ganzen Körpers. Deshalb unterscheiden wir die verbale von der nichtverbalen Instruktion.[3]

Die Instruktion als Lehrhandlung besteht aus einer Aufforderung an den Lernenden, mit Hilfe einiger Informationen bestimmte Lernresultate selbst zu erzielen. Damit haben wir den Terminus der Instruktion schon für eine bestimmte Form der Steuerung von Lernhandlungen in Anspruch genommen. Wir sprechen deshalb genauer von Lerninstruktionen.

Lerninstruktionen als Lehrhandlungen unterscheiden sich von Handlungen, durch die der Lehrende Unterrichtsgegenstände vorgibt. Das Mitbringen eines konkreten Gegenstandes, das Austeilen eines Textes, der Aufbau einer experimentellen Anordnung, das Aufhängen einer Karte, das Vorführen eines Filmes, das Erzählen und Referieren und anderes mehr können völlig ohne verbale oder nichtverbale Instruktion geschehen, wenn lediglich ein Gegenstand in den Wahrnehmungsbereich eines Lernenden gebracht wird. Ist der Gegenstand selbst sprachlicher Natur, dann gehört nicht nur die schriftliche, sondern auch die mündliche Vorgabe zu diesen Handlungen. Dasselbe gilt für den Vollzug von körperlichen Tätigkeiten, die vom Schüler gelernt werden sollen.

Die durch solche Lehrhandlungen vorgegebenen Unterrichtsgegenstände enthalten materiale Faktoren, die für die Steuerung von Lernprozessen große Bedeutung haben. Mit der Vorgabe bestimmter Unterrichtsgegenstände fällt der Lehrende nicht nur in bestimmten Grenzen eine Entscheidung darüber, *was gelernt werden soll,* sondern auch über den *möglichen Verlauf* des Lernens. Über den Verlauf des Lernens fällt er Teilentscheidungen, wenn er die Unterrichtsgegenstände

z. B. unter den Gesichtspunkten der Anschaulichkeit oder Prägnanz aussucht.

Wir analysieren im folgenden zuerst die verbale Lerninstruktion, ehe wir uns mit der nichtverbalen Lerninstruktion befassen.

1. Die Steuerung von Lernprozessen durch verbale Lerninstruktionen

Der noch etwas fremdartige, weil bisher ungebräuchliche Terminus der verbalen Lerninstruktion hat außer seiner Brauchbarkeit für die Bezeichnung einer bestimmten Art von Lehrhandlungen noch den nicht zu überschätzenden Vorteil, daß er nicht von vornherein eine Fülle von vorgefaßten Urteilen weckt, die sich bei Begriffen wie „Lehrerfrage“, „Denkanstoß“, „Impuls“ oder „Lehrersprache“ unweigerlich einstellen. Diese Termini werden oft gar nicht mehr auf ihre begriffliche Bestimmung hin untersucht, sondern lediglich als Reizwörter aufgefaßt. Ob der Terminus „verbale Lerninstruktion“ nicht auch eine Anziehungskraft für vorgefaßte Urteile besitzt, wird sich erweisen. Da die folgende funktionale Analyse der verbalen Lerninstruktion ganz von dem Interesse an der Erschließung eines wichtigen Teilbereiches der Pädagogik geleitet ist, sollte sie allein nach ihrer analytischen Leistungsfähigkeit beurteilt werden.

1.1 Die informative Funktion

Alle verbalen Lerninstruktionen haben die Intention, dem Lernenden Informationen zu übermitteln. Diese Informationen werden in der Lerninstruktion vom Lehrenden sprachlich kodiert und müssen vom Lernenden dekodiert werden, damit die Lerninstruktion ihre Informationsfunktion erfüllen kann. Mit anderen Worten: heißt die Instruktion z. B. „Vergleicht die physikalischen Eigenschaften dieser beiden Stoffe!“, dann muß der Lernende diese Anweisung zunächst einmal verstehen. Um die Informationsfunktion der verbalen Lerninstruktion genauer erfassen zu können, müssen wir untersuchen, welche unabhängigen Variablen in der Instruktion selbst unterschieden werden können und welche abhängigen Variablen ihnen beim Lernenden entsprechen.

1.1.1. Die in verbalen Lerninstruktionen auftretende Gegenstands-, Methoden- und Adressatenvariable

Lerninstruktionen enthalten als unabhängige Variablen Informationen über Gegenstände, Methoden und Adressaten. In einer einzelnen Instruktion brauchen diese drei Arten von Information nicht alle vertreten zu sein, d. h. ihr Auftreten ist variabel. Variabel ist aber auch, worin die Information der jeweils auftretenden Variablen besteht, d. h. durch welche Kategorien oder Namen diese Variablen belegt werden.

In jeder verbalen Lerninstruktion tritt eine *Gegenstandskategorie* auf, oder sie wird von ihr schon vorausgesetzt. Heißt die Instruktion z. B. „wir wollen uns folgende Gleichungstypen anschauen", dann enthält diese Instruktion die Gegenstandskategorie „folgende Gleichungstypen", und in der Instruktion „Wie heißt das erste Potenzgesetz?" lautet die Gegenstandskategorie „das erste Potenzgesetz". Unter „Gegenstandskategorie" verstehen wir demnach diejenigen Begriffe in einer Lerninstruktion, durch die irgendeine Gegebenheit bezeichnet wird, auf die der Lernende seine Aufmerksamkeit richten soll. Die Art dieser Variablen müssen wir uns jetzt in mehrfacher Hinsicht verdeutlichen.

Führen wir uns zuerst vor Augen, wie groß die Fülle dessen ist, was dem Lernenden als Gegenstand für seine Zuwendung angezeigt werden kann, d. h. woraus die Gegenstandsvariable *materialiter* bestehen kann.

Gegenstand der Zuwendung kann sinnlich Wahrnehmbares sein (Wie sind die *Farben* verteilt? Welchen Aggregatzustand hat *Wasser*? Wir wollen eine qualitative Analyse *dieses chemischen Stoffes* vornehmen.).

Gegenstand der Zuwendung können Begriffe und Begriffszusammenhänge aller Art sein (Wie definiert man physikalisch *„Arbeit"*? Kennen Sie Definitionen des *Wahrheitsbegriffes*? Wenden Sie die Ihnen bekannten *Regeln* an!).

Gegenstand der Zuwendung können Symbole für konkrete oder abstrakte Sachverhalte sein (Suche *Flüsse mit Deltamündung auf dieser Karte*! Welche Eigenschaften hat *die Funktion* $y = x^2$ *an der Stelle* $x = 1$?).

Gegenstand der Zuwendung kann nicht nur Gegenwärtiges, sondern auch Gewesenes und Zukünftiges, nicht nur Reales, sondern auch Potentielles, Irreales, Fiktives sein (Wir haben uns geeinigt, *die Lebensverhältnisse der englischen Bergarbeiter seit dem 2. Weltkrieg* zu untersuchen. Bleiben Sie bei Ihrer *Behauptung*? Wir müßten *diese Möglichkeiten* miteinander vergleichen. Nehmen Sie an, *es gäbe diese Bedingungen*! Wie wird *diese Romanfigur* dargestellt?).

Gegenstand der Zuwendung kann der eigene geistige Prozeß sein (Wie *seid ihr vorgegangen*?).

Gegenstand der Zuwendung können Aussagen sein, in denen Sach-

oder Werturteile enthalten sind (Begründen Sie bitte Ihre *Wertentscheidung*! – Stimmen Sie *dieser Auffassung* zu? – *Das* hast du gut *gesagt*!).

Obwohl damit die *Breite des Spektrums von Kategorien* für verschiedenartige Gegenstände in Lerninstruktionen belegt sein dürfte, beanspruchen wir weder, eine einheitliche noch eine vollständige systematische Ordnung aller möglichen Gegenstandsbereiche gegeben zu haben. Dasjenige, was man zum Gegenstand von Lerninstruktionen machen kann, ist genauso unbegrenzt wie das, was man zum Gegenstand von Aussagen machen kann. Hier stoßen wir auf die anthropologische Grundtatsache des menschlichen Gegenstandsbewußtseins, daß keine endgültigen Grenzen dafür angegeben werden können, was es sich zum Gegenstand von Bewußtseinsakten verschiedener Art machen kann.

Nicht nur die *Art* der Gegenstandskategorie ist variabel, sondern auch ihr *Umfang*. Man kann durch eine Lerninstruktion dem Lernenden sehr unterschiedliche Informationen über die Größe des Gegenstandsbereiches geben, auf den er seine Aufmerksamkeit richten kann. Zu der qualitativen Variabilität kommt hier eine quantitative. Die Instruktion „Überlegen Sie, ob die Natur eine Geschichte hat?" bezieht sich auf den Gegenstandsbereich „Natur". Dieser Gegenstandsbereich verliert an Umfang, wenn man ihn auf die unbelebte, die belebte Natur und dort wiederum auf den Menschen einschränkt. Manchmal wird eine weitere und eine engere Gegenstandsbestimmung vorgenommen. So z. B., wenn es um die Analyse des Aufbaus eines bestimmten Dialogs geht. In einer solchen Instruktion wird schon vorausgesetzt, daß ein bestimmter dramatischer Text als Gegenstand der Zuwendung vorgesehen ist, und dann die Aufmerksamkeit auf einen Dialog eingeschränkt. Entsprechendes gilt für die Instruktion „Welche Eigenschaften hat *die Funktion* $y=x^2$ *an der Stelle* $x=1$?".

Während jeder als Gegenstandskategorie verwendete Begriff sich auf einen Sachbereich mit einem bestimmten Umfang bezieht, tritt dann, wenn die Anzahl der Gegenstände bezeichnet werden soll, zu dem Begriff noch ein *Quantor*. So ist es etwas anderes, den Aufbau *eines* Dialogs, *zweier* oder *mehrerer* Dialoge und den Aufbau *des* Dialoges, d. h. der allgemeinen Dialogform, zu analysieren. Durch bestimmte Zahlangaben (drei, sieben), unbestimmte Zahlangaben (einige, mehrere) und den All-Quantor (alle) läßt sich der Umfang eines Gegenstandsbereiches zusätzlich zu dem Begriffsumfang ausdrücklich festlegen. Entsprechendes gilt für Zeitquantitäten, Flächenquantitäten etc. Ein besonderer Fall ist das Individuum, das nicht als ein Exemplar einer Klasse bezeichnet wird, sondern durch einen

Eigennamen. Unter Umständen bedarf es mehrerer Daten, um sicherzustellen, daß ein ganz bestimmtes Individuum gemeint ist (Müller, Fritz, geb. am 20. 3. 1920, in Köln).

Drittens ist an der Gegenstandskategorie variabel, ob sie *zutreffend oder unzutreffend* ist. Eine Gegenstandskategorie ist dann zutreffend, wenn es auch tatsächlich den ihr entsprechenden Gegenstand gibt. Je nach der Art der jeweiligen Gegenstandskategorie muß es ein wahrnehmbarer, vorstellbarer oder denkbarer Gegenstand sein. Es muß dann mindestens eine Entsprechung zwischen einer Begriffsbestimmung und einem Gegenstandsmerkmal geben. Je größer der Umfang eines Gegenstandsbegriffes ist, um so geringer ist die Entsprechung zwischen dem Begriff und der Merkmalsfülle des Gegenstandsbereiches. Unzutreffend ist eine Gegenstandskategorie dann, wenn es überhaupt keine Entsprechung zwischen ihr und einem Gegenstand gibt. Bei einfachen Gegenständen kommt es seltener vor, daß die verwendete Gegenstandskategorie unzutreffend ist, dagegen bei komplizierten Sachverhalten häufiger. Da für die Identifizierung einer unzutreffenden Gegenstandskategorie bei komplizierten Sachverhalten vielschichtige Voraussetzungen bekannt sein müssen, seien nur zwei Beispiele für einfache Fälle angeführt: Welche *Bücher hat Karl der Große gelesen?* Wann *wurde Napoleon ermordet?*[4] In diesen Instruktionen wird fälschlicherweise behauptet: Karl der Große hat Bücher gelesen, Napoleon wurde ermordet.

Bei dem Begriffspaar zutreffend – unzutreffend ergibt sich das besondere Problem, daß es zwischen völliger Entsprechung des Begriffsinhaltes mit Gegenstandsmerkmalen und absoluter Divergenz viele Grade geben kann, die man nur bei exakt definierten Begriffen zahlenmäßig fassen kann (z. B. 3 von 5 Begriffsbestimmungen treffen zu). Außerdem genügt für die zuverlässige Identifikation eines Gegenstandes im Kommunikationsprozeß oft eine Teilentsprechung. Aus diesen Gründen wird man bei solchen Fällen über den Grad der Entsprechung und der durch ihn geleisteten Information an den Lernenden besondere Aussagen machen müssen.

Das Ausmaß der mit Gegenstandsmerkmalen übereinstimmenden definierenden Momente fassen wir als eine besondere Variable. Wir nennen diese Variable den Faktor der *Prägnanz*. Eine in der Lerninstruktion verwendete Gegenstandskategorie kann in mehrerer Hinsicht für den Gegenstandsbereich eine höhere oder eine geringere Prägnanz besitzen.

Eine erste Dimension der Prägnanz besteht darin, daß die Zahl der durch eine oder mehrere Gegenstandskategorien bezeichneten Merkmale unterschiedlich groß sein kann. Es handelt sich hier um den *Bestimmungsreichtum* der Gegenstandskategorien. Von Duncker ist nachgewiesen worden, daß ein Gegenstand leichter identifiziert werden kann, wenn die Instruktion mehrere Gegenstandsqualitäten bezeichnet.[5] Für die Reproduktion von Vorstellungen ist dies aus Ratespielen gut bekannt, in denen durch zusätzliche bestätigte Merkmale der Gegenstand leichter gefunden werden kann. Es gilt dies aber auch für die Identifikation eines Gegenstandes zwischen mehreren Gegenständen oder für einen Gegenstandsaspekt. So besitzt z. B. die Gegenstandsinformation: „der spitze, felsige, rotbraune Berg“ eine höhere Prägnanz als die Information „der spitze Berg“ oder die Information: „der kurze, spannende, aus einem einzigen Satz bestehende Text“ eine höhere Prägnanz als „der kurze Text“.[6] In beiden Fällen treffen die genannten Merkmale zu. Es wird dem Lernenden aber eine unterschiedlich große Zahl von zutreffenden Merkmalen genannt.

Eine weitere Dimension für die Prägnanz der Gegenstandsvariablen ist die *Knappheit*. Ein einfaches Beispiel Dunckers vermag dies zu demonstrieren. Heißt die Instruktion: „Hole ein Werkzeug, um den Nagel einzuschlagen!“, so ist die Gegenstandsbezeichnung prägnanter als in der Instruktion: „Hole etwas, womit ich einen Messingnagel in die Wand schlagen kann, um dies Van-Gogh-Porträt aufzuhängen!“ (s. Anm. 5). Daß nicht nur in solchen elementaren Fällen das Phänomen der Knappheit eine Rolle spielt, mögen die folgenden beiden Fassungen ein und desselben Themas zeigen: „Das Verhältnis zwischen Anlage und Reifung einerseits und der personalen oder sachlichen Umwelt andererseits als Bedingungen für die menschliche Entwicklung.“ – „Das Verhältnis zwischen genetischen und peristatischen Bedingungen der menschlichen Entwicklung.“ In der knapperen Fassung werden überflüssige spezielle Bestimmungen fortgelassen. Bestimmungsreichtum und Knappheit haben daher die gegenläufige Tendenz der Vermehrung bzw. Verringerung von Merkmalen. Es bedarf noch eingehender Untersuchungen, um allgemeine Kriterien für die optimale Vermehrung bzw. Verringerung der Bestimmungen in Gegenstandsinformationen zu finden.

Eine dritte Dimension der Prägnanz ergibt sich daraus, daß die Gegenstandskategorie Merkmale enthält, die über den zu bezeichnenden Gegenstand hinausgehen, d. h. mehr und anderes umgreift, als zum Gegenstand gemacht werden soll. Hier liegt eine Unschärfe der verwendeten Begriffe vor. Die Prägnanz der Instruktion wird von der *Schärfe* des Begriffsgebrauches mitbestimmt. Die Instruktion: „Ist diese Heizung eine Wärmeleitung?“ ist unscharf, weil der Gegenstand der Zuwendung für diese Aufgabe ein „Heizkörper“ sein müßte, was zu folgender Fassung der Instruktion führen könnte: „Tritt an diesem Heizkörper Wärmeleitung auf?" Auch die Gegenstandskategorie „Tageszeit" enthält Bestimmungen, die überflüssig sind, wenn man den unterschiedlichen Umfang der Zeiteinheiten „Morgen" und „Abend" gegenüber „Tag" meint (So die beiden folgenden Instruktionen: „Morgen, Tageszeit, Abend, in welchem Verhältnis stehen sie zueinander?" – „Morgen, Abend und Tag, in welchem Verhältnis stehen sie zueinander?").[7]

Die Lerninstruktion informiert nicht nur über einen Gegenstand, auf den sich die Aufmerksamkeit des Lernenden richten kann, sondern auch über eine Methode für die Erfassung dieses Gegenstandes. Sie enthält deshalb eine *Methodenkategorie* oder setzt die Information über eine Methode schon voraus.[8] Heißt die Instruktion z. B. „Wir wollen eine qualitative Analyse dieses chemischen Stoffes durchführen", dann enthält diese Instruktion außer der Gegenstandskategorie (dieser chemische Stoff) die Methodenkategorie *„Durchführung einer qualitativen Analyse"*. Heißt sie „Vergleich der Gründe für den Ausbruch des ersten und des zweiten Weltkrieges", dann wird außer der umfangreichen Gegenstandskategorie (Gründe für den Ausbruch des ersten und des zweiten Weltkriegs) noch die Information gegeben, daß die Methode der *„Vergleich"* sein soll. Mit dem Terminus „Methodenkategorie" bezeichnen wir demnach alle Informationen, die in irgendeiner Weise Auskunft für die Behandlungsart des Gegenstandes geben.

Nun kann diese Information über die Behandlungsart in zwei unterschiedlichen Formen auftreten: sie kann entweder die Form eines Sachgesichtspunktes (einer Sachkategorie) besitzen, unter dem der Lernende sich mit dem Gegenstand beschäftigen kann, oder die Form einer Verfahrenskategorie. Suchen wir uns diesen Unterschied an einigen Beispielen zu verdeutlichen:

„In welchem Verhältnis stehen die Hauptsätze in diesen vier Sätzen zueinander?" *„Vergleicht* die Hauptsätze in diesen vier Sätzen!" Die Information über die Behandlungsart ist (fast) die gleiche. Die Form, in der sie gegeben wird, ist aber unterschiedlich. Im ersten Fall wird eine Sachkategorie (Verhältnis) übermittelt, im zweiten Fall eine Kategorie für das Verfahren, durch das Gleichheit oder Ungleichheit als Verhältnis zwischen vier Sätzen erfaßt werden kann. Entsprechendes gilt für die folgenden Beispiele: *„Wie groß ist* das Volumen dieses Zylinders?" *„Meßt* das Volumen dieses Zylinders!" – *„Was* ist eine Alternative?" *„Erklärt* das Wort ‚Alternative'!" – *„Aus welchen Abschnitten besteht* der Text?" *„Gliedert* den Text."

Die Unterscheidung zwischen Gegenstands- und Sachkategorie wird schwerer, wenn die Instruktion durch mehr als einen Begriff über den Gegenstand der Zuwendung informiert. Nehmen wir das einfache Beispiel: „Wie groß ist das Volumen des Zylinders?“ „Volumen“ kann hier entweder als Einschränkung des Umfangs der Gegenstandskategorie „Zylinder“ oder als Sachkategorie aufgefaßt werden. Die zweite Möglichkeit wird noch besonders durch die folgende Umformung nahegelegt: „Welches Volumen hat der Zylinder?“ Die Frage, ob man „Volumen“ als Bestandteil der Gegenstandsvariablen oder der Methodenvariablen ansieht, ist zwar von geringem praktischen Interesse, da die Art dieser Zuordnung die Gesamtinformation der Instruktion und deren Funktionen nicht beeinflußt (s. u. S. 47 u. S. 94 ff.). Trotzdem muß man sich im Interesse einer eindeutigen Terminologie entscheiden. Eine Einschränkung des Umfangs der Gegenstandskategorie liegt vor, wenn man an Stelle des jeweiligen Ganzen zunehmend kleinere *Teile* dieses Ganzen bezeichnet (s. o. S. 38). Von Sachkategorien sprechen wir dagegen von dem Augenblick an, wenn es sich um *abstrakte Momente* des jeweiligen Gegenstandes handelt (s. u. S. 94 ff.). Im Hinblick auf unser Beispiel ergibt sich hieraus: „Welches Volumen“ ist nur die sprachliche Kurzform für: „Welche Größe des Volumens“ (s. u. S. 51). Wir haben es deshalb mit den beiden Sachkategorien „Volumen“ und „Größe“ zu tun. In beiden Fällen handelt es sich um abstrakte Momente eines bestimmten physikalischen Körpers. Unbestimmt ist jedoch nur die „Größe“ (s. u. S. 44). An Stelle der „Größe“ könnte auch eine bestimmte Maßeinheit gefragt sein (m^3, cm^3). Die Instruktion könnte dann lauten: „Wieviel cm^3 hat das Volumen des Zylinders?“

Wir fassen den Terminus Sachkategorie so weit, daß auch die auf einen Gegenstand bezogenen Wertbegriffe dazugehören (Hat der Autor *recht?* – *Überprüft* die Aussagen des Autors! Würdest Du diese Landschaft als *schön* bezeichnen? – *Wie gefällt* Dir diese Landschaft?).

Eine besondere Form haben die Werturteile des Lehrenden über bestimmte Handlungen des Lernenden. Durch sie informiert er den Lernenden darüber, was und in welchem Maße in seinen Handlungen etwas von ihm akzeptiert wird. Diese Information beeinflußt den Lernprozeß erheblich (Verstärkung/reinforcement) (s. u. S. 80). Obwohl eine solche Instruktion eine folgenreiche Information über die Einschätzung des eigenen Handelns enthält, kann man sie nicht unmittelbar in Verfahrenskategorien umsetzen. „Das hast Du *ausgezeichnet* gemacht!“ enthält nur mittelbar Informationen von der Art „*Rechne* auch in Zukunft *mit der Auszeichnung* eines solchen Handelns durch mich!“ oder: „*Handle* auch in Zukunft *so*!“ Unmittelbar intendiert sie nur: *Nehme zur Kenntnis,* daß ...". Sie hat daher auf jeden Fall eine informative Funktion, aber nur bedingt eine operative.

Außer der Alternative „Sach- oder Verfahrenskategorie" gibt es noch die dritte Möglichkeit, daß man für die Information über die Methode gleichzeitig Sachkategorien *und* Kategorien für die Verfahrensart verwendet. Ein Beispiel hierfür könnte lauten: „*Wir wollen* die Frage *erörtern* (Verfahrenskategorie), ob Arbeit eine *Fron* (Wertkategorie) ist oder der *Selbstverwirklichung* (Wertkategorie) dient. Die bei der *mündlichen Diskussion* (Verfahrenskategorie) aufgetretenen Argumente sucht anschließend jeder *schriftlich in einen Zusammenhang zu bringen* (Verfahrenskategorie)."

Schon die bisher angeführten Beispiele zeigen, daß die *Art* der für die Information über die Behandlungsart verwendeten Sach- und Verfahrenskategorien sehr unterschiedlich sein kann. Wie bei den Gegenstandskategorien haben wir es hier mit einer grundsätzlich nicht zu begrenzenden Fülle von Begriffen zu tun.

An *Sachkategorien* können z. B. auftreten:

Ortsbegriffe, Zeitbegriffe, Zahlbegriffe, Eigenschaftsbegriffe, Relationsbegriffe, Wertbegriffe ...

Es sind alle Begriffe hierfür geeignet, mit deren Hilfe eine Bestimmung des jeweiligen Gegenstandes möglich ist. Wird durch die Instruktion z. B. eine Berufsgruppe zum Gegenstand gemacht, dann kann man die Kategorien „Arbeitstätigkeit", „Arbeitsdauer", „Verdienst", „öffentliches Ansehen" und viele andere mehr zu ihrer genaueren Bestimmung verwenden. Beschäftigt man sich mit den negativen Zahlen, dann kann man sie mit der Hilfe von Kategorien wie „Zugehörigkeit zu den natürlichen Zahlen" genauer bestimmen.

Als *Verfahrenskategorien* lassen sich alle Begriffe für menschliche Tätigkeiten verwenden, von den elementarsten bis zu den kompliziertesten.

So können z. B. als Verfahrenskategorie auftreten:

Lesen, schreiben, messen, analysieren, berichten, wiedergeben, nennen, verstehen, ausdenken, argumentieren, entscheiden, begründen, potenzieren, übersetzen, beurteilen, bewerten, abschätzen, kritisieren, indirekt beweisen, erörtern, vergleichen, zeichnen, schwimmen, abstrahieren, interpretieren ...

Es handelt sich um die Fülle aller Tätigkeiten, die vom Menschen vollzogen werden können. Verschiedene Tätigkeiten können zu spezifischen Verfahren kombiniert werden. Da jederzeit neue Tätigkeiten auftreten können, wie z. B. eine neue Sportdisziplin, neue Arbeitstechniken, neue wissenschaftliche Methoden, gibt es auch für diese Variable keine absoluten Grenzen.

Wie die Gegenstandskategorien haben auch die über die Behandlungsart informierenden Sach- und Verfahrenskategorien einen *unterschiedlichen Umfang.*

Wird z. B. durch eine Instruktion die Information übermittelt, daß ein bestimmter Gegenstandsbereich auf Relationen hin untersucht werden soll, dann ist die *Sachkategorie* „Relation" umfangreicher als die Kategorie „Äquivalenz", „Differenz", „konjunktive Beziehung" oder „kausale Beziehung". Im Unterschied zur Gegenstandskategorie sind diese Kategorien immer so offen oder unbestimmt, daß ihnen noch andere Sachbegriffe oder zumindest bestimmte Gegenstandsqualitäten untergeordnet werden können, über die der Lernende durch die Instruktion gerade nicht informiert wird. Stattdessen erhält er nur eine Information, die die Gestalt eines begrifflichen und damit abstrakten Schemas besitzt, dessen Ausfüllung ihm überlassen bleibt. Die Funktion dieser Offenheit der Methodenvariablen in jeder Lerninstruktion werden wir noch eingehend erörtern.

Der Umfang der für die Behandlungsart maßgeblichen Sachkategorie kann so gering sein, daß man ihr nur noch einen einzelnen Fall unterordnen kann. Dies läßt sich an den folgenden Beispielen beobachten: „Ist die Sprache *sachlich oder stimmungsvoll?*" „Ist dies *ein rechtwinkliges oder ein stumpfwinkliges Dreieck?*" „Gibt es in diesem Roman *Leitmotive*?" Bei Alternativen kann man nur feststellen, ob der eine oder der andere Begriff zutrifft, d. h. an dem betreffenden Gegenstand die von ihm bezeichneten Merkmale auftreten. Wenn kein Begriff zutrifft, kann ihm der Gegenstand auch nicht untergeordnet werden. Deshalb gibt es auf eine solche Instruktion nur drei Reaktionen, z. B. „Die Sprache ist sachlich", „Die Sprache ist stimmungsvoll" oder „Die Sprache ist weder sachlich noch stimmungsvoll". Auf das letzte Beispiel kann man nur antworten: „Es gibt in ihm Leitmotive" (kurz: „Ja") oder „Es gibt in ihm keine Leitmotive" (kurz: „Nein"). Dies gilt für alle Fälle, in denen ein Begriff mit geringstmöglichem Umfang gebraucht wird (Begriffe mit niedrigster spezifischer Differenz). Die didaktische Funktion solcher Instruktionen, die man meist Entscheidungsfragen nennt, ist seit langem heiß umstritten, weshalb wir sie gesondert erörtern werden.[9]

Auch die *Verfahrenskategorien* haben einen unterschiedlichen Umfang. In den folgenden Beispielen haben die Verfahrenskategorien einen sehr großen Umfang: „*Äußert* euch dazu!" „Wir wollen uns *Gedanken* darüber *machen,* was Brecht mit diesem Gedicht beabsichtigt." „*Wie ist* das Stück zu *packen*? Wir nehmen den ersten Abschnitt vor und versuchen *zu verstehen und zu deuten.*" „Wem *fällt* noch etwas dazu *ein*?" Stellen wir ihnen einige Lerninstruktionen mit einem viel geringeren Umfang gegenüber: „*Addiert* die beiden Brüche!“ „*Konjugiert* das Verb!“ „*Grätscht* über den Bock!“ „*Verkabele* dieses Gerät!“ Im Unterschied zu den Sachkategorien können einer Verfahrenskategorie immer nur konkrete Verfahren subsumiert werden, nicht aber Begriffe verschiedener Abstraktionsstufen, weil sie ja nicht über einen Gegenstandsaspekt, sondern über faktisch zu vollziehende Tätigkeiten informiert. Durch ihren Umfang wird deshalb nur festgelegt, ob sie den Lernenden auf ein bestimmtes Verfahren (eine einzelne, von den vorausgehenden und nachfolgenden klar unterschiedene Tätigkeit) verweist oder ob mehrere bzw. eine unbestimmte Vielfalt von Verfahren dieser Kategorie subsumiert werden können.

Analog zu den Gegenstandskategorien können auch die für die Behandlungsart des Gegenstandes verwendeten Sach- und/oder Verfahrenskategorien dem Gegenstand *entsprechen oder nicht entsprechen.* Im ersten Falle läßt sich unter dem Gesichtspunkt der Sachkategorie am Gegenstand keine Qualität feststellen oder ist die angegebene Verfahrensart auf ihn nicht anzuwenden. In solchen Fällen gibt es zwar den in der Instruktion angegebenen Gegenstand, aber die Informationen über die auf ihn anzuwendende Methode sind unbrauchbar. Da solche Fehler selten in elementaren Instruktionen auftreten, sondern meist erst in sehr voraussetzungsvollen Phasen des Unterrichts, lassen sich nur schwer isolierte und für sich verständliche Beispiele angeben.

Schließlich spielt auch bei den Informationen über die Behandlungsart die *Prägnanz* eine Rolle. Hier gilt Entsprechendes wie für die Gegenstandskategorie. Für die Kennzeichnung der Prägnanz von Methodenkategorien kann man deshalb auch die Kriterien „Bestimmungsreichtum“, „Knappheit“ und „Schärfe“ verwenden.

Die beiden Variablen der Gegenstandskategorie und der für die Behandlungsart des Gegenstandes verwendeten Sach- und/oder Verfahrenskategorien haben dies gemeinsam, daß in ihnen Wissen investiert ist. Es handelt sich um Wissen von Gegenständen der Zuwendung und von den auf sie anzuwendenden Methoden. Nehmen wir z. B. die einfache Instruktion „Was ist allen 14 Versuchen gemeinsam?“ Sie enthält als Wissen die beiden Sachurteile:

a) „Es gibt 14 Versuche.“
b) „Es gibt in diesen 14 Versuchen Gemeinsamkeiten.“

Offen bleiben nur Sachurteile über die Art der Gemeinsamkeiten. Eine Instruktion setzt die Richtigkeit der in ihr enthaltenen Sachurteile voraus. In unserem Beispiel liegen die Dinge so, daß sich die Gegenstandsinformationen auf die an der Tafel aufgeführten und von den Lernenden vorher ausgeführten Versuche beziehen. Die Behauptung von Gemeinsamkeiten bezieht sich auf Aspekte dieses Gegenstandes. Wie wir sehen werden, ist die Tatsache, daß in einer Instruktion bereits Wissen investiert ist, sowohl für die Funktionen von Instruktionen für den Lernenden als auch für deren Produktion durch den Lehrenden sehr folgenreich.

Dieser Sachverhalt ist schon seit der Antike diskutiert und von mehreren Autoren in der von uns dargestellten Weise gesehen worden. Es kann der Klärung dienen, wenn wir uns ein wenig mit dieser Überlieferung befassen. Von Platon wird im Dialog „Menon“ ein Gespräch des Sokrates mit einem Sklaven als ein Beispiel für das Lernen des Menschen (seine Anamnesistheorie) angeführt.[10]

Dieses Gespräch beginnt mit dem Satz des Sokrates: „Sage mir also, Knabe, weißt du wohl, daß ein Viereck eine solche Figur ist?“ Dieser Satz enthält gleich eine dreifache als richtig vorausgesetzte Information über den Gegenstand: 1. verweist er den Knaben auf eine anschauliche Vergegenständlichung des mathematischen Gegenstandes durch eine Zeichnung im Sande („eine *solche* Figur“), 2. bezeichnet er diese anschauliche Gegebenheit durch die allgemeine Kategorie „Figur“, womit alle anderen Aspekte des anschaulich Gegebenen, wie z. B. das Material des Sandes oder die Unregelmäßigkeit der Oberfläche ausgeschlossen werden, 3. bezeichnet er das anschaulich Gegebene als ein „Viereck“, womit bereits ein charakteristisches Merkmal dieser Figur hervorgehoben wird, durch das eine besondere Art oder Klasse von Figuren sich von allen anderen Figuren unterscheiden läßt. Demnach wird durch diese Instruktion in keiner Weise in Frage gestellt, daß das anschaulich Gegebene eine Figur, und zwar ein Viereck *„ist“*. Nachdem der Knabe auf die erste Frage geantwortet hat: „Das weiß ich“, fragt ihn Sokrates: „Gibt es also ein Viereck, welches alle diese Seiten, deren vier sind, gleich hat?“ Hier setzt Sokrates seine Informationen über den Gegenstand fort, indem er vom „Viereck“ auf eine Unterklasse, das „gleichseitige Viereck“, d. h. das „Quadrat“, übergeht. Auch dies wieder mit Hilfe einer Veranschaulichung.

Wir wollen jetzt nur hervorheben, daß durch solche Instruktionen nichts weiter als eine zunehmend genauere und als richtig angesehene Gegenstandsinformation intendiert wird. Die Rolle der durch die Zeichnung im Sande vorgegebenen Veranschaulichung und die Aufnahme dieser Information durch den Knaben werden wir später beachten. Erstaunlich ist dabei, wie stark sich die Information auf eine der beiden begrifflichen Variablen in der Lerninstruktion konzentrieren kann, denn während über den Gegenstand mehrere Informationen gegeben werden, wird über die Behandlungsart nur durch die beiden Ausdrücke informiert „weißt du wohl“ und „Gibt es“. Die erste enthält die sehr problematische Frage nach einem subjektiven Zustand des Knaben („weißt du wohl") (auf diese Weise wird dem *Leser* suggeriert, es handele sich bei dem Knaben um Wiedererinnerung!), die zweite eine ebenso problematische Aufforderung zur Bestätigung der zuvor von Sokrates schon behaupteten Existenz eines gleichseitigen Vierecks. Beide erlauben nur die Operationen der Bejahung oder Verneinung. Von allgemeinem Interesse ist noch, daß die Informationen über einen Gegenstand und auch über seine Behandlungsart über mehrere Instruktionen verteilt werden können.

Bei Descartes findet man in seiner XIII. Regel zur Leitung des Geistes den Satz: „Wenn man z. B. frage, welches die Natur des Magneten ist, so ist das, was, wie wir einsehen, durch diese beiden Worte: ‚Magnet' und ‚Natur' bezeichnet wird, bekannt, ...[11] Hier wird mit aller Klarheit die von Plato nicht berücksichtigte Tatsache hervorgehoben, daß der Fragende in seiner Frage ein bestimmtes Wissen verwendet. Dem entspricht vollständig, wenn Segeth sagt: „Um eine Frage stellen zu können, muß man bereits etwas wissen, anders gesagt, muß man bereits über Erkenntnisse in Gestalt von Aussagen verfügen. Die Frage ‚Welche Eigenschaften hat das und das Objekt?' setzt doch zumindest die Erkenntnis voraus, daß es wenigstens ein Objekt mit wenigstens einer Eigenschaft gibt." [12]

Den beiden analysierten Variablen ist nicht nur gemeinsam, daß sie ein bestimmtes Gegenstands- und Methodenwissen enthalten, sondern auch, daß die Offenheit der Instruktion nur von diesen Variablen gemeinsam abgegrenzt wird. Die Gegenstandskategorie markiert die äußersten Grenzen eines Bereichs, auf den sich die Aufmerksamkeit des Lernenden richten soll. Die die Behandlungsart bestimmenden Kategorien schränken dann diesen Bereich von der Gegenstandsseite und von der Verfahrensseite her weiter ein. Suchen wir uns dies an der folgenden Instruktion noch einmal zu verdeutlichen: „Wir haben uns darauf geeinigt, die beiden Romane ‚Die Buddenbrooks' von Thomas Mann und ‚Der Untertan' von Heinrich Mann daraufhin zu untersuchen, welche Beziehungen zwischen einzelnen Romanfiguren aus unterschiedlichen Gesellschaftsschichten dargestellt werden, und diese auf gleichartige, d. h. für die Beziehungen zwischen den Gesellschaftsschichten typische, Momente hin zu vergleichen." Der Umfang der beiden Romane bildet die äußerste Grenze des Gegenstandsbereiches. Durch die beiden Sachkategorien „Beziehungen zwischen einzelnen Romanfiguren aus unterschiedlichen Gesellschaftsschichten" und „typische Momente der Beziehungen zwischen den Gesellschaftsschichten" *sowie* die Angabe des auf Äquivalenzen und nicht auf Differenzen gerichteten vergleichenden Verfahrens wird die Art der

Zuwendung von der Gegenstands- *und* der Verfahrensseite gleichzeitig weiter eingeengt. Da sich typische Momente nur durch ein generalisierendes, d. h. vergleichendes, Verfahren gewinnen lassen, könnte man auf die Information über das vergleichende Verfahren verzichten. Eine solche Fassung könnte lauten: „Übereinstimmendes in den sozialen Beziehungen zwischen Romanfiguren aus verschiedenen Gesellschaftsschichten in den beiden Romanen ..." Statt einer solchen ganz durch Sachkategorien geleisteten Abgrenzung könnte man auch verstärkt Verfahrenskategorien heranziehen, ohne dadurch die durch diese Instruktion intendierte Abgrenzung eines durch den Lernenden noch zu bestimmenden Textaspektes zu verändern. Die Instruktion könnte dann lauten: „Generalisierung der sozialen Beziehungen zwischen Romanfiguren aus verschiedenen Gesellschaftsschichten in ..." Hier zeigt sich, daß die für die Betrachtungsart gewählten Sach- und Verfahrenskategorien im Hinblick auf die in ihnen enthaltene Information (über die Grenzen des offenen Bereichs) austauschbar, d. h. äquivalent, sein können.

Werfen wir zum Schluß noch einen Blick auf die Kapazität dieses Schemas von Gegenstands-, Sach- und Verfahrenskategorie für die Aufnahme der verschiedenartigsten Zusammenhänge. In der Instruktion: „Trainiert so lange, bis ihr 100 Meter in 14 Sekunden laufen könnt!" haben wir in „100 Meter" den Gegenstand, in „14 Sekunden" die offene Sachkategorie und in „trainieren" und „laufen" Verfahrenskategorien. – In der Instruktion: „Fasse unsere Ergebnisse zusammen!" sind „Ergebnisse" des vorausgehenden Unterrichts der Gegenstand und wird das Verfahren mit der Kategorie „zusammenfassen" angegeben. – In der Instruktion: „Wie sind wir vorgegangen?" ist ein Vorgehen, d. h. eine Methode, der Gegenstand. In dem Fragewort „wie" steckt die Modalkategorie der Art und Weise. Durch diese Sachkategorie wird die Art der Zuwendung zu diesem Gegenstand genauer bestimmt. – In der Instruktion: „Versucht euch eine Lösschicht von 500 bis 600 m vorzustellen!" ist die Lösschicht der Gegenstand und „vorstellen" die Verfahrenskategorie. – In der Instruktion: „Was hab' ich diktiert?" ist das Diktieren der Gegenstand, die im Fragepronomen „Was" steckende Sachkategorie verweist als Substanzkategorie auf die Bestimmung dieses Gegenstandes.

Ohne die in diesen Beispielen in Anspruch genommenen Varianten der drei Variablen im einzelnen benennen zu müssen, zeigt sich die außerordentliche Leistungsfähigkeit dieses einfachen Schemas für die Aufnahme verschiedenster Informationen. Es besitzt eine solche Kapazität, daß in ihm Informationen für den Vollzug aller möglichen menschlichen Handlungen untergebracht werden können. Diese Leistungsfähigkeit erhält es dadurch, daß von ihm in einer spezifischen Weise die elementaren Bestandteile jeder Aussage „Gegenstand" und „Prädikator" in Anspruch genommen werden. In welcher Weise dies geschieht, wird in unserer weiteren Analyse zunehmend aufgehellt, ohne daß wir das bereits auf Seite 45 berührte Verhältnis zwischen Sachurteilen und Lerninstruktionen ausdrücklich zum Thema machen.[13]

Als dritten Faktor enthält jede Instruktion eine *Adressatenvariable*, oder sie setzt eine Information über den Adressaten schon voraus. Diese Variable ist im Hinblick auf die *Art der Anrede* und auf die *Zahl der Angeredeten* variabel.

In der Instruktion: „Claudia, übernehme bitte die Zusammenfassung der Ergebnisse" ist als Art der Anrede der *Eigenname* und als Zahl die *Einzelperson* gewählt. Die Anreden „Komsomolzen", „Kommilitonen", „Jungs", „Schüler der 9. Klasse", „Der Englischkurs I", „Nichtschwimmer" und auch die positiv und negativ wertenden Anreden wie „Mordskerle" oder „Faule Bande" sind *Gruppenbezeichnungen* und der Zahl nach *unbestimmte Kollektiva*. An die Stelle von Eigennamen und Gruppenbezeichnungen können Personalpronomina und im Imperativ der Singular oder der Plural treten. Mit diesen Anredeformen können im Unterricht einzelne Lernende oder Gruppen mit unbestimmt vielen Lernenden darüber informiert werden, daß sie der Adressat der Instruktion sind. – Eine besondere Rolle spielt noch das Personalpronomen „wir", weil es der Form nach nicht nur die Lernenden, sondern auch den oder die Lehrenden umgreift. Seine Funktionen für den Lernenden werden deshalb besonders berücksichtigt werden müssen. – Heißt eine Instruktion: „Was haben die 14 Versuche gemeinsam?", dann tritt in ihr selbst keine Adressatenvariable auf, weil durch vorhergehende Instruktion oder durch die Situation schon klar ist, wer angesprochen wird.

Die Adressatenvariable als dritte und letzte Variable der Lerninstruktion mit Informationsfunktion wird den beiden anderen Variablen nur hinzugefügt, ohne auf deren Informationsgehalt einen Einfluß zu haben. Sie steht aber insofern in einer Beziehung zu deren Informationsgehalt, als diese Informationen nicht für irgendeinen Adressaten, sondern für den in dieser Variablen angesprochenen Adressatenkreis vorgesehen sind. Dies ist sowohl für die Funktionen der Lerninstruktion als auch für ihre Produktion durch den Lehrenden von großer Bedeutung.

1.1.2. Die Variable der sprachlichen Fassung

Als vierte Variable der verbalen Lerninstruktion unterscheiden wir die *sprachliche Fassung* der in ihr enthaltenen Informationen. Dies mag zunächst verwundern, weil es für eine verbale Instruktion selbstverständlich ist, daß die in ihr enthaltenen Informationen sprachlich vermittelt werden. Aber schon die Tatsache, daß die Sprache als ein Medium neben anderen möglichen Medien, wie z. B. einer hinweisenden Geste auf einen Gegenstand, auftritt, verweist darauf, daß die sprachliche Fassung eine relativ selbständige Variable ist. Bei genauerem Hinsehen zeigt sich dann, daß sie zumindest in semantischer, syntaktischer und suprasegmentaler Hinsicht variabel ist, und zwar genau in dem Maße, als es synonymes Sprachmaterial für die Vermittlung ein und derselben Information gibt.[14] Hiermit müssen wir uns jetzt eine Weile beschäftigen.

Berücksichtigen wir zuerst die *Semantik* der verbalen Fassung, d. h. die einzelnen lexikalischen Einheiten oder Wörter. Die *Information über den Gegenstand der Zuwendung* kann die gleiche sein, wenn er als „dieses Buch", „diese Schrift", „dieser Text" bezeichnet oder auf ihn lediglich durch ein „dies" oder ein „das" verwiesen wird. Sie kann auch die gleiche sein, wenn als Gegenstand der Reflexion „Tätigkeiten", oder „das Vorgehen", oder „das Verfahren", oder „die Methode", oder „die physikalische Methode" angegeben werden. Beispiele dieser Art lassen sich beliebig vermehren. Die Gleichheit der durch diese lexikalischen Einheiten vermittelten Information besteht allerdings nur solange, als der Empfänger mit diesen Wörtern nicht unterschiedliche Kategorien verbindet, auf Grund dessen er seine Aufmerksamkeit einem ganz anderen Gegenstand oder zumindest einem anders abgegrenzten Gegenstandsbereich zuwendet. Solange es beim Empfänger der Information eine solche Differenz nicht gibt, wird durch unterschiedliche Wörter die gleiche Gegenstandskategorie vermittelt. Offensichtlich kann sich hier eine Unsicherheit aus der Differenz zwischen der durch bestimmtes Sprachmaterial potentiell und der dem jeweiligen Lernenden faktisch vermittelten Information ergeben.

Entsprechendes gilt für die Kategorien der Behandlungsart, die Sach- und Verfahrenskategorien. Die Wörter „Absichten", „Ziele", „Zwecke", „Motive" eines historischen Individuums oder „Wassermenge", „Füllung", „Inhalt", „Volumen" eines Gefäßes können die gleiche Information über einen allgemeinen Aspekt des Gegenstandes vermitteln, falls der Empfänger mit ihnen nicht unterschiedliche Sachkategorien verbindet. – Die Wörter „rechnen" oder „lösen" einer Aufgabe, „interpretieren" oder „analysieren" eines Textes, „beschreiben" oder „darstellen" eines Experimentes können dieselbe Verfahrenskategorie vermitteln, falls keine definitorischen Unterschiede bewußt sind.

Bei der sprachlichen Fassung dieser Variablen spielt die Differenz zwischen der dem Lehrenden bekannten Fachsprache und der den Lernenden aus ihrer vor- und außerschulischen Kommunikation bekannten Umgangssprache eine wichtige Rolle.

Auch bei der Adressatenvariablen kann der Informationsgehalt z. B. bei „Hans, Ursula und Karl", „die drei aus der letzten Bank" und „ihr" derselbe sein.

Die semantische Synonymik erlaubt es nicht nur, für jede dieser Variablen verschiedene Wörter, sondern auch mehrere Wörter zu gebrauchen. Potentiell informiert man dann über ein und denselben Gegenstand, ein und dieselbe Sachkategorie, ein und dasselbe Verfahren und ein und denselben Adressaten mehrfach. Weil diese Information in der Instruktion tatsächlich gespeichert ist, spricht die Informationstheorie im Hinblick hierauf von objektiver Information, und im Hinblick darauf, daß in ihr eine Information mehrfach kodiert ist, spricht sie von *Redundanz*.[15] Wenn eine Instruktion objektiv redundant ist, braucht sie keineswegs für den Empfänger, d. h. subjektiv redundant zu sein, wenn er nur eine Kodierung entschlüsseln kann. Die objektive Redundanz ist dann die Bedingung dafür, daß der Lernende die Information überhaupt übernehmen kann. In vielen Fällen erleichtert ihm aber eine mehrfache Kodierung die Informationsaufnahme.

Die semantische Synonymik erlaubt nicht nur die Abfassung von objektiv redundanten Instruktionen, sondern auch den Gebrauch von sprachlichen Kürzeln (Ellipsen). Solche Kürzel werden einmal durch die vorausgehenden Informationen ermöglicht, was wir schon berücksichtigt haben. Sie stützen sich außerdem auf den nichtsprachlichen Kontext der jeweiligen Situation. Beides zusammen erlaubt eine denkbar knappe sprachliche Fassung, durch die u. U. alle vier kategorialen Variablen in einem einzigen Wort zusammengefaßt werden. Obwohl es sich hier auch um eine Bedeutungsgleichheit (Synonymik) handelt, ist sie jedoch nicht mehr nur sprachlicher Natur. Das verwendete Wort entspricht hier vielmehr vorausgegangenem Sprachmaterial *und* anderen nichtsprachlichen Situationsmomenten. Solche Kürzel können sowohl bei der einen Lernprozeß begleitenden Einzelberatung als auch bei der möglichst sparsamen Feinsteuerung der Lernprozesse einer Gruppe eingesetzt werden. Naturgemäß sind solche Instruktionen außerhalb einer solchen Situation nicht verständlich. Ich entnehme deshalb lediglich einige solcher Kürzel aus einem Stundenprotokoll, ohne die jeweilige Situation zu schildern: „Die erste?", „Und", „Also?", „Die Stellung des Prädikats", „Die Stellung des Subjekts", „Das Besondere?".

Auch *syntaktisch* ist in Lerninstruktionen einiges synonym. So können ohne Änderung der Information *Satzteile in Nebensätze und Nebensätze in Hauptsätze* verwandelt werden. Während sich die Information durch solche Operationen nicht zu ändern braucht, ändert sich die syntaktische Form der Instruktion. Daß dies für die Aufnahme einer Instruktion nicht ohne Folgen bleiben kann, ist an dem folgenden Beispiel sofort zu sehen.

1. Form: „Behandeln Sie die Problematik des kompensatorischen Unterrichts in der Primärsprache unter Verwendung der durch eine kritische Erörterung der soziolinguistischen Untersuchungen Bernsteins gewonnenen Ergebnisse!"

2. Form: „Behandeln Sie die Problematik, die sich für den kompensatorischen Unterricht in der Primärsprache ergibt, wenn man von Ergebnissen ausgeht, die sich aus einer kritischen Erörterung der soziolinguistischen Untersuchungen Bernsteins ergeben!"

3. Form: „Unterziehen Sie die soziolinguistischen Untersuchungen Bernsteins einer kritischen Erörterung! Gehen Sie bei Ihren weiteren Überlegungen von den Ergebnissen dieser Erörterung aus! Behandeln Sie auf dieser Basis die Problematik des kompensatorischen Unterrichts in der Primärsprache!" [16]

Diese syntaktische Variabilität ist bisher bei der Erörterung von Lerninstruktionen kaum berücksichtigt worden, weil man sich allzusehr auf elementare Formen der Lehrerfrage konzentriert hat, deren Kategorien entweder sehr eng sind oder sehr weit und unbestimmt. Dagegen müssen in Instruktionen für umfangreiche komplizierte Aufgaben eine größere Zahl von weiten, aber auch möglichst genau bestimmten, d. h. informationsreichen, Kategorien verwendet werden. Ihr Zusammenhang kann nur durch kompliziertere Satzgefüge bzw. Satzreihen zum Ausdruck gebracht werden.

Oft beachtet und heftig umkämpft ist dagegen bis heute eine andere syntaktische Variable, die *Satzform*. Zur Verfügung stehen der Fragesatz, der Aufforderungssatz und der Aussagesatz. Es kann nicht bezweifelt werden, daß diese verschiedenen sprachlichen Möglichkeiten auch ihre eigenen Funktionen haben. Wenn man aber den Fragesatz und den Aufforderungssatz völlig als mögliche sprachliche Formen der Lerninstruktion verwirft und sich alles Heil des Unterrichts von der Verwendung des Aussagesatzes hierfür verspricht, dann verkennt man, daß von der Satzform eben nur bestimmte Funktionen der Lerninstruktion abhängig sind. Die Informationen in Gestalt von Gegenstands-, Sach- und Verfahrenskategorie jedenfalls sind unabhängig von der Art der Satzform. Mit anderen Worten: die drei Satzformen können ohne eine Veränderung dieser Informationen gegenseitig ausgetauscht werden.[17] Suchen wir uns dies an einigen Beispielen zu verdeutlichen!

1. Frage: „Was setzt er als selbstverständlich voraus?"
   Aufforderung: „Überlegen Sie, was durch ihn als selbstverständlich vorausgesetzt wird!"
   Aussage: „Wir wollen überlegen, was er als selbstverständlich voraussetzt." Oder: „Sie könnten überlegen, was er als selbstverständlich voraussetzt."
2. Frage: „Welche Personen kommen vor?"
   Aufforderung: „Nenne die Personen, die vorkommen!"
   Aussage: „Wir wollen die Personen nennen, die vorkommen."
3. Frage: „Könnt ihr einen Schluß ziehen?"
   Aufforderung: „Versucht, einen Schluß zu ziehen!"
   Aussage: „Vielleicht könnt ihr einen Schluß ziehen."

Oder die beiden Fragen des Sokrates:

4. Frage: „Knabe, weißt du wohl, daß ein Viereck eine solche Figur ist?"
   Aufforderung: „Knabe, prüfe dich, ob du weißt, daß ein Viereck eine solche Figur ist!"
   Aussage: „Knabe, du weißt doch, daß ein Viereck eine solche Figur ist."
5. Frage: „Gibt es also ein Viereck, welches alle diese Seiten, deren vier sind, gleich hat?"
   Aufforderung: „Überlege, ob es ein Viereck gibt, welches alle diese Seiten, deren vier sind, gleich hat!"
   Aussage: „Du könntest einmal überdenken, ob es ein Viereck gibt, welches alle diese Seiten, deren vier sind, gleich hat."

Nehmen wir noch zwei beliebige Instruktionen in der Aussageform aus einem Unterrichtsprotokoll heraus und wandeln sie in die Frage- und die Aufforderungsform um:

6. Aussage: „Ich glaube, es gibt noch andere Unterschiede."
   Frage: „Gibt es noch andere Unterschiede?" oder: „Wer kann meine Annahme bestätigen, daß es noch andere Unterschiede gibt?"
   Aufforderung: „Sucht meine Annahme zu bestätigen, daß es noch andere Unterschiede gibt." Oder: „Sucht nach anderen Unterschieden!"
7. Aussage: „Diesen Unterschied kann ich sehen."
   Frage: „Welchen Unterschied gibt es, den ich (man) sehen kann?"
   Aufforderung: „Bezeichnet einen Unterschied, den man sehen kann!"

Die Beispiele bestätigen, daß die Information, die in einer Instruktion mit bestimmter Satzform enthalten ist, ohne Verlust in eine andere Satzform überführt werden kann. Bei der Umwandlung entsteht allerdings in manchen Fällen die Nötigung zu einer zusätzlichen Information. So gibt es keinen Aufforderungssatz ohne Verfahrenskategorie. Deshalb tritt zu dem Informationsgehalt einer Frage, in der keine Verfahrenskategorie auftritt, bei der Umwandlung in einen Aufforderungssatz eine Verfahrenskategorie hinzu, während die Frage lediglich in eine indirekte Frage verwandelt wird (vgl. z. B. 1. und 3.). Dasselbe gilt für die Umwandlung einer Frage in eine Aussage, wenn hierbei der Fragesatz in eine indirekte Frage umgesetzt wird.

Ebenso wie der sachliche Informationsgehalt nicht vermindert, sondern eher etwas erhöht wird, kommt bei der Umwandlung von Fragen ohne Adressatenvariable in Aufforderungs- oder Aussagesätze zwangsläufig die Adressatenvariable in irgendeiner Form hinzu (s. 1., 2., 5.) bzw. kann man sie im umgekehrten Falle weglassen.

Auffälliger als diese Änderungen am Informationsgehalt einer Instruktion ist, daß bei einer Umwandlung die Formulierung meist umständlicher wird. Diese Umständlichkeit ist bei gleicher Information (s. 3., 6., 7.) sinnlos. Bei zusätzlicher Information müßte bedacht werden, ob dieser Vorteil den Nachteil einer umständlicheren Fassung aufwiegt.

Ob eine Lerninstruktion als Frage, Aufforderung oder Aussage anzusehen ist, hängt nicht nur von der durch die Stellung der Satzteile und die Flexionsform des Verbs bestimmten Satzform, sondern auch von den suprasegmentalen Lautqualitäten ab, im Falle der Lerninstruktion insbesondere vom *Tonfall.* Er kann in manchen Fällen sogar bis zu einem gewissen Grade unabhängig von der Satzform variieren.[18]

Die Instruktion „Versuchen wir, einen Schluß zu ziehen." kann man im Tonfall einer Aussage sprechen. Man kann ihr aber auch den Tonfall einer Aufforderung geben, indem man die beiden schon in der Aussageform am stärksten betonten Silben verstärkt betont: „Versuchen wir, einen Schluß zu ziehen!" Schließlich kann man dieser Instruktion durch ein Heben der Stimme am Schluß der beiden Teilsätze auch den Charakter einer Frage geben: „Versuchen *wir*, einen Schluß zu *ziehen*?"

Schaut man genau hin, dann entzieht sich nur die strenge Subjekt-Prädikat-Folge des Aussagesatzes einer solchen Umformung durch den Tonfall: „Wir versuchen, einen Schluß zu ziehen." In dieser Form leistet sie aber nur noch die Feststellung dessen, was bereits geschieht, und gibt sie keine Anweisung mehr für das, was geschehen soll. Den Charakter der Anweisung bekommt sie wieder dadurch, daß man eine Zeitbestimmung einfügt: „Wir versuchen jetzt (gleich, sofort, schnell, nachher), einen Schluß zu ziehen." oder auf Grund der Unterrichtssituation, in der sie ausgesprochen wird. Auch bei anderer Anredeform ist eine Veränderung der Satzform durch den Tonfall möglich:

„Ihr könnt einen Schluß ziehen."
„Ihr könnt einen Schluß ziehen!"
„Ihr könnt einen Schluß *ziehen*?"

„Vielleicht könnt ihr einen Schluß ziehen."
„Vielleicht könnt ihr einen Schluß ziehen!"
„Vielleicht könnt ihr einen Schluß *ziehen*?"

Die Vielfalt der hier bestehenden Möglichkeiten zu analysieren, ist Aufgabe einer Grammatik, die nicht nur aus den konkreten Sprechsituationen einige typische Sprachformen abstrahiert, sondern die Fülle ihrer Varianten mitberücksichtigt. Einige Ansätze zu einer solchen „pragmatischen Grammatik" oder „Textpragmatik" sind bereits vorhanden.[19]

Für unsere Absichten aber kann man als gesichert ansehen, daß die drei Informationen der Lerninstruktion über den Gegenstand der Zuwendung, die Behandlungsart des Gegenstandes und den Adressaten durch synonyme semantische, grammatische und suprasegmentale Möglichkeiten vermittelt werden können. Mit anderen Worten: Diese sprachlichen Mittel sind im Hinblick auf den objektiven Informationsgehalt der Lerninstruktion äquivalent. Ob sie es auch subjektiv für den einzelnen Lernenden sind, muß berücksichtigt werden, wenn wir uns der Informationsaufnahme durch den Lernenden zuwenden.

Im Unterschied zur äquivalenten Informationsleistung synonymer sprachlicher Ausdrucksmittel kann erwartet werden, daß sich verschiedene Sprachmittel auf die Motivation der Lernenden unterschiedlich auswirken (s. u. S. 84).

1.1.3. Der Aufforderungscharakter als eine besondere Variable

Wenn die verbale Lerninstruktion nur Informationen über Gegenstands-, Sach- und/oder Verfahrenskategorien vermitteln würde, wäre sie ein Sachurteil, das etwas behauptet, was der andere zur Kenntnis nehmen soll. Daß eine Lerninstruktion trotz ihres Gehalts an Sachinformation nicht die Form eines Sachurteils hat, zeigt am besten die Lerninstruktion in der sprachlichen Form eines Aussagesatzes.

Nehmen wir als Beispiel die Lerninstruktion „Wir können an diesen Beispielsätzen die Stellung des Prädikats in Nebensätzen erkennen.". Versteht man diese Mitteilung als ein Sachurteil, dann nimmt man zur Kenntnis, daß für unbestimmt viele Individuen oder eine bestimmte Bezugsgruppe (wir) die Möglichkeit besteht, die Stellung des Prädikats in den Nebensätzen einiger Beispiele zu erkennen. Eine solche *Behauptung* kann bestätigt oder als unzutreffend zurückgewiesen werden.[20] Heißt eine Instruktion „Das Volumen des Zylinders ist g × h.", dann gilt dasselbe. Daß das erste Sachurteil das Verfahren mit einbezieht (wir können erkennen), das zweite sich nur auf die allgemeine Definition des Volumens eines Zylinders beschränkt, ist für den Behauptungsmodus der Sachurteile unerheblich. – Selbst wenn die sprachliche Form des Aussagesatzes zunächst dafür spricht, daß es sich hier um Sachurteile handelt, können beide Mitteilungen anstelle der Behauptung einen *Aufforderungscharakter* besitzen. Bei Lerninstruktionen ist dies der Fall. Nicht nur für diese beiden Beispiele, sondern für alle Lerninstruktionen ist der Aufforderungscharakter eine notwendige Variable. Sie kommt zur Gegenstands-, Methoden-, Personen- und Sprachvariablen als fünfte Variable hinzu. Untersuchen wir, in welcher Form diese *Variable* der Lerninstruktion objektiv auftritt!

Der Aufforderungscharakter von Lerninstruktionen kann ausdrücklich als modaler Teil der Verfahrenskategorie auftreten, der in Modalverben zum Ausdruck gelangt. Solche Instruktionen lauten: „Ihr *könnt (sollt, dürft, müßt)* die Motive dieser beiden Romanfiguren miteinander vergleichen!" „Die Motive dieser beiden Romanfiguren *müßten* auch noch beachtet werden (*wären* auch noch zu beachten)." – In Aufforderungssätzen kommt er im Imperativ der Verfahrenskategorie zum Ausdruck: „Meßt", „beweist", „beschreibt" etc. – In Fragesätzen hat er die Form der Offenheit des Fraglichen, die in Fragepronomen oder dem mit dem gehobenen Frageton versehenen Satzteil zum Ausdruck kommt: *„Wieviel?" „wann?" „warum?" „wer?"* – *„Welche* Ursachen hat ...?" *„Aus welchen* Prämissen kann man folgern, ...?" – „Sind diese beiden historischen Ereignisse *vergleichbar?"* „Ist diese Argumentation *sachlich und geschickt?"* – *„Zeit der Niederschläge?" „Niederschlagsmenge?"* – Lerninstruktionen in der Form von Aussagesätzen scheinen dagegen keinen Aufforderungscharakter zu besitzen. Trotzdem faßt kein Lernender einen Satz wie den folgenden: „Ich kann den Unterschied sehen", wenn er vom Lehrer als Instruktion ausgesprochen wird, als Sachurteil auf, sondern als eine Aufforderung an ihn, diesen Unterschied zu suchen. Der Grund hierfür kann in einem herausfordernden Tonfall liegen, in dem dieser Satz ausgesprochen wird („*Ich* kann den Unterschied sehen." „Ich kann den Unterschied *sehen.*") Aber selbst wenn ein solcher Satz vom Lehrer im Tonfall einer Aussage gesprochen wird („Die Linienführung ist interessant." – „Er hat eine eigentümliche Palette."), ergibt es sich aus der jeweiligen Unterrichtssituation, ob er sie als Feststellung oder als Aufforderung verstanden wissen will. Falls den Schülern die Aussageform der Instruktion nicht geläufig ist, genügt oft schon eine kleine nachfolgende Pause, um ihm bewußt zu machen, daß er diese Aussage als eine Anweisung verstehen soll.

Die Tatsache, daß jede Lerninstruktion einen Aufforderungscharakter besitzt, beruht darauf, daß die in ihr auftretenden Sach- und Verfahrenskategorien vom Lehrenden nicht für feststellende Behauptungen, sondern als offene Kategorien, die genauer bestimmt bzw. durch den Vollzug bestimmter Operationen konkretisiert werden können, verwendet werden. Begriffe erlauben diesen doppelten Gebrauch, weil ihre Allgemeinheit sowohl die behauptende als auch die in Frage stellende Unterordnung von weniger allgemeinen Begriffen oder einzelnen konkreten Gegebenheiten unter sie ermöglicht (*Welcher Satz* hat ein Genitivobjekt? – *Welche unerwünschten Nebenwirkungen* hat diese Entscheidung? – Sollen wir zuerst die Äußerungen der beiden Romanfiguren *sammeln oder* sie *sofort miteinander vergleichen?* – *Wer* erinnert sich noch an die Resultate unserer Diskussion?) Was aber in Frage gestellt ist, muß erst noch aufgefaßt werden. Für den Ausdruck dieser Möglichkeit, Begriffe als Auffassungskategorien zu gebrauchen, gibt es verschiedene sprachliche Mittel, wie die Analyse von Beispielen gezeigt hat. Alle diese Möglichkeiten vermitteln eindeutig die Aufforderung zum Vollzug von Operationen. Im Hinblick auf diese Funktion sind deshalb diese sprachlichen Mittel äquivalent. Für sie ist es gleichgültig, ob der Lehrende die eine oder die andere Form benutzt. Es wird sich aber zeigen, daß die gewählte sprachliche Form sich auf die sprachliche Form der Reaktion auswirkt, im Hinblick hierauf also keineswegs gleichwertig ist. Auch für die motivationale Funktion der Lerninstruktion wird sich ihre sprachliche Fassung als sehr bedeutsam erweisen.

1.1.4. Die bei der Informationsaufnahme der Lernenden auftretenden abhängigen Variablen

Die in einer Lerninstruktion investierten (objektivierten) Informationen können keineswegs von jedem beliebigen Lernenden aufgenommen werden. Dazu muß der Lernende die Instruktion verstehen können oder, wie die Informationstheorie es ausdrückt, die ihm in

Gestalt von Phonemen, Graphemen und suprasegmentalen Qualitäten übermittelten Sprachzeichen dekodieren können. Nur wenn der vom Lehrenden produzierten verbalen Lerninstruktion auf Seiten des Lernenden ein Instruktionsverständnis entspricht, kann die Lerninstruktion ihre *Informationsfunktion* erfüllen. Die Erfüllung der Informationsfunktion ist wiederum die Voraussetzung dafür, daß der Lernende die ihm übermittelten Informationen verwerten kann. Mit anderen Worten: Die Realisierung der zunächst nur potentiellen Informationsfunktion ist die notwendige Bedingung dafür, daß diese Informationen weitere Funktionen im Handeln des Lernenden ausüben können. An dem komplizierten Prozeß des Verstehens einer sprachlichen Mitteilung interessieren uns jetzt nur diejenigen Variablen auf der Seite des Lernenden, die für eine Erfüllung der Informationsfunktion einer Lerninstruktion auftreten müssen.[21]

Produziert der Lehrende mündlich oder schriftlich eine Lerninstruktion, dann werden dem Lernenden objektiv nur akustische oder visuelle Qualitäten vorgegeben. Diese Qualitäten kann er als unmittelbar gegebene Phänomene sinnlich wahrnehmen. Die Auffassung der durch dieses sinnlich wahrnehmbare Material vermittelten Informationen ist aber nur möglich, wenn er die diesem Material zugeordneten sprachlichen Bedeutungen und die durch diese wiederum zum Ausdruck gebrachten Begriffe schon kennt. Wir haben es hier mit der folgenreichen Situation zu tun, daß die dem Lernenden vermittelte Information für ihn zwar neu sein kann, daß er aber die Teile, aus der sie zusammengesetzt ist, und die sprachlichen Mittel, durch die sie ihm mitgeteilt wird, schon kennen muß. Man wird deshalb auf seiten des Lernenden mindestens die folgenden Variablen auseinanderhalten müssen:

1. die ihm bereits bekannten sprachlichen Mittel,
2. die ihm bereits bekannten Kategorien,
3. die Synthesisleistungen für die Verknüpfung der ihm bekannten sprachlichen Mittel und Kategorien zu der speziellen Form der jeweiligen Instruktion.

Suchen wir diesen Prozeß noch unter zwei Gesichtspunkten zu beleuchten!

Das Instruktionsverständnis ist keineswegs nur eine rezeptive Leistung, durch die eine vorgegebene Instruktion lediglich aufgenommen würde. Rezipiert im strengen Sinne der Aufnahme eines unmittelbar Gegebenen werden lediglich akustische und/oder visuelle Phänomene. Die Rezeption der durch den Lehrenden dem Lernenden ebenfalls faktisch zugedachten Information geschieht paradoxerweise durch die produktive Konstruktion eben dieser Information im Bewußtsein des

Lernenden. Während der Lehrende Wissen in einem Sprachkörper zum Ausdruck bringt, konstruiert der Lernende auf Grund der sinnlich wahrgenommenen Sprachzeichen und aus bereits erworbenen Lernresultaten eben dieses Wissen. Obwohl die Hervorbringung und die Aufnahme einer Lerninstruktion in vieler Hinsicht unterschiedliche Tätigkeiten sind, sind sie beide in einem hohen Grade produktiv. Man kann deshalb die Aufnahme einer Lerninstruktion als die Nachkonstruktion einer vom Lehrenden konstruierten Lerninstruktion bezeichnen.

Bei der Aufnahme einer Lerninstruktion finden noch keineswegs die vom Lehrenden durch die Lerninstruktion intendierten Lernprozesse statt. Trotzdem vollzieht der Lernende bei der Aufnahme von Lerninstruktionen auch Lernprozesse: Die Dauerhaftigkeit der von ihm bereits erzielten sprachlichen und begrifflichen Lernresultate wird dadurch, daß er sie für das Verständnis der Lerninstruktion reproduzieren muß, erhöht. Seine Fähigkeit, sie für das Verständnis einer speziellen Instruktion zur Synthese zu bringen, eine besondere Form des Transfers, wird geschult. Falls er die Instruktion bereits kennt, prägt sie sich ihm auch als Ganze zunehmend fester ein. Und falls es sich um eine ihm noch unbekannte Lerninstruktion handelt, die er aus Bekanntem in seinem Bewußtsein aufbauen kann, lernt er auch etwas Neues kennen. Diese Lernprozesse werden aber vom Lehrenden keineswegs angestrebt, wenn er eine Lerninstruktion formuliert, sondern nur dann, wenn er sich *das Verstehen einer Lerninstruktion* selbst zum Ziele setzt (ausdrückliche Analyse einer Lerninstruktion). Dafür müßte er aber vor oder nach der Vorgabe einer Lerninstruktion solche Lernprozesse *durch andere Instruktionen* ausdrücklich veranlassen. Anderenfalls setzt er voraus, daß der Lernende auf Grund früherer Lernprozesse und auf Grund der noch während der Aufnahme sich abspielenden Lernprozesse die Informationen, die er ihm übermitteln will, auch tatsächlich übernehmen kann.

Wir wissen freilich längst, daß selbst die einfachsten rezeptiven Akte der sinnlichen Wahrnehmung einen hohen Anteil von produktiven Leistungen einschließen, in unserem Falle z. B. die Bildung vollständiger Wortkörper bei einer bloß partiellen Aufnahme ihres Bestandes an Lauten bzw. Buchstaben. Deshalb war die soeben vorgenommene Unterscheidung zwischen der sinnlichen Rezeption und der produktiven geistigen Leistung nur bedingt richtig. Trotzdem muß man sich die spezifische Produktivität des Instruktionsverständnisses ebenso wie die Abhängigkeit von früheren Lernresultaten bewußt machen, um zu verstehen, weshalb eine Lerninstruktion keineswegs von jedem beliebigen Lernenden faktisch aufgenommen wird. Dies wird noch deutlicher, wenn wir uns nach diesen allgemeinen Aussagen über das Instruktionsverständnis nun den einzelnen von uns unterschiedenen Variablen zuwenden.

Für die Aufnahme einer verbalen Lerninstruktion muß der Lernende alle von ihr verwendeten sprachlichen Mittel, sofern sie sich nicht aus dem Kontext der Lerninstruktion selbst und der nichtsprachlichen äußeren Situation erschließen lassen, schon kennen.[22]

Die Möglichkeiten, neues sprachliches Material aus dem Kontext der jeweiligen Lerninstruktion und ihrer Beziehung zu einer gegebenen nichtsprachlichen äußeren Situation kennenzulernen, sind sehr begrenzt.

Es ist zwar die Grundsituation des Lernens einer neuen Wortbedeutung gegeben, wenn Sokrates seine Frage: „Gibt es also ein Viereck, welches alle diese Seiten, deren vier sind, gleich hat?" mit einer hinweisenden Geste auf die Ecken, Seiten und Größe der Seiten eines in den Sand gezeichneten Vierecks verbindet: der Sprachkörper eines Wortes wird mit einem Gegenstand in Beziehung gesetzt. Dies ist jedoch nur eine exemplarische Einführung einer neuen Wortbedeutung, was sich deutlich zeigt, wenn wir die Geste mit den Worten begleiten: „Dies ist *ein* Viereck." Für die sichere Einprägung einer Wortbedeutung in ihrer Allgemeinheit bedarf es einer großen Zahl solcher exemplarischer Verknüpfungen (s. die Bedeutungsverleihung für sinnlose Silben: „dies ist ein Gazun").[23] Immerhin könnte auf diese Weise bei der Vorgabe einer Lerninstruktion ein einfaches Wort zum erstenmal gleichzeitig mit der Aufnahme der Information dieser Instruktion gelernt werden. Geht dies aber bei jedem in einer Lerninstruktion gebrauchten Wort so einfach? Man denke nur an die Wörter: Natur, Novelle, Keimzelle, Aggregatzustand, indefinite Form, analysieren, multiplizieren, die für Gegenstands-, Sach- oder Verfahrenskategorien gebraucht werden können. Und wie steht es mit den Funktionswörtern: weil, wenn, daß usw.? Wie will man sie alle während der Vorgabe einer Lerninstruktion *zugleich* exemplarisch einführen? Berücksichtigt man außerdem noch, daß in den Lerninstruktionen immer eine größere Zahl von Wörtern auftritt – die Verkürzungen setzen ja schon andere verbale Instruktionen voraus –, dann ist offenkundig, wie eng die Grenzen für eine exemplarische Einführung von lexikalischen Bedeutungen der jeweiligen Lerninstruktion während ihrer Vorgabe gezogen sind.

Einzelne Wortbedeutungen lassen sich außerdem aus dem sprachlichen Kontext einer Lerninstruktion erschließen. Dies ist vor allem dann möglich, wenn synonyme Wörter auftreten, indem sie syntaktisch gleichgesetzt werden („Wir wollen uns mit der Dialogstruktur befassen, das sind die Beziehungen zwischen den Aussagen der verschiedenen Sprecher." „Welche konditionalen, d. h. bedingenden, Beziehungen lassen sich hier erkennen?" „Unser Thema: Soziologische Faktoren im Rezeptionsprozeß der Dramen Bertolt Brechts. Nicht individuelle, sondern für gesellschaftliche Gruppen oder Schichten allgemein festzustellende Reaktionen auf die Dramen Brechts."). Schwieriger ist es dagegen, wenn das unbekannte Wort nur aus dem Zusammenhang mit den übrigen Wörtern der Lerninstruktion erschlossen werden kann. („Kollationieren Sie diesen Text!" Wer die Bedeutung von „kollationieren" nicht kennt, kann sie schwerlich aus dem Zusammenhang dieses Wortes mit den anderen Wörtern der Instruktion gewinnen. Das gleiche gilt für die folgenden Beispiele. „Die Ellipse $y^2 = 1{,}6x - 0{,}16x^2$ ist auf Mittelpunktsform zu transformieren. Die Brennpunktsgleichung in Polarkoordination ist aufzustellen." „Wo liegt hier der transitorische Moment zwischen Ruhe und Bewegung?") An diesen Beispielen kann man durch eigenen Versuch überprüfen, wieweit eine Erschließung unbekannter Wörter aus dem sprachlichen Kontext gelingt.

Selbst wenn man noch in Anschlag bringt, daß manche Wörter aus der Art ihrer Betonung, dem gleichzeitigen Mienenspiel des Sprechenden und Momenten der Gesamtsituation zum Teil erschlossen werden können, ist die Möglichkeit der Erlernung von lexikalischen Spracheinheiten während der Vorgabe einer Instruktion sehr begrenzt.

Alle Wortbedeutungen, die nicht auf diesen Wegen erschlossen werden können, müssen reproduziert werden, was nur möglich ist, wenn sie früher gelernt worden sind. Dies muß so gründlich geschehen sein, daß sich ihre Bedeutung augenblicklich und mit der für das Instruktionsverständnis erforderlichen Genauigkeit und Sicherheit einstellt. Handelt es sich um Wörter einer Fachsprache, dann müssen sie in der Regel im vorhergehenden Fachunterricht gelernt worden sein. Handelt es sich um umgangssprachliche Wörter, dann müssen sie entweder im Unterricht oder außerhalb des Unterrichts schon gelernt worden sein. Da derjenige, der eine Instruktion nicht versteht, den von ihr intendierten Lernprozeß nicht vollziehen kann, sind diese Voraussetzungen notwendige Bedingungen für die Teilnahme am Unterricht. Aus diesem Grunde sind *alle Differenzen* zwischen dem Vokabular, das der jeweilige Lehrer für seine Instruktionen gebraucht, und den für den jeweiligen Lernenden verständlichen Wörtern (sogenannter passiver Sprachgebrauch) für die Realisierung der Informationsfunktion und aller von ihr abhängigen Funktionen von großer Bedeutung. Für solche Unterschiede gibt es so viele Gründe, wie es

Gründe für die Ausprägung von Teilsprachen gibt. Der Wohnort als Grund für Dialekte, die Zugehörigkeit zu einer bestimmten gesellschaftlichen Gruppe oder Schicht als Grund für schichtenspezifische Sprachformen, die Redseligkeit oder Wortkargheit der einzelnen Familie als Grund für familienspezifische Sprechweisen, die sprachlichen Vorlieben des einzelnen bei der Berührung mit unterschiedlichen Sprechweisen verschiedener Sprecher als Gründe für die Ausprägung eines Idiolekts, d. h. eines ganz persönlichen Sprachgebrauchs, u. a. m.[24]

Was wir über das Verständnis der in lexikalischen Bedeutungen kodierten Informationen gesagt haben, gilt auch für das Verständnis grammatischer Beziehungen. Sie können zwar in Ausnahmefällen auch bis zu einem gewissen Grade bei der Aufnahme einer verbalen Lerninstruktion exemplarisch gelernt werden, müssen aber in der Regel schon vorher gelernt worden sein. So kann man z. B. bei der Aufnahme der folgenden Instruktion „Vergleiche die Endsilben der ersten vier Verse miteinander!“ Hinweise auf die Beziehung (genetivus subjectivus) zwischen Vers und Endsilbe erhalten, wenn der Lehrende seine Worte mit einer oder gar mehreren hinweisenden Gesten auf „Vers“ und „Endsilbe“ verbindet. Ist aber der Gegenstand selbst nicht unmittelbar der Wahrnehmung zugänglich oder handelt es sich um viele grammatische Relationen, so ist dies nicht mehr möglich. Es kommt noch hinzu, daß die grammatischen Beziehungen einer bestimmten Sprache nur durch zahlreiche Wiederholungen oder durch einen sicheren Transfer der entsprechenden grammatischen Regel zuverlässig gelernt werden können. Auch Kontextbezüge helfen bei der Identifikation einer grammatischen Beziehung viel weniger als bei lexikalischen Bedeutungen, weil man in einer Instruktion nur selten die hierfür erforderlichen Vergleichsfälle unterbringen kann. Es handelt sich freilich auch bei den grammatischen Beziehungen nur um solche Kenntnisse, die für die Auffassung und nicht für die Bezeichnung der grammatischen Struktur erforderlich sind, was bei der Primärsprache sich in der Regel ohne ein ausdrückliches Regelwissen vollzieht. Auch die für das Verständnis der grammatischen Struktur einer Instruktion erforderlichen Lernresultate sind davon abhängig, ob der jeweilige Lernende für die entsprechenden Lernprozesse vorher hinreichend viele Gelegenheiten erhalten hat.

Lexikalische Spracheinheiten und grammatische Beziehungen müssen für die Aufnahme einer bestimmten verbalen Instruktion in einen besonderen Zusammenhang gebracht werden. Ob dem Lernenden dies gelingt, ist abhängig von seiner Fähigkeit, eine bestimmte Anzahl solcher sprachlicher Gegebenheiten zur Synthese zu bringen.[25] Es gibt eine Reihe von Indizien dafür, daß diese Fähigkeit allgemeinmenschliche und individuelle Grenzen hat. So reicht das bei der sukzessiven Aufnahme einer Instruktion zunächst in Aktion tretende Gegenwartsgedächtnis im Höchstfall nur für 12 mittellange miteinander verbundene Wörter aus. Bei einer wiederholten mündlichen Vorgabe oder beim wiederholten Lesen einer schriftlich fixierten Lerninstruktion kann freilich mehr aufgenommen werden. Andererseits mindern Störungen der Aufmerksamkeit, Beeinträchtigungen der akustischen Übertragung oder der Lesbarkeit, unzureichende Übung in der Aufnahme komplexer Instruktionen und auch prinzipielle individuelle Grenzen den Umfang der Aufnahmekapazität bzw. der synthetischen Verknüpfung der reproduzierten sprachlichen Einheiten.[26]

Die hier vorgetragenen Aussagen über die Variablen der sprachlichen Fassung von Lerninstruktionen einerseits und die Variablen des Sprachverständnisses beim Lernenden andererseits können auf keinen Fall den Anspruch einer eingehenden Analyse des bei der Vermittlung einer Lerninstruktion zwischen Lehrendem und Lernendem stattfindenden sprachlichen Kommunikationsprozesses erheben. Statt dessen beschränkten wir uns auf diejenigen Variablen, die bei der Steuerung von Lernprozessen zur Erfüllung der Informationsfunktion verbaler Instruktionen einander zugeordnet sein müssen. Die Art dieser Zuordnung, d. h. die hier auftretende funktionale Beziehung zwischen Lehrendem und Lernendem, müssen wir uns jetzt genauer ansehen.

Wenn eine Lerninstruktion vom Lehrenden dem Lernenden in einer sprachlichen Fassung objektiv vorgegeben wird, hat dies keineswegs *gesetzmäßig* zur Folge, daß der Lernende diese sprachliche Fassung aufnimmt. Der objektiv sprachlich vorgegebenen Information steht deshalb nur eine potentielle subjektive Informationsaufnahme durch den Lernenden gegenüber. Mit anderen Worten: Dem faktischen Auftreten der sprachlichen Fassung einer Lerninstruktion als einer Variablen kann im Extremfall das völlige Fehlen der Variablen des Verständnisses dieser sprachlichen Fassung beim Lernenden entsprechen. Deshalb ist das *Verständnis der sprachlichen Fassung* einer Lerninstruktion zunächst *in diesem radikalen Sinne* als *eine Variable* anzusehen, *daß es auftreten oder auch nicht auftreten kann.* Wer versteht schon die Instruktion: „Für die Hyperbel $36x^2 - 180x - 32y^2 + 64y + 121 = 0$ sind die Gleichungen der Asymptoten aufzustellen!“ außer dem ausgebildeten Mathematiker? Selbst wenn eine solche Instruktion nicht ganz so unverständlich ist wie eine Anweisung in einer uns unbekannten Sprache, so *variiert zweitens der Grad des Verständnisses.* Er ist abhängig von den reproduzierten und zur Synthesis gebrachten lexikalischen und grammatischen Bedeutungen sowie von den Lernprozessen, die in diesem Bereich noch während der Informationsaufnahme vollzogen werden. Der Grad des Verständnisses verringert sich z. B., wenn einzelne lexikalische Bedeutungen unbekannt sind, wenn einzelne grammatische Phänomene, z. B. der Numerus, der Modus, ein Attribut, nicht erfaßt werden oder wenn die sprachlichen Bedeutungen nur flüchtig bewußt werden. In welchem Grad eine Instruktion aufgenommen wird, kann wiederum sehr verschiedene Gründe haben. Er hängt davon ab, ob die akustische oder visuelle Übermittlung nicht gestört wird, ob die erforderlichen sprachlichen Lernprozesse hinreichend effektiv vollzogen worden sind, ob die Aufnahme unter Zeitdruck geschieht, ob die Aufnahmekapazität ausreicht und ob die Aufmerksamkeit des Lernenden nicht durch äußere oder innere Reize, wie z. B. ein optisches Ereignis in seinem Wahrnehmungsfeld oder eine sich ohne seinen Willen einstellende Assoziation, abgelenkt wird.

Für die grundsätzliche und graduelle Variabilität des Sprachverständnisses ist es von großer Bedeutung, daß im Normalfall alle hierfür erforderlichen Leistungen sicher automatisiert sein müssen, weil der Lernende sich keineswegs ausdrücklich mit einer Erschließung der sprachlichen Mittel beschäftigt. Für die bewußte Analyse der sprachlichen Fassung einer Lerninstruktion ist im Normalfall eine wiederholte Zuwendung erforderlich. Die bewußte Herstellung von Kontextbezügen und der Vergleich der verwendeten sprachlichen Bedeutungen mit sprachlichen Bedeutungen aus anderen Sprachen, einer früheren Entwicklungsstufe der gleichen Sprache oder einer anderen Teil- bzw. Fachsprache benötigen nämlich soviel Zeit, daß sie bei der ersten sukzessiven Aufnahme einer Lerninstruktion nur selten vollzogen werden können. Wird dagegen eine Lerninstruktion mehrfach mündlich vorgetragen, oder schriftlich vorgegeben, dann kann der Lernende noch vieles durch bewußte Analyse der sprachlichen Mittel klären, was bei der ersten Aufnahme unklar geblieben ist.

Für die Steuerung von Lernprozessen ergibt sich hiernach die Situation, daß schon die Erfüllung der Informationsfunktion durch die objektiv vorgegebene verbale Fassung einer Lerninstruktion nicht mit Sicherheit gewährleistet ist. Auch bei einer optimalen Gestaltung der sprachlichen Variablen der Lerninstruktion kann die Informationsfunktion der Instruktion nur erfüllt werden, wenn auch die Variable des Sprachverständnisses durch den jeweiligen Lernenden selbst optimal ausgestattet wird. Dem Aufbau einer komplizierten Leistung durch den Lehrenden muß der Aufbau einer komplizierten Leistung durch den Lernenden entsprechen. Nur wenn Lehrender und Lernender sich durch unterschiedliche produktive Handlungen entgegenkommen, findet eine sprachliche Kommunikation zwischen ihnen statt, in der die vom Lehrenden intendierte Informationsvermittlung zu einer tatsächlichen Informationsaufnahme führen kann.

Für eine optimale Konstitution des Sprachverständnisses ist der vom Lehrenden hervorgebrachte Sprachkörper aus Lauten oder graphischen Zeichen nicht mehr als *eine* Bedingung unter vielen anderen Bedingungen außerhalb und vor allem im Lernenden selbst. Gegenüber den anderen Bedingungen hat diese vom Lehrenden produzierte Bedingung den Vorrang der auslösenden Bedingung. Durch sie greift er insofern in den inneren Haushalt des Lernenden ein, als durch sie die Aktualisierung all der Bedingungen ausgelöst werden kann, die zur Konstituierung des Sprachverständnisses der Instruktion erforderlich sind.

Dieser Prozeß der sprachlichen Kommunikation ist sehr deutlich unterschieden von einem kausalgesetzlichen Naturprozeß, in dem die Wirkungen nicht nur mit fast 100 % Wahrscheinlichkeit eintreten, sondern auch in der Quantität den Ursachen entsprechen (causae aequant effectūs).

Die Einsicht in die Konstituenten der für die Erfüllung der Informationsfunktion einer Lerninstruktion eigentümlichen Variablen des Sprachverständnisses kann für die *Produktion von Lerninstruktionen* nicht ohne Folgen sein. Man kann natürlich Lerninstruktionen produzieren ohne jede Rücksicht darauf, ob die für sie gewählte sprachliche Fassung von einem Lernenden verstanden wird. Dann kann man diese Handlungen aber nicht mehr als Lehrhandlungen bezeichnen, weil ihnen die Wirkung auf den Lernenden gleichgültig ist. Mit anderen Worten: es fehlt ihnen die pädagogische Intention. Eine in pädagogischer Einstellung produzierte Lerninstruktion intendiert dagegen als erstes *das Verständnis ihrer sprachlichen Fassung durch den Lernenden.*

Hier zeigt sich, daß schon die Produktion der sprachlichen Fassung einer Lerninstruktion nicht ohne *Ziel,* d. h. nicht zweck- und wertfrei ist. Wenn der Lehrende aber als Grundlage für die weiteren Funktionen der Lerninstruktion deren Verständnis sich zum Ziel setzt, dann muß er auf die Bedingungen für die Erzielung dieses Verständnisses Rücksicht nehmen und die bis zur Erzielung dieses Verständnisses sich abspielenden Lernprozesses als Mittel für diesen Zweck für legitimiert halten. So trifft man selbst in dem kleinsten Zusammenhang des Unterrichts die Struktur großer Einheiten des Unterrichts wieder an. Mit anderen Worten: es gibt keinen prinzipiellen Unterschied zwischen Makro- und Mikrostruktur sowie zwischen Zielen und Methoden des Unterrichts (s. o. S. 26 f.).

Wir haben jedoch für diese Untersuchung der Steuerungsmöglichkeiten die Entscheidungsproblematik ausgeklammert. Ob das Verständnis der sprachlichen Fassung angestrebt werden soll oder nicht, steht deshalb für uns nicht zur Debatte. Die weiteren Funktionen der Lerninstruktion können jedoch nur erfüllt werden, wenn ihre sprachliche Fassung vom Lernenden verstanden werden kann. Deshalb müssen wir auch davon ausgehen, daß der Lehrende das Verständnis der sprachlichen Fassung seiner Lerninstruktionen beim Lernenden intendiert. Unter dieser Voraussetzung können wir aus der Variablen des Sprachverständnisses für die Produktion der verbalen Fassung einer Lerninstruktion Folgerungen ziehen. Dieses Verfahren hat die Form der Herstellung von „Wenn-dann-Beziehungen" (Aufstellung hypothetischer Sollenssätze).[27]

Wie es keinen Mechanismus gibt, auf Grund dessen durch die *Vorgabe* einer verbalen Lerninstruktion deren *Verständnis* erzeugt wird, so gibt es umgekehrt auch keinen Mechanismus, durch den *aus den Schwierigkeiten des Sprachverständnisses* beim Lernenden sich automatisch *eine optimale sprachliche Fassung* der Lerninstruktion durch den Lehrenden ergäbe. Der Lehrende kann nur dadurch die Sprachgebung seiner Instruktionen verbessern oder gar so günstig wie möglich gestalten, daß er auf die Bedingungen, unter denen sich ein Sprachverständnis beim Lernenden einstellt, *achtet*. Aus den von uns aufgewiesenen Bedingungen lassen sich deshalb *allgemeine Handlungsanweisungen* für die Produktion der sprachlichen Fassung von Lerninstruktionen durch den Lehrenden gewinnen. Diese allgemeinen Anweisungen sagen ihm nur, auf welche konkreten Daten er bei dieser Tätigkeit achten muß, nicht aber, welche Daten er in der jeweiligen Situation finden wird. Mit anderen Worten: keine Theorie kann vorwegnehmen, über welches Wort ein bestimmter Lernender in einer bestimmten Situation nicht verfügen wird, weshalb ihm eine bestimmte Lerninstruktion unverständlich bleiben muß. Dasselbe gilt für externe Störungen, für die Ablenkung der Aufmerksamkeit, für die Auffassung grammatischer Beziehungen oder des Tonfalls. Diese Voraussetzungen des Sprachverständnisses sind aber auch dem Lehrenden nicht ohne weiteres zugänglich. Er kann sie nur durch eine sorgfältige Beobachtung des jeweiligen Lernenden, d. h. durch eine *pädagogische Diagnostik*, gewinnen. Er erhält deshalb durch allgemeine Handlungsanweisungen nur Hinweise darauf, welche konkreten Daten er sammeln und bei der Abfassung seiner Instruktionen berücksichtigen muß. Solche Handlungsanweisungen nennen wir *didaktische Maximen*. Es sei noch einmal betont: Sie gelten nur unter der Bedingung, daß der Lehrende sich bereits ein bestimmtes Ziel gesetzt hat.

Dieses Ziel ist in unserem augenblicklichen Zusammenhang das Verständnis der Sprachgebung seiner Lerninstruktion beim Lernenden.

Obwohl solche Maximen eine bedeutende Orientierungshilfe für das Handeln des Lehrenden darstellen, können sie doch keineswegs die Unsicherheit ganz beheben helfen, ob beim Lernenden die Bedingungen für das Verständnis der sprachlichen Fassung einer Lerninstruktion tatsächlich gegeben sind. Selbst die unter Leitung solcher Maximen vorgenommene Beobachtung des Lernenden in Gestalt von systematischen oder zufälligen Beobachtungen kann nicht die Fülle der konkreten Bedingungen ans Licht befördern, die man eigentlich berücksichtigen müßte. Deshalb kann die Verwendung solcher Maximen und die Berücksichtigung der unter ihrer Leitung erzielten Befunde immer nur eine Annäherung an eine optimale sprachliche Abfassung einer Lerninstruktion erbringen. Macht man sich die Vielzahl der von einem Lehrer abzufassenden Lerninstruktionen bewußt, dann stellt man bestürzt fest, wie begrenzt die Möglichkeiten sind, sich der tatsächlichen Bedingungen für das sprachliche Verständnis einer Lerninstruktion beim jeweiligen Lernenden zu vergewissern. Die Schwierigkeit einer auf jeden einzelnen Schüler abgestimmten Formulierung wird offensichtlich dadurch verringert, daß Schüler schon nach kurzer Zeit den Sprachgebrauch eines Lehrers soweit kennen, daß sie aufgrund vielfältiger Anhaltspunkte die meisten Instruktionen im Sinne des Lehrers verstehen, während sie einem Neuling in der Klasse (z. B. einem neutralen Beobachter) oft nicht verständlich sind.

Folgende didaktische Maximen lassen sich aus unserer Analyse der Variablen des Sprachverständnisses für die Abfassung von verbalen Lerninstruktionen gewinnen:

1. Es dürfen (möglichst) nur solche Wörter der Umgangs- oder Fachsprache gebraucht werden, die dem Lernenden schon bekannt sind.
2. Die grammatische Struktur muß so einfach wie möglich sein, d. h. eine möglichst geringe Zahl an Verknüpfungen besitzen und an Stelle gestaffelter Unterordnungen möglichst weitgehend parataktisch gegliedert sein (Nebensätze für Satzglieder, Hauptsätze an Stelle von Nebensätzen).
3. Besteht Unsicherheit, ob bestimmte Wörter und grammatische Fügungen oder der ganze Umfang der Instruktion sicher aufgefaßt werden können, müssen Verständnishilfen vorgesehen werden:

   a) Zusätze von synonymem Sprachmaterial (redundante Formulierung),

   b) Zusätzliche nichtsprachliche Hinweise auf das Gemeinte (Gesten, Mimik),

c) Mehr Zeit für die Auffassung der Lerninstruktion und zur Klärung unbekannter sprachlicher Bedeutungen durch Kontextoperationen (Wiederholung der mündlichen Vorgabe oder besser schriftliche Vorgabe),

d) Verteilung der erforderlichen Informationen auf mehrere Sätze. Unterscheidung von Vorinformation und Instruktion.

4. Bei Anzeichen der Unsicherheit oder um sich Gewißheit über die Zuverlässigkeit des Verständnisses zu verschaffen, müssen

a) vorher eventuell unbekannte Wörter und grammatische Fügungen ausdrücklich eingeführt werden,

b) nach der Vorgabe einer Instruktion die sich als nicht oder schwer verständlich erweisenden Wörter und grammatischen Fügungen ausdrücklich exemplarisch oder verbal geklärt werden (Form einer ausdrücklichen Diskussion der sprachlichen Fassung einer Instruktion).

Diese Maximen verweisen insgesamt darauf, daß die verbale Fassung von Instruktionen mit großer Sorgfalt vorgenommen werden muß. Falls man diese Sorgfalt nicht bei allen Instruktionen walten lassen kann, muß man sie jedoch unbedingt bei der Formulierung von Hauptinstruktionen aufwenden. Es sind dies solche Lerninstruktionen, die für größere Unterrichtseinheiten leitend sind, etwa für Lernhandlungen, die sich über 10 bis 15 Minuten erstrecken, bis zu Halbjahreskursen. Zu ihnen zählen natürlich auch Aufgabenstellungen für völlig selbständige Arbeiten von wenigen Minuten bis zu mehreren Stunden. Die dann noch erforderlichen untergeordneten Teilinstruktionen müssen weniger wichtige Informationen vermitteln und können deshalb mit geringerer Mühe abgefaßt werden. Trotzdem müssen auch bei ihnen die oben formulierten Maximen beachtet werden.

Wenn der Lehrende ein möglichst genaues Verständnis der verbalen Fassung seiner Instruktionen anstrebt, dann genügt es nicht, daß er bei ihrer Abfassung frühere Beobachtungen der Lernenden berücksichtigt. Er muß die Lernenden auch während der Aufnahme von Instruktionen beobachten und jedes Indiz für Verständnisschwierigkeiten registrieren. Da er schon bei einem einzelnen Lernenden und erst recht bei vielen Lernenden unmöglich aus äußeren Indizien sicher darauf schließen kann, ob eine Lerninstruktion verstanden worden ist, muß er ausdrückliche Rückfragen der Lernenden mit großer Sorgfalt behandeln. Er muß damit rechnen, daß es viele Gründe gibt, nicht zu sagen, daß man eine Instruktion nicht verstanden hat. Hierzu gehört nicht nur die Furcht vor Folgen beim Lehrer und den übrigen Lernenden der Gruppe, sondern auch die Ungewißheit, ob und was an der

Instruktion unklar ist. Eine erkannte Unklarheit ist schon der erste Schritt zur ihrer Klärung. Es genügt daher keineswegs, daß der Lehrende die Lernenden zu Rückfragen ermuntert, sondern er muß durch die Behandlung solcher Fragen immer wieder zeigen, daß Fragen, die einen Mangel an Wissen offenbaren oder ungeschickt gestellt sind, für einen Lernfortschritt des betreffenden Schülers unbedingt erforderlich sind. Solange solche Fragen ernsthaft gestellt werden und nicht nur aus Gründen einer Verzögerungs- oder Ablenkungstaktik, wird er sie selbst sehr ernst nehmen müssen, weil er durch sie Hinweise bekommt, wie er seine Instruktionen besser abfassen kann. Er wird außerdem den ernsthaft Fragenden auch vor hämischen Reaktionen anderer Schüler soweit wie möglich schützen müssen, selbst wenn dessen Versuch, zu fragen, noch so kläglich ausfällt.

An diesem Detail der Steuerung von Lernprozessen zeigt sich bereits, daß jede Lehrhandlung eine pädagogische Aufgabe mit all ihren Implikaten ist. Der Lehrende müßte für ihre zweckgerechte Bewältigung viel mehr wissen, als er in der Regel weiß. Selbst das beste Wissen von den zu berücksichtigenden Faktoren entbindet ihn jedoch nicht von einer zusätzlichen möglichst genauen Beobachtung der faktischen Prozesse. Sein allgemeines Wissen *und* die erhobenen Fakten muß er zusammenbringen zu einer Instruktionshandlung, die dem gesteckten Ziel möglichst gerecht wird. Diese Leistung stellt eine immer wieder neu zu erbringende produktive Synthesis dar. Es handelt sich hier auf keinen Fall um Kleinigkeiten, die man folgenlos für große Ziele des Unterrichts vernachlässigen kann. Sondern in ihrer sorgfältigen Handhabung zeigt sich mehr als in der Proklamation großer Ziele, daß man sich für die bestmögliche Entwicklung junger Menschen, d. h. pädagogisch, engagiert. Man halte sich vor Augen: Dieser Augenblick im Leben des jungen Menschen ist ganz davon erfüllt, eine Lerninstruktion zu verstehen. Damit dies gelingt, muß der Lehrer nicht nur sein Wissen einsetzen, sondern auch unter Verzicht auf eigene Bedürfnisse voll auf die Belange des Lernenden Rücksicht nehmen, d. h. sich nicht egoistisch, sondern sozial verhalten. Dies ist nicht möglich, wenn man nur beiläufig eine automatisierte Rolle vollzieht, sondern nur bei einer vollen Identifizierung der ganzen eigenen Person mit der Lehrerrolle in diesen Handlungen. Die Geringschätzung solcher Fragen als bloß „technischer" ist pädagogisch nicht zu verantworten und Ausdruck einer bedenklichen Schwärmerei oder gar der Menschenverachtung, auch wenn sie im Namen der Menschlichkeit auftritt. Vielleicht ist es in diesem Zusammenhang aufschlußreich, ein paar Sätze Makarenkos zu zitieren, weil er nicht davor zurückschreckte, den größten Teil seines Lebens als Erzieher *für an-*

dere zu leben, und weil er unverdächtig ist, die Erziehung junger Menschen zum Zwecke ihrer Ausbeutung durch andere zu betreiben. (Wir können hier nur seine Einschätzung pädagogischer Detailfragen für uns heranziehen.) Er schreibt in seinem Buche „Ein pädagogisches Poem" in dem für unsere Thematik sehr aufschlußreichen Abschnitt „Am Fuße des Olymp":

„Von den olympischen Höhen der grünen Tische der Volksbildungsämter sind weder Einzelteile noch Arbeitsstadien zu erkennen. Von dort aus sieht man nur das uferlose unpersönliche Kindermeer, und in den Ämtern steht das Modell eines abstrakten Kindes, das aus den leichtesten Stoffen gemacht ist: aus Ideen, Druckpapier und Manilowschen Träumen. Wenn die Olympier zu mir in die Kolonie kommen, so öffnen sich ihnen nicht die Augen, und das lebendige Jugendkollektiv erscheint ihnen nicht als ein neuer Umstand, der vor allem technische Fürsorge verlangt. Aber während ich sie durch die Kolonie führe und schon bei der theoretischen Berührung mit diesen Leuten in Harnisch gerate, verfolgt mich hartnäckig der Gedanke an irgendeine technische Kleinigkeit.

Im Schlafraum der vierten Abteilung wurde heute der Fußboden nicht gescheuert, weil der Eimer verschwunden war. Mich interessiert sowohl der materielle Wert des Eimers als auch die Technik seines Verschwindens. Die Eimer bekommen die Abteilungen, verantwortlich ist der Gehilfe des Kommandeurs, der bestimmt, wer an der Reihe ist sauberzumachen und folglich auch für das Saubermachen verantwortlich ist. Und eben dieses Ding, die Verantwortung für das Reinemachen, für den Eimer und für das Scheuertuch, ist für mich das technologische Moment." [28]

Für die Aufnahme der durch eine Lerninstruktion vermittelten Information genügt das Sprachverständnis nicht, weil die Sprache nur Medium für die durch sie vermittelten Kategorien und des zwischen ihnen hergestellten Zusammenhanges ist. Der Lernende muß deshalb *noch ein Verständnis der in einer Instruktion enthaltenen Kategorien und ihres Zusammenhanges* erzielen, wenn er mit Hilfe dieser Information Lernprozesse vollziehen soll.

Den Unterschied zwischen den Variablen der Gegenstands-, Sach- und Verfahrenskategorie einerseits und ihrer sprachlichen Fassung als weiterer Variablen andererseits haben wir bei der Analyse der verbalen Lerninstruktion aufgewiesen. Obwohl dem ersten Anschein nach mit dem Verständnis der Wörter einer Lerninstruktion und ihres grammatischen Zusammenhanges zugleich auch das Verständnis der durch sie vermittelten Kategorien und deren Zusammenhanges erzielt wird, entspricht den Kategorien der Lerninstruktion eine eigene Verständnisvariable. Für dieses Verständnis müssen nämlich *nicht Wortbedeutungen* gelernt worden sein, *sondern Begriffe.* Daß es sich hier um eng miteinander verbundene, aber doch unterscheidbare Lernprozesse handelt, ist experimentell gesichert.[29] Aus diesen Experimenten und auch mancher alltäglichen Erfahrung geht hervor, daß Begriffe gebildet werden können, ohne daß sie an ein Wort gebunden sein müssen, und daß man Wörter gebrauchen kann, ohne ein Begriffsbewußtsein zu haben. Wenn wir hier von Begriffslernen sprechen, handelt es sich strenggenommen um das Lernen eines Begriffsverhaltens und nicht um das Lernen einer Begriffsdefinition, weil der zweite Fall des Begriffslernens nicht ohne die Sprache möglich ist. Um das Verständnis der Kategorien einer Lerninstruktion und ihres Zusammenhanges als relativ selbständige Variablen zu erkennen, müssen wir uns mit diesen Zusammenhängen noch etwas eingehender befassen.

Heißt z. B. eine einfache Instruktion „Bestimme die Größe der Fläche eines Kreises mit dem Radius 0,80 m!", dann ist es durchaus möglich, daß der Lernende ein Verständnis von den Wörtern „Größe", „Fläche", „Kreis" und auch „Radius" besitzt, er aber die mathematischen Begriffe des „Radius" und der „Kreisfläche" nicht kennt.[30] Man könnte einwenden, es handele sich hier nur um den Unterschied zwischen alltäglichem Begriffswissen, das der Lernende sehr wohl besitze, und dem noch nicht bekannten wissenschaftlichen Begriffswissen. Zunächst wird durch diesen Einwand nicht in Frage gestellt, daß der Lernende die mit diesen Wörtern verbundenen mathematischen Begriffe noch nicht kennt. Dies reicht schon für die Folgerung aus, daß der Lernende zum Verständnis der in dieser Instruktion verwendeten Kategorien nicht nur ein Wortverständnis, sondern eben die Kenntnis von Fachbegriffen benötigt. Anderenfalls kann er die in ihr enthaltene Information nicht aufnehmen. Es ist aber auch fraglich, ob er ein vorwissenschaftliches Begriffsverständnis von „Radius" und „Kreisfläche" besitzt. Hierfür müßte er zumindest die ihm faktisch vorgegebenen Kreisflächen und Radien in jedem Falle sicher identifizieren können, was die klare Unterscheidung von ähnlichen Gebilden wie Ellipse, Parabolide, durch eine unregelmäßig gekrümmte Linie begrenzte Flächen bzw. Durchmesser, Diagonale oder andere Geraden in einer Fläche voraussetzt. Ob der Lernende hierzu in der Lage ist, obwohl ihm die betreffenden Wörter nicht unbekannt sind, ist die Frage. Es könnte umgekehrt sein, daß er diese Begriffe kennt, sie aber bisher mit anderen Wörtern belegt hat, wie z. B. „runder Platz" oder „Speiche".

Freilich ergibt sich bei der Erörterung des Verhältnisses zwischen Begriffen aus dem alltäglichen Lebensbereich und umgangssprachlichen Wörtern die Schwierigkeit, daß man bei ein und demselben Wort zwischen seiner Bedeutung und dem durch diese Bedeutung repräsentierten Begriff unterscheiden müßte. Der Unterschied läßt sich dann darin sehen, daß einem bestimmten Wortkörper ein ganzes Feld von Haupt- und Nebenbedeutungen zugeordnet werden kann (Denotationen und Konnotationen), während ein Begriff eindeutig bestimmt ist und deshalb eine genaue Fassung einer der vielen Bedeutungen eines Wortes darstellt.

Ohne diese schwierige Problematik hier weiter verfolgen zu können, werden wir davon ausgehen können, daß der Lernende für das Verständnis der in Lerninstruktionen gebrauchten Kategorien nicht nur Fachbegriffe bereits gelernt haben muß, sondern auch Begriffe, die er im alltäglichen Umgang mit Sachen und Personen lernen kann. Da man Gegenstands-, Sach-, Verfahrens- und auch Adressatenkategorien nur im Grenzfall des exemplarischen Lernens an einer Gegebenheit (der ideierenden Auffassung) noch während der Vorgabe einer Lerninstruktion lernen kann, muß der Lernende die in einer Instruktion als Kategorien verwendeten Begriffe schon kennen. Anders vermag er kein Verständnis der Kategorien einer Lerninstruktion zu gewinnen.

Da die von uns aufgewiesenen Beziehungen zwischen den Kategorien einer Lerninstruktion keineswegs immer in derselben grammatischen Form zum Ausdruck gebracht werden (s. o. S. 52), muß er *auch diese Beziehungen* herstellen können. Er muß in einer Lerninstruktion die Gegenstandskategorie erkennen und ihr die Sach- und/oder Verfahrenskategorie zuordnen. Es ist dies analog zum Sprachverständnis eine analytische und synthetische Leistung, die jeder Lernende nur in einem gewissen Maße erbringt. Die Größe der Kapazität für die Auffassung der durch eine Lerninstruktion vermittelten Kategorien ist bei den einzelnen Lernenden sehr unterschiedlich. Sie hat aber insgesamt recht enge Grenzen, was jeder an sich beobachten kann, wenn er eine umfangreiche Instruktion für die Fahrt zu einem unbekannten Ort aufzunehmen sucht. Wieviel schneller erlahmt erst unsere Auffassungskraft, wenn wir eine Instruktion mit einer Reihe von genau definierten Fachbegriffen zu übernehmen suchen.

Für die Auffassung der begrifflichen Information spielt demnach die Differenz bzw. Gleichheit im Begriffsgebrauch zwischen Lehrendem und Lernendem die entscheidende Rolle. Differenzen im Begriffsgebrauch ergeben sich aus der unterschiedlichen Lerngeschichte des Lehrenden und des Lernenden und sind deshalb zunächst unvermeidlich. Sie können nur dadurch vermindert werden, daß der Lehrende den Begriffsgebrauch des Lernenden beobachtet und daß der Lernende im Unterricht diejenigen Fachbegriffe kennenlernt, die bei der Formulierung von Instruktionen durch den Lehrenden verwendet werden. Bei der Vielzahl der in Instruktionen verwendeten Begriffe, der Unmöglichkeit, sie alle explizit im Unterricht einzuführen, und der unterschiedlichen Schnelligkeit des Begriffserwerbs und des Vergessens von Begriffen durch die einzelnen Lernenden kann aber der Lehrende nie davon ausgehen, daß der Lernende die von ihm in einer Instruktion verwendeten Begriffe vollständig beherrscht.

Für das Kategorienverständnis gilt ebenso wie für das Sprachverständnis, daß es zunächst durch autonom ablaufende Prozesse der Reproduktion und automatisierte unterscheidende (diskriminierende) und verknüpfende (integrierende) Prozesse erzielt wird. Man kann aber auch vor oder nach der Vermittlung einer Instruktion eine ausdrückliche Analyse der einzelnen Kategorien und ihres Zusammenhanges vornehmen. Oft kann nur durch eine solche Analyse die Information der Instruktion so erschlossen werden, daß der Lernende mit ihr arbeiten kann. Es kann hierzu ein bestimmtes Begriffsverhalten in einem gesonderten Zusammenhang von Lernprozessen gelernt werden, ein Begriff durch Definition, d. h. mit Hilfe anderer sprachlich vermittelter Begriffe, eingeführt oder der Zusammenhang zwischen den einzelnen Kategorien ausdrücklich erklärt werden.

Geht man davon aus, daß der Lernende ein möglichst klares Bewußtsein von den ihm durch eine Instruktion vermittelten Kategorien und ihres Zusammenhanges erhalten soll, dann kann man aus dieser Zielsetzung einige Anweisungen für die Produktion von Lerninstruktionen ableiten. Aus unserer Analyse der Variablen des Kategorienverständnisses lassen sich folgende didaktische Maximen für die Abfassung von Lerninstruktionen gewinnen:

1. Es dürfen (möglichst) nur solche Begriffe als Kategorien verwendet werden, die der Lernende schon kennt (im alltäglichen Umgang mit Sachen und Personen gewonnene Begriffe oder Fachbegriffe).
2. Die Zahl der in einer Instruktion auftretenden Kategorien muß auf das für die jeweilige Information notwendige Maß beschränkt werden.
3. Der Zusammenhang zwischen den einzelnen Kategorien muß eindeutig und klar erfaßbar sein.
4. Besteht Unsicherheit, ob bestimmte Kategorien oder ihr Zusammenhang richtig aufgefaßt werden können, müssen Verständnishilfen vorgesehen werden:

   a) das Lernen eines unbekannten Begriffes mit der Hilfe von Beispielen und durch Unterscheidung von anderen, aber ähnlichen Begriffen vor oder nach der Vorgabe einer Instruktion,

   b) das Lernen eines unbekannten Begriffes durch Definition vor oder nach der Vorgabe einer Instruktion,

   c) die ausdrückliche Erörterung des Zusammenhanges zwischen

Gegenstands-, Sach- und/oder Verfahrenskategorie vor oder nach der Vorgabe einer Instruktion.

Aus unseren Aussagen über die Rezeption einer verbalen Lerninstruktion durch den Lernenden läßt sich entnehmen, daß *die beiden Variablen des Sprachverständnisses und des Kategorienverständnisses* in engen Beziehungen zueinander stehen. Obwohl die Eigenart der beiden Variablen bei der Produktion von Lerninstruktionen gesondert berücksichtigt werden muß, wirkt sich ihr enger Zusammenhang auf die praktischen Möglichkeiten einer ausdrücklichen *Instruktionsanalyse* im Unterricht aus.

Eine der Vorgabe einer Instruktion *vorausgehende ausdrückliche Einführung* von sprachlichen Mitteln und Begriffen hat nur dann einen Sinn, wenn man mit hoher Sicherheit weiß, daß diese dem Lernenden nicht oder nicht hinreichend bekannt sind. Eine solche für einen einzelnen Lernenden schon sehr schwierige Voraussage verliert angesichts einer größeren Zahl von Lernenden noch mehr an Sicherheit. Führt man aber bereits bekannte sprachliche Mittel und Begriffe nochmals ausführlich ein, dann ist dies zeitraubend, kann es meist nur flüchtig geschehen, ist eine Isolierung von einzelnen sprachlichen Mitteln und Begriffen unvermeidlich, läßt sich dem Verfahren der Charakter einer Vorbereitung nur sehr schwer nehmen und beeinträchtigt es aus all diesen Gründen auch die Motivation.

Gibt man dagegen zuerst eine Instruktion vor oder läßt man sie sogar aus den bereits erworbenen Kenntnissen und Fähigkeiten vom Lernenden selbst abfassen, dann hat dies viele Vorteile. *Gibt man die Instruktion vor*, so besteht die Möglichkeit, im Zusammenhang hiermit Verständnishilfen einzusetzen, durch die der Lernende seine bereits erworbenen Kenntnisse und Fähigkeiten voll aktivieren kann: Man läßt ihn zu diesem Zweck z. B. die Instruktion selbst aufschreiben, läßt ihm Zeit zur wiederholten Durchsicht, fordert ihn zum Unterstreichen von Unklarheiten und zur Mobilisierung all seiner Möglichkeiten zu deren Klärung auf oder verlangt von ihm eine Umsetzung der ihm vermittelten Information in „eigene Worte" (synonyme sprachliche Mittel). Ist das Potential der selbst zu aktualisierenden Möglichkeiten erschöpft, dann läßt man bestehende Unklarheiten oder eine eigene Fassung der durch die Instruktion vermittelten Information *diskutieren.* Dies ist für den Lehrenden eine bestimmte Form der Rückmeldung auf seine Instruktion, durch die er den dringend benötigten Einblick in das tatsächliche Informationsverständnis der Lernenden erhält. Die gemeinsame Erörterung hat darüber hinaus noch eine Reihe weiterer Vorteile: Mitschüler werden zu Verbesserungsvorschlägen herausgefordert, es müssen neue sprachliche Fassungen gesucht werden, die Information wird wiederholt bewußt, es besteht mindestens bei den Beteiligten ein unmittelbares Interesse, der Lehrende kann Zusatzinformationen nur bei tatsächlichem Bedarf geben, und man bleibt von vornherein im gesamten Informationszusammenhang, wodurch die Vielfalt des Denk- und Vorstellbaren eingeschränkt wird. Es versteht sich, daß ein solches aufwendiges Verfahren nur bei neuen Hauptinstruktionen gerechtfertigt ist, nicht aber bei bereits bekannten Hauptinstruktionen oder kleinen Steuerungsimpulsen, deren Material als bekannt vorausgesetzt werden muß, weil es schon wiederholt verwendet worden ist und man seine Erklärung mit Rücksicht auf den Fortgang des Lernprozesses nicht beliebig oft wiederholen kann.

Man kann auch *die Information einer Instruktion durch die Lernenden selbst gewinnen lassen.* Dies setzt allerdings voraus, daß ihnen die hierfür erforderlichen Gegenstands-, Sach- und/oder Verfahrenskategorien bereits bekannt sind und nur deren Wahl und Zuordnung im Hinblick auf ein bestimmtes Unterrichtsziel noch zu leisten sind.

Will man ein neues Unterrichtsvorhaben von kürzerer oder längerer Dauer anbahnen, dann kann der Fall eintreten, daß man sich einem *neuen Unterrichtsgegenstand* zuwenden muß. In dieser Situation können die Lernenden mit Hilfe der ihnen bekannten Gegenstandskategorien zunächst die Wahl eines neuen Gegenstandes im jeweiligen Fachbereich vornehmen, z. B. eine Region der Erdoberfläche, Wolkenbildung, die Sozialstruktur der Familie, das Dualsystem oder die redaktionelle und technische Herstellung einer Zeitung. Der neue Gegenstand kann bereits ein sehr spezielles Gebiet eines Sachbereichs sein, wenn die Lernenden schon über die für seine Erfassung erforderlichen Kategorien verfügen. Hat man sich für einen bestimmten Gegenstand entschieden, dann kann man die Lernenden auffordern, *bestimmte Aspekte des gewählten Gegenstandes und/oder die Verfahren* für seine Behandlung zu bestimmen. Auf diese Weise können die den Lernenden bekannten Sach- und Verfahrenskategorien auf einen neuen Gegenstand übertragen werden. Man kann aber auch einen u. U. bereits mehrfach behandelten Gegenstand beibehalten und weitere den Lernenden bekannte Sach- und Verfahrenskategorien ihm zuordnen lassen.

Auch ein solches Verfahren der selbständigen Abfassung einer Instruktion durch die Lernenden ist nicht ohne Instruktion möglich. Man verwendet in den hier erforderlichen Instruktionen jedoch nur übergeordnete Kategorien (Womit sollen wir uns jetzt befassen? Was sollen wir an diesem Naturphänomen untersuchen? Wie sollen wir vorgehen? Jetzt müßten wir uns eine neue Aufgabe stellen, ein neues

Thema suchen, etwas Neues vornehmen.). Auf Grund ihrer Allgemeinheit gehören sie meist schon zum außerhalb der Schule gelernten Begriffsrepertoire und sind für den Lernenden deshalb leicht verständlich. Die Kategorien für den Fortgang des Lernens werden dagegen von den Lernenden selbständig reproduziert und in Beziehung zueinander gesetzt. Auf diese Weise formulieren sie *selbst* eine neue Aufgabe oder ein Problem, durch die der Rahmen für das weitere Vorgehen abgesteckt wird. Statt eine fertige Instruktion zu übernehmen, stellen sie *selbst* die in einer Instruktion enthaltenen Informationen zusammen. Diese Selbständigkeit wird nicht dadurch vermindert, daß die von ihnen abgefaßte Instruktion nur für sie (subjektiv) neu ist oder gar nur die Wiederholung einer früheren. Sie kann auch objektiv neu sein, d. h. eine völlig originale Leistung darstellen, was jedoch nie mit völliger Sicherheit festgestellt werden kann und recht selten sein dürfte.

Dies ist der höchstmögliche Grad der Selbststeuerung von Lernprozessen *im Unterricht*. Sie hat eine erste Grenze darin, daß der Lernende wie jeder andere auch Aufgaben oder Probleme nur mit dem ihm bereits bekannten Material formulieren kann. Er bleibt auch darin von dem bereits erzielten Entwicklungsstand abhängig, daß er die Ergiebigkeit einer Gegenstandswahl und einer Behandlungsart nur in engen Grenzen voraussehen kann, weil er sie noch nicht kennt. Die zweite Grenze besteht darin, daß sich diese Abfassung von Aufgaben bereits *innerhalb* eines bestimmten Unterrichts mit mehrfach gestaffelten Vorentscheidungen über Gegenstand und auch Methode und schließlich *innerhalb* des vom Lehrenden eingeräumten Entscheidungsraumes abspielt. Selbst wenn diese Vorentscheidungen im höchstmöglichen Maße offen sind, stellen sie eine Begrenzung der Selbständigkeit des Lernenden dar. Ohne diese Begrenzung wäre seine Formulierung von Aufgaben nicht mehr eine Selbststeuerung des Lernens *im Unterricht*, sondern völlig selbständiges Lernen.

Damit ist die insbesondere von Gaudig vertretene Auffassung, der Lernende könne außerhalb und auch im Unterricht alles selbst erfragen,[31] als Illusion erwiesen. Er kann nur soviel erfragen, wie es ihm sein bisheriges Wissen und dessen Kombination erlauben.[32] Anderenfalls müßte nicht nur jede neue Generation, sondern jeder einzelne junge Mensch alle schon gefundenen ergiebigen Fragen, d. h. alle Fragen der bisherigen Menschheit und nicht nur der wissenschaftlichen Forschungsgeschichte, selbständig stellen können. Man kann deshalb die selbständige Gewinnung von Aufgaben oder Problemen durch die Lernenden keineswegs zur alleinigen Methode des Unterrichts erklären, weil dies nicht nur eine maßlose Überforderung des Schülers, sondern zugleich auch den Verzicht auf die Überlieferung der dem Lehrer bekannten ergiebigen Fragestellungen bedeuten würde.

Wenn der Lehrende dagegen eine Instruktion nicht vom Schüler selbst abfassen läßt, dann besteht seine Vorleistung darin, daß er mit einem dem Lernenden wahrscheinlich bekannten Material einen Horizont abgrenzt, innerhalb dessen auf ökonomische Weise in der Regel bereits bekannte, aber vom einzelnen Schüler erst zu lernende Resultate erzielt werden können.

Es ist damit die von Rousseau bis Neill von vielen genährte Hoffnung auf ein absolut freies Lernen innerhalb des Unterrichts bzw. trotz der Anwesenheit eines Erziehers als Illusion erwiesen. Selbst beim Fehlen einer Verpflichtung zur Teilnahme an irgendeinem Unterricht wird diese Freiheit schon dadurch relativiert, daß es ein dem Lernenden bekanntes bestimmtes Angebot von Unterrichtsveranstaltungen gibt, daß ihm bestimmte Räume mit bestimmten Materialien bereitgestellt werden und daß Menschen in der Rolle des Lehrers oder Erziehers in seiner Nähe sind, mit denen sich ein Kontakt nie ganz vermeiden läßt.

Es kann sich deshalb im Unterricht nicht um die absolute Selbständigkeit des Lernenden handeln, sondern um die für seine Entwicklung optimale. Welche Vorstellungen man auch von der optimalen Entwicklung hat, es geht nicht ohne Steuerung des Lernens, wenn man nicht grundsätzlich auf jede schulische oder außerschulische Form des Unterrichts verzichten will.

Wie sich Lerninstruktionen auf den Ablauf von Lernprozessen auswirken, läßt sich noch nicht an der Aufnahme ihrer Information ablesen, sondern erst an den Funktionen, die diese Informationen nach ihrer Aufnahme durch den Lernenden ausüben. Für diese Funktionen aber gibt es noch eine weitere notwendige Voraussetzung im Informationsbereich. Sie besteht darin, daß der Aufforderungscharakter der Lerninstruktion verstanden wird.

Die Aufnahme der durch eine verbale Lerninstruktion vermittelten Information ist im ganzen eine rezeptive Leistung, wenn im einzelnen hierfür auch *wiederholt hervorbringende* (reproduktive) und *neu hervorbringende* (produktive) Akte erforderlich sind. Dominant ist die Rezeption, rezessiv, d. h. verdeckt, treten in ihr produktive Leistungen auf. Auf Grund der dominanten Rezeption ist mit der möglichst genauen Aufnahme der bisher berücksichtigten kategorialen Informationen noch gar nichts über deren Verwendung durch den Lernenden gesagt. Erst wenn der Lernende dem Aufforderungscharakter der Lerninstruktion entspricht, kann sie weitere Funktionen ausüben, die wir als „motivationale" und „operative" Funktion bezeichnen werden. Es kann kein Zweifel daran bestehen, daß die Aufforderung vom Lernenden zunächst als eine Information aufgenommen werden muß. Zum Aufforderungscharakter als einer unabhängigen Variablen gehört deshalb eine abhängige Variable, das *Aufforderungsverständnis*. Die Funktion der Lerninstruktion ist jedoch keineswegs mit dieser Informationsaufnahme erschöpft, sondern erst mit der Annahme und Ausführung der Aufforderung, die dem Lernenden vermittelten kategorialen Informationen anzuwenden. Das Verständnis der Aufforderung vermittelt deshalb beim Lernenden zwischen den dominant rezeptiven Variablen und den dominant produktiven Variablen der Motive und Operationen.

Das Verständnis der Aufforderung ist gegenüber diesen Variablen selbständig, weil es folgenlos bleiben kann. Der Lernende versteht dann die an ihn ergangene Aufforderung, entspricht ihr aber nicht. Andererseits ist das Verständnis der an ihn ergangenen Mitteilung als einer Aufforderung die notwendige Voraussetzung dafür, daß er Operationen vollzieht, die der Aufforderung entsprechen. Mit anderen Worten: Erst das Verständnis der kategorialen Informationen als *Bestandteil einer Aufforderung* kann dazu führen, daß er nicht nur Informationen übernimmt, sondern ihnen entsprechende Akte vollzieht. So kommt der Aufforderungscharakter als letzte, alle kategorialen Informationen übergreifende Information hinzu.

Das Verständnis des Aufforderungscharakters ist ebenso wie die Aufnahme der übrigen Informationen und ihrer sprachlichen Fassung nicht voraussetzungslos. Die Verwendbarkeit von Begriffen als Fragekategorien wird schon sehr früh gelernt, wofür das erste Fragealter eindeutige Belege liefert.[33] Entsprechendes gilt für die Satzformen der Frage und der Aufforderung. Wann eine Aussage zuerst als eine Lerninstruktion begriffen wird, ist, soviel ich sehe, noch nicht gesondert untersucht worden. Vermutlich geschieht die sichere Aufnahme einer Aussage als Lerninstruktion erst in schulischen Unterrichtssituationen. Da es sich im Schulunterricht um einen häufig wiederkehrenden Aussagemodus handelt, kann seine zuverlässige Auffassung dort bald vorausgesetzt werden. Sein Verständnis entspricht dem Verständnis anderer komplizierter Beziehungen begrifflicher und grammatischer Art. Es unterscheidet sich daher deutlich von dem nicht abschließbaren Lernen einzelner Begriffe und der für ihren Ausdruck benötigten semantischen Einheiten. Deren Verständnis kann man auf Grund dieser Unabgeschlossenheit bei weitem nicht mit einer solchen Sicherheit voraussetzen. Der Aufforderungscharakter wird deshalb auch meist schneller erfaßt als die semantisch vermittelten kategorialen Informationen.

Erst wenn alle Informationen einer Lerninstruktion aufgenommen worden sind, kann sie ihre übrigen Funktionen voll erfüllen. Die Erfüllung der Informationsfunktion ist deshalb grundlegend für alle weiteren Funktionen der Lerninstruktion. Ihnen können wir uns deshalb erst jetzt zuwenden.

1.2 Die motivationale Funktion

An jeder Lerninstruktion kann eine Reihe von Aspekten auftreten, die für den Lernenden zum Anreiz für die Aktualisierung von bereits erworbenen und zur Bildung neuer Lernmotive werden können. Dem Lernenden werden diese Aspekte an den Informationen der Lerninstruktion und ihrer verbalen Fassung bewußt. Diese Aspekte werden vom Lernenden nicht nur interesselos aufgenommen, sondern können dadurch zu Anreizen für seine Motivation werden, daß er sie bewertet. Die positive Bewertung trägt zur Aktualisierung oder zum Neuerwerb des entsprechenden Lernmotivs bei, die negative Bewertung verhindert sie. Ob eine Lerninstruktion für einen Lernenden einen motivationalen Anreiz besitzt, hängt demnach davon ab, ob ihm ein solcher Aspekt an ihr bewußt wird und wie er ihn bewertet. Die einzelnen Anreize in Gestalt von negativ oder positiv bewerteten Aspekten sind Variablen der Lerninstruktion, die durch sie ausgelösten Motive Variablen der Lernhandlung. Angesichts einer Lerninstruktion kann man auf Grund des eigentümlichen Verhältnisses zwischen motivationalem Anreiz und Lernmotiv nur sagen, welche Anreize diese Instruktion für Lernende haben *kann* und welche Anreize sie *wahrscheinlich auf bestimmte Lernende* ausübt. Wir befassen uns deshalb mit den *möglichen motivationalen Anreizen* von Lerninstruktionen.

Ein motivationaler Anreiz kann die *Bekanntheit* oder *Neuigkeit* der durch die Gegenstands-, Sach- und Verfahrenskategorie bezeichneten Gegebenheiten sein. Ein bekannter Sachverhalt ist schon einmal oder mehrfach sinnlich wahrgenommen oder aber als Resultat von geistigen Operationen gedacht worden. In welcher Weise sich diese Bekanntheit oder Neuigkeit auf die Motivation eines Lernenden auswirkt, hängt von subjektiven Bedingungen bei ihm ab. Von der Wirkung der Bekanntheit bzw. Neuigkeit und ihren subjektiven Bedingungen aber sehen wir im Augenblick noch ab. Stattdessen untersuchen wir im Hinblick auf die objektiv gegebene Lerninstruktion, welche Varianten der Bekanntheit oder Neuigkeit es geben kann.

Gehen wir von der Gegenstandskategorie aus, dann kann dem Lernenden der bezeichnete Gegenstand oder Gegenstandsbereich selbst oder aber das größere Sachgebiet, aus dem er stammt, bekannt sein.

Hier ergeben sich die Möglichkeiten eines noch unbekannten Gegenstandes oder Teilbereichs aus einem bereits bekannten Gebiet, eines bereits bekannten Gegenstandes in einem sonst noch unbekannten Gebiet und eines unbekannten Gegenstandes aus einem unbekannten Gebiet. – Eine wie auch immer geartete Bekanntheit mit einem bestimmten Gegenstand oder Sachgebiet darf nicht mit der Kenntnis einer Gegenstandskategorie gleichgesetzt werden, die für die Informationsaufnahme erforderlich ist. So kann man durchaus die Begriffe Kongo, Säure, Gedicht, physikalisches Gesetz, sozialer Konflikt kennen, ohne daß man deshalb schon mit den von ihnen bezeichneten Gegebenheiten bekannt wäre. Zwischen beidem besteht zwar kein absoluter, aber ein gradueller Unterschied. Die Kenntnis der Kategorie reicht zur Identifikation des Gegenstandes aus, während sich das Bewußtsein der Bekanntheit erst bei einer wirklichen oder vermeintlichen genaueren Kenntnis einstellt. – Die Zahl der möglichen Varianten des Bekanntheits- bzw. Neuigkeitsgrades einer Lerninstruktion wird noch dadurch erheblich vergrößert, daß auch der durch eine Sachkategorie bezeichnete Gegenstandsaspekt und die durch eine Verfahrenskategorie bezeichnete Verfahrensweise bekannt oder neu sein können.

Die Wirkung der Bekanntheit oder Neuigkeit aller durch eine Instruktion bezeichneten Gegenstände, Gegenstandsaspekte und Verfahrensweisen auf die Motivation des Lernenden hängt von den bisherigen Erfahrungen mit dem Bekannten, dem Anfangsreiz des Neuen und dem Mischungsverhältnis zwischen Bekanntem und Neuem ab. Die Dinge liegen hier sicher nicht so einfach, daß etwa Bekanntes immer die Lernmotivation verstärkt oder umgekehrt. Obwohl die motivationale Wirkung von Bekanntheit und Neuigkeit in den komplizierten Zusammenhängen des Unterrichts noch keineswegs hinreichend geklärt ist, läßt sich mit Hilfe vorliegender Untersuchungen einiges Licht in sie bringen.

Im Falle der *Bekanntheit mit dem jeweiligen Gegenstand, einem größeren Gegenstandsbereich oder eines seiner Aspekte* kann sich aufgrund des bisherigen Umgangs mit ihm ein *Sachinteresse* gebildet haben. Nach Heckhausen entsteht die Wertschätzung eines Gegenstandes, wenn der Lernende an ihm Aufgaben bewältigt hat, die für ihn einen mittleren Schwierigkeits- bzw. Erreichbarkeitsgrad hatten. Aus der in den meisten Fällen erfolgreichen Bewältigung solcher Aufgaben erwächst allmählich eine Wertschätzung des betreffenden Gegenstandes. Da die Entstehungsbedingungen für Sachmotive noch wenig erforscht sind, wird man annehmen können, daß auch noch andere Bedingungen als der mittlere Schwierigkeitsgrad zur Entwicklung einer solchen Wertschätzung beitragen, z. B. die bei der Beschäftigung mit einem Gegenstand auftretenden Gefühle oder Vorzüge der Situation, in der man sich mit ihm beschäftigt hat. Eine auf diese oder jene Art entstandene Wertschätzung ist der Grund für ein Sachinteresse, d. h. einer Zuwendung zu diesem Gegenstand, sobald er z. B. durch eine Instruktion in den Bewußtseinshorizont tritt. Ein solches Sachinteresse kann durch Generalisierung auf einen größeren Gegenstandsbereich ausgedehnt werden, es kann von sehr unterschiedlicher Stärke sein und es hat seine Geschichte, d. h. es kann stärker werden oder sich auch mehr und mehr abschwächen.[34] Für die Bekanntheit bestimmter Gegenstandsaspekte gilt dasselbe. Wer bei der Beschäftigung mit ihnen überwiegend zu befriedigenden Ergebnissen gekommen ist, gewinnt ein allmählich zunehmendes Interesse an ihnen. Es kann dies die Farbe, Form, die Quantität, der Entwurf, die Herstellung, die Verwendung, der Verkauf von Gegenständen sein u. v. a. m.

Es bedeutet nur eine Verschiebung der Richtung des Interesses, wenn es sich nicht auf die Sache, sondern auf die *Tätigkeiten* bezieht, die man in einem bestimmten Gegenstandsbereich ausüben kann. Die mehrfache Bekanntschaft mit ihnen kann allmählich zu einem *Funktionsinteresse* führen. So können Lernende z. B. am Zeichnen, Rechnen, Experimentieren, Basteln etc. interessiert sein, ohne daß schon ausgemacht ist, was gezeichnet, gerechnet, welche Experimente ausgeführt und was gebastelt werden soll. Dieses Funktionsinteresse wird sich aus ursprünglicher Funktionslust nach ähnlichen Gesetzmäßigkeiten bilden wie das Sachinteresse. Da die Beschäftigung mit einer Sache stets eine Einheit bildet, wird es sich in den meisten Fällen gleichzeitig mit einem Sachinteresse entwickeln.

Im Falle der *Neuigkeit* kann man davon ausgehen, daß sie für den Lernenden in vielen Fällen einen Anreiz darstellt. Es kommt allerdings darauf an, von welcher Art die zu erwartende Neuigkeit ist. Es erweckt keineswegs jede angekündigte Neuigkeit bei jedem Lernenden und in jeder Situation ein Interesse. Ob sie über den bloßen Anfangsreiz hinaus einen stärkeren Anreiz auf den Lernenden ausübt, hängt vermutlich von ihrem Verhältnis zu demjenigen ab, was dem Lernenden bereits bekannt ist.

Über das Sachinteresse, das Funktionsinteresse und die Neugier gibt es psychologische Untersuchungen, die über das Auftreten dieser Motive und die Bedingungen ihrer Entstehung manches aufgedeckt haben.[35] Wie steht es aber mit dem Zusammenspiel dieser einzelnen Motive bei der Auffassung einer Lerninstruktion? Hier sind wir auf Schlußfolgerungen aus solchen Untersuchungen und eigene Erfahrungen angewiesen, bis entsprechende Unterrichtsexperimente angestellt werden können.

Besteht bereits ein Interesse für den ganzen Gegenstandsbereich, dann wird ein unbekannter Gegenstand aus diesem Bereich ein größeres Interesse auf sich ziehen als ein bekannter. Bei einem Interesse für den Bereich „Kriminalroman" wird ein neuer Roman dieser Art ein großes Interesse erwecken, bei einem Interesse für Chemie ein noch unbekannter Stoff, bei einem Interesse für soziale Beziehungen die für den Lernenden neuartige Gesellschaftsstruktur eines Indianerstammes usf. In diesen Fällen würde die Bekanntheit des einzelnen Gegenstandes eine Verringerung der Lernmotivation zur Folge haben.

Ist der durch die Gegenstandskategorie bezeichnete Gegenstand schon bekannt, dann kann ein neuer Gesichtspunkt oder eine neue Verfahrensweise ein Interesse an der Beschäftigung mit ihm wecken. Ein bekannter Gegenstand bei ebenfalls bekanntem Gesichtspunkt oder Verfahren wird dagegen für den Lernenden kaum von Interesse sein. Ein für den ganzen Gegenstandsbereich schon bestehendes Interesse wird im ersten Fall das Interesse an dem unbekannten Gegenstand noch erhöhen und im zweiten Fall vielleicht sogar der Arbeit mit einem unbekannten Gesichtspunkt bzw. Verfahren an einem unbekannten Gegenstand noch ein gewisses Interesse geben.

Sind der gesamte Gegenstandsbereich, der thematisierte einzelne Gegenstand, die als Gesichtspunkt fungierende Gegenstandskategorie und das Verfahren bekannt, dann fordert die Instruktion zur Wiederholung einer bestimmten Handlung auf, was den Lernenden oft nur wenig motiviert. – Entsprechendes gilt für den umgekehrten Fall, daß alle diese Größen neuartig sind. – Andererseits bringen Kinder oft unverhohlen ihre Freude zum Ausdruck, wenn sie eine sicher beherrschte Tätigkeit vielfach wiederholen können. Man wird deshalb davon ausgehen können, daß Wiederholungen der gleichen Tätigkeit für die Lernenden oft auch einen hohen motivationalen Anreiz besitzen. Unter welchen Bedingungen das Interesse an Wiederholungen in Desinteresse umschlägt und umgekehrt, bedarf noch genauer Untersuchungen.[36]

Die motivationale Funktion der Variablen „Bekanntheit" bzw. „Neuigkeit" kompliziert sich noch dadurch, daß die Bekanntheit zwar für das Interesse an einem Sachbereich erforderlich ist, nicht aber mit ihm gleichgesetzt werden darf, weil sie auch zu einem Desinteresse führen kann.

Welche Motivvariablen beim Lernenden durch den Bekanntheits- oder Neuigkeitsgrad der durch die Gegenstands-, Sach- und Verfahrenskategorie vermittelten Informationen aktualisiert oder gebildet werden, hängt demnach von mehreren Bedingungen ab. Zu ihnen zählen: die positive oder negative Bewertung des Bekannten oder Neuen aufgrund bisheriger Erfahrungen, die Stellung des Bekannten oder Neuen im Gesamtzusammenhang der Lerninstruktion und das Ausmaß der Bekanntheit oder Neuigkeit der Gesamtinformation. Auch der Grad der einzelnen Motivvariablen kann außerordentlich stark variieren. So kann z. B. das Interesse an einem Gegenstand oder das Desinteresse an einer Verfahrensart so groß sein, daß alle übrigen Anreize der Lerninstruktion und auch alle anderen Motivvariablen nichts gegen sie ausrichten können. Da jedes Motiv seine Stärke erst aus seiner Stellung zwischen allen anderen aktuellen Motiven erhält, erweist sich aber das einzelne Motiv oft als wenig konstant. So tritt ein häufig beobachtetes Interesse an einem Gegenstand, einem Gesichtspunkt oder einer Verfahrensweise bei einer neuen Instruktion mit demselben Gegenstand, Gesichtspunkt oder derselben Verfahrensweise auf einmal nicht mehr in Erscheinung. Deshalb ist es höchst problematisch, ob das bei einer bestimmten Variablen der Lerninstruktion aufgetretene Motiv bei ihrem wiederholten Auftreten wiederkehrt. Andererseits erweisen sich bestimmte Motive auf Grund ihrer Stärke als beherrschend, weshalb ihre Wiederkehr auch bei veränderter Konstellation mit großer Sicherheit vorausgesagt werden kann.

Nicht nur Bekanntheit oder Neuigkeit stellen Anreize der Lerninstruktion dar, sondern auch ihr *Schwierigkeitsgrad*. Er wird objektiv bestimmt durch die Operationen, zu deren Vollzug die Instruktion auffordert. Obwohl die Schwierigkeit des Vollzugs solcher Operationen nicht exakt gemessen werden kann, läßt er sich im Hinblick auf den Maßstab der Komplexität oder auf eine bestimmte Population festlegen.

Auch hier wird aber die motivationale Funktion wieder nur von dem subjektiven Bewußtsein des Schwierigkeitsgrades einer Lerninstruktion ausgeübt. Dieses Bewußtsein besteht darin, daß der Lernende sich zutraut, die in dem von der Instruktion umgrenzten Bereich möglichen Operationen zu vollziehen. Je weniger er sich dies zutraut, d. h. ihren richtigen und damit ergebnisreichen Vollzug erwartet, um so schwieriger ist für ihn das durch eine Instruktion Geforderte. Da dies nur ein Schätzurteil sein kann, wenn es sich nicht um eine sehr simple Wiederholung handelt, kann er sich nur auf seine bisherige Erfahrung stützen. Die subjektive Einschätzung des Schwierigkeitsgrades einer Lerninstruktion hängt daher ebenfalls von vielen internen Bedingungen ab. Zu ihnen gehören u. a.: der Bekanntheitsgrad von Gegenstands-, Sach- und Verfahrenskategorien und damit die Bekanntheit der von ihm geforderten Operationen, die Erfahrungen mit den von dem betreffenden Lehrer bisher gegebenen Instruktionen, das auf Grund seiner bisherigen Erfahrungen realistische oder unrealistische Vertrauen in seine eigene Leistungsfähigkeit (Anspruchsniveausetzung) und sein situativer Zustand.

Da das Bewußtsein der Schwierigkeit einer Instruktion auch vom leichteren oder schwereren Verständnis ihrer Informationen abhängig ist, spielt deren sprachliche Fassung für diesen motivationalen Anreiz eine große Rolle. Eine durch den Einsatz verschiedener sprachlicher Mittel erleichterte Aufnahme einer Instruktion erhöht auf dem Wege über das Bewußtsein einer geringeren Schwierigkeit die Bereitschaft, ihrer Aufforderung zu folgen.[37]

Eine weitere motivationale Variable der Lerninstruktion ist die *Anredeform*. Für die Anredeform ist keineswegs ausschlaggebend, ob überhaupt eine Personalform verwendet wird und gegebenenfalls, welche es ist. Möglich sind hier die völlig ohne Adressatenvariable abgefaßte Frage („Wie groß ist die Bevölkerung Chiles?"), die direkte Anrede mit Namen oder Personalpronomen und das den Lehrenden mit einbeziehende kollektive „wir". Entsprechendes gilt für den sprachlichen Ausdruck des Aufforderungscharakters einer Lerninstruktion. Entscheidend ist dagegen, in welcher Einstellung der Lehrende die Adressatenvariable, den Aufforderungscharakter sowie diese sprachlichen Möglichkeiten für ihren Ausdruck gebraucht. Seine Einstellung kann sachbezogen sein, ermutigend, nachdenklich, mahnend, drohend, befehlend, provozierend, achtungsvoll, geringschätzig, kalt, scharf, sarkastisch, um nur einige wichtige Möglichkeiten einer sehr reichhaltigen Skala zu nennen. Diese Vielfalt unterschiedlicher Einstellungen kann u. a. beim Gebrauch der gleichen lexikalischen und grammatischen Mittel allein durch den Tonfall zum Ausdruck kommen. Aus diesem Tonfall wiederum läßt sich erst mit verhältnismäßig großer Sicherheit die in ihm zum Ausdruck gebrachte Einstellung entnehmen, wenn man andere Erfahrungen mit dem betreffenden Lehrer hinzunimmt. Dann erscheint u. U. ein liebevoll besorgter Tonfall als verletzender Hohn und eine barsche Anrede als Ausdruck starker Teilnahme. Berücksichtigt man ausschließlich die motivationale Funktion der Anredeform und nicht ihre Auswirkungen auf die Selbsteinschätzung, das soziale Verhalten des Schülers u. a. m., dann hängt sie auch noch von der subjektiven Reaktion jedes Lernenden auf die Art einer Anrede ab.

Das beim Lernenden sich einstellende subjektive Bewußtsein von der Anredeform einer Lerninstruktion wirkt sich auf seine Motivation aus. Es beeinflußt die sogenannten sozialen (extrinsischen) Motive.

Es können deshalb durch eine Instruktion soziale Motive, wie Bedürfnis nach Achtung, Anerkennung, Geltung etc. aktualisiert werden. Hier wird in der Instruktion nicht der Sachbezug, sondern der personale Bezug zwischen dem Lehrenden und dem Lernenden wirksam. Ob eine bestimmte Art der Anrede die Motivation zum Lernen stärkt oder schwächt, hängt wiederum von den bereits vorhandenen internen Bedingungen beim jeweiligen Lernenden ab. Auf einen mißerfolgsängstlichen Schüler wirkt sie anders als auf einen erfolgszuversichtlichen, auf einen unselbständigen anders als auf einen selbständigen, auf einen Schüler in kritischer häuslicher Situation anders als auf einen Schüler, der sich zu Hause wohlfühlt usf. In Wirklichkeit sind natürlich die Bedingungslagen, auf die eine bestimmte Form der Anrede trifft, viel komplizierter, als es hier angedeutet worden ist. Deshalb können die experimentell ermittelten statistischen Daten über die Reaktion von Lernenden unter bestimmten internen Bedingungen auch nur als Anhaltspunkte für mögliche Reaktionen des Lernenden im Unterricht angesehen werden. Die relativ konstanten oder situativ bedingten Auswirkungen bestimmter Formen seiner Anrede kann der einzelne Lehrer nur durch eine möglichst genaue Beobachtung und im Gespräch mit den Lernenden erfahren. Das Spektrum der Nuancen der Anredeform in der jeweiligen Lerninstruktion, die außerdem im Zusammenhang mit anderen Handlungen des Lehrenden steht, ist zu groß, und ihre Auswirkungen sind zu vielfältig, als daß man sie in einige allgemeine Regeln fassen könnte. Es handelt sich hier eben um höchst unterschiedliche Kontaktformen zwischen Individuen.

Mit dem Bekanntheitsgrad, dem Neuigkeitsgrad, dem Schwierigkeitsgrad und der Anredeform haben wir einige Variablen der Lerninstruktion erfaßt, die eine motivationale Wirkung haben können. Ihnen entsprechen auf der Seite des Lernenden die Variablen des Sachinteresses, des Funktionsinteresses, der Neugierde, der Lösungszuversicht und soziale Motive. Auch hier zeigt sich wieder, daß die Variablen der Lerninstruktion einige wenige externe Bedingungen sind, die nur im Zusammenhang mit komplizierten internen Bedingungsfeldern wirksam werden. Von einer monokausalen Bewirkung bestimmter Motive durch einzelne Anreize kann nicht die Rede sein, weil die einzelnen Anreize mit anderen Anreizen und die einzelnen Motive mit anderen Motiven in unterschiedlichen Beziehungen stehen. Selbst statistische Gesetzmäßigkeiten im Verhältnis zwischen einzelnen Anreizen und Motiven gelten nur unter der Voraussetzung, daß die Randbedingungen, d. h. hier die anderen Anreize und Motive, weitgehend konstant gehalten werden. Dies ist in Laborversuchen und auch in gut durchgeführten Feldversuchen bis zu einem gewissen

Grade erreichbar. Unter den sehr unterschiedlichen und wechselhaften Bedingungen des Schulalltags aber verlieren solche statistischen Aussagen weiter an Wert. Als Anhaltspunkte bleiben sie unschätzbar, dürfen nur nicht gedankenlos auf die komplexe und schnell wechselnde Realität des Unterrichts übertragen werden. Trotz dieser Einschränkungen kann man den Eindruck haben, daß der Lehrende auf Grund eines komplizierten Mechanismus doch Motive kausal bewirken kann, weil sich alle Motive bei der Vorgabe einer Instruktion zunächst autonom einstellen. Wie bei der Informationsfunktion ist dieser Eindruck problematisch, denn wir sind nicht in der Lage, einen solchen kausalen Mechanismus aufzuweisen.

Man kann die durch eine Lerninstruktion ausgeübte motivationale Funktion zusätzlich durch eine Analyse der Lerninstruktion beeinflussen. Dann sucht man vorher oder im Nachhinein die einzelnen Anreize zu verdeutlichen, indem man die Bekanntheit durch den Rückverweis auf frühere Lernsituationen bewußt zu machen sucht, auf die Neuigkeit z. B. eines Verfahrens verweist, den Schwierigkeitsgrad erörtert und erläutert, in welcher Weise der Lernende durch die Instruktion angesprochen werden soll. Ebenso wie bei der Informationsfunktion werden hierdurch die in der Instruktion selbst liegenden objektiven Bedingungen verdeutlicht. Wie dort hat auch eine solche Explikation der Lerninstruktion mehrere Vorteile, besonders wenn sie nachträglich vorgenommen wird: die monolithische Isolierung der Lerninstruktion wird aufgehoben, das sprachlich Vergegenständlichte wird aufgelöst in lebendige geistige Inhalte, zu der selbständigen Erschließung ihrer Variablen bei der ersten Auffassung kommt noch nach Bedarf eine weitere Klärung hinzu u. a. m. – Im Unterschied zum Sprach- und Kategorienverständnis geht aber der Ertrag einer solchen Analyse nicht nur als Information ins Bewußtsein des Lernenden ein, sondern löst in einem verstärkten Maße die durch diese Variablen bedingten Motive aus. Dies geschieht wie bei der ersten Aufnahme autonom und darf auf keinen Fall mit einer Reflexion auf die Motive selbst verwechselt werden. Eine Reflexion auf die Motive würde im Unterschied zu einer Explikation der Anreize ganz andere, für die Wirksamkeit dieser Motive höchst problematische Auswirkungen haben.

Trotz dieses Unterschieds ist aber die Form des Einflusses des Lehrenden auf die Motivation nicht anders geartet als sein Einfluß auf die Informationsaufnahme. Er kann nur auf Grund seiner Kenntnisse und seiner Beobachtung jedes einzelnen Lernenden die in der Lerninstruktion auftretenden externen Bedingungen für die Lernmotivation so zu gestalten suchen, daß sie den höchstmöglichen Effekt auf den Lernenden ausüben. So ist durch seine Leistung zwar ein unterschiedlich großer Einfluß möglich, aber keineswegs garantiert. Die von ihm geschaffenen Bedingungen sind zwar als auslösende besonders wichtig, aber ihre tatsächlich auslösende Funktion ist von dem Zusammenhang von internen Bedingungen abhängig, auf den sie bei dem jeweiligen Lernenden treffen. Dieser Zusammenhang ist nur zu einem geringen Teil von früheren Handlungen des jeweiligen Lehrenden mitbestimmt. Im übrigen aber ist er außerhalb der Einflußmöglichkeiten des Lehrenden entstanden. Deshalb kann von einer vollen direkten Steuerung durch den Lehrenden gar nicht die Rede sein, sondern nur von einer partiellen Regulierung durch einige äußere Bedingungen, die nur indirekt über eine große Zahl von anderen äußeren Bedingungen der gleichen Situation und vor allem von internen Bedingungen zu dem angestrebten Ziel führen.

Die bisher angeführten motivationalen Variablen der Lerninstruktion können dazu führen, daß der Lernende nicht nur die ihm durch die Instruktion vermittelte Information aufnimmt, sondern daß er *der ihm ebenfalls mitgeteilten Aufforderung nachkommt,* diesen Informationen gemäß zu handeln, d. h. sich mit der Instruktion zu identifizieren und die entsprechenden Operationen zu vollziehen. Voraussetzung für die *Übernahme* der an ihn ergangenen Handlungsanweisung ist, daß *durch die motivationalen Anreize der Lerninstruktion und andere Anreize* eine hinreichend starke Motivation hierfür entstanden ist.[38]

Diese Motivation ist deutlich von denjenigen Motiven zu unterscheiden, die bereits vorher dazu geführt haben, daß der Lernende sich dem Lehrenden zugewendet und die an ihn adressierte Instruktion zur Kenntnis genommen hat. Solche Motive haben wir nicht erörtert, sondern als gegeben vorausgesetzt.

Die Motivation, auf Grund deren der Lernende sich mit der an ihn übermittelten Handlungsanweisung *identifiziert,* kann außer den durch die Instruktion selbst bedingten Motiven noch viele andere Motive enthalten. Es kann sich dabei um relativ überdauernde Motive handeln, wie die Leistungsmotivation, das Wetteifern mit anderen Lernenden oder ein weitgestecktes Ziel, die alle unabhängig vom Gegenstand und Verfahren des jeweiligen Unterrichts bestehen. Es können auch flüchtige, nur im jeweiligen Augenblick gerade wirksame Motive sein, wie der Überdruß an den vorausgehenden andersgearteten, ziellosen, anstrengenden, einschläfernden oder ungesteuerten Tätigkeiten, ein plötzlich sich meldendes Bedürfnis nach gesteigerter Aktivität oder das Mitleid mit einem sich redlich abmühenden Lehrer. Eine vollständige Aufgliederung einer bestimmten Lernmotivation in bestimmte Motivvariablen können wir noch nicht leisten. Da die jeweilige Motivation ein energetischer zielgerichteter Komplex ist, in dem sich wohl einzelne Motive als Faktoren erkennen, nicht aber von allen anderen scharf trennen lassen, ist ihre vollständige Zerlegung in einzelne Motivvariablen nicht möglich. Es ist deshalb auch nicht ausgeschlossen, daß ein Lernender die Identifikation mit einer Handlungsanweisung auch einmal grundlos, d. h. ohne ein durch andere oder ihn selbst erkennbares Motiv verweigert. – Für die Übernahme der durch eine Instruktion vermittelten Handlungsanweisung gibt es wahrscheinlich so etwas wie einen Schwellenwert im Stärkegrad der Motivation. Von ihm wird es abhängen, ob der Lernende sich mit ihr noch nicht, zögernd, widerwillig oder voll identifiziert, um nur einige Möglichkeiten zu nennen. Im Falle der Wahl zwischen verschiedenen Instruktionen, wie z. B. Klausurthemen, läßt sich dies deutlich beobachten.

Folgt der Lernende der Aufforderung einer Lerninstruktion, so ist dies soweit eine Fremdbestimmung, als er Vorleistungen des Lehrenden übernimmt. Sofern er sich für diese Übernahme in der jeweiligen Situation selbst entscheidet und nicht durch Täuschung dazu verführt oder durch Androhung oder Ausübung von Gewalt dazu gezwungen wird, ist diese Übernahme zugleich eine Form der Selbstbestimmung. Es darf allerdings nicht übersehen werden, daß diese Zustimmung unter Zwängen erfolgen kann, die von anderen geschaffen worden sind und in der Situation selbst nicht in Erscheinung treten, wie z. B. der Schulpflicht, der Beschränkung des Zugangs zu Studienplätzen oder angedrohten Sanktionen der Eltern. Falls Unterricht unter solchen Bedingungen stattfindet, wie es zweifellos bei unserem öffentlichen Schulunterricht der Fall ist, kann man auch bei der freiwilligen Übernahme einer Instruktion nur bedingt von Selbständigkeit sprechen. Hierfür spielt dann eine Rolle, welchen Zwangscharakter diese Fremdbestimmungen haben, ob der Lernende sie bejaht (z. B. die Schulpflicht), ob dies dauernd und uneingeschränkt geschieht, ob diese Fremdbestimmung eine direkte Beeinträchtigung der Entscheidung für oder gegen die Übernahme einer bestimmten Lerninstruktion darstellt, wie die Fremdbestimmung legitimiert ist u. a. m. Wenn man die Frage von Fremdbestimmung und Selbstbestimmung durch Lerninstruktionen in dieser Weise erörtern will, wird man davon ausgehen müssen, daß es ohne Lerninstruktionen keinen Unterricht gibt (s. o. S. 30 f.), daß es eine totale Selbstbestimmung nicht gibt, sobald Menschen zusammenleben, und daß das Verhältnis von Fremdbestimmung und Selbstbestimmung des Lernenden im Unterricht ein komplizierter dialektischer Prozeß ist. Zu dieser Dialektik gehört auch, daß der Lehrende in eben dem Moment, in dem er beim Lernenden die Übernahme einer Lerninstruktion anstrebt, selbst insofern fremdbestimmt ist, als er Funktionen *für* den Lernenden ausübt. Die dominierende Intention seines Handelns macht seine Tätigkeit zu einem Dienst für den Lernenden. Wie das Handeln des Arztes für den Patienten stellt sein Handeln eine Dienstleistung dar, die sich auf das Leben des anderen auswirkt.

Wenn der Lernende sich mit der ihm durch eine Lerninstruktion vermittelten Handlungsanweisung identifiziert hat, wird sie ihm zum Leitschema für den Vollzug von Operationen. Dieser Wechsel ist vergleichbar mit der Wahrnehmung eines Aussichtspunktes und der Einnahme dieses Punktes. Sobald man den anvisierten Standpunkt selbst eingenommen hat, eröffnet sich eine andere Perspektive. Er ist auch vergleichbar mit der Suche nach einem Werkzeug und der anschließend erfolgenden Handhabung für einen bestimmten Zweck. Die Intention des Lernenden richtet sich jetzt nicht mehr auf die Aufnahme der Instruktion, sondern auf die Lösung der aus ihr übernommenen Aufgabe. Anders formuliert: die Erfüllung der aus der Instruktion übernommenen Handlungsanweisung wird jetzt zum leitenden Zweck für das Handeln des Lernenden. Die in der Instruktion enthaltene Handlungsanweisung in der Gestalt einer „abstrakt-formalen Antizipation" bekommt nun den Charakter eines „dynamischen Schemas".[39] Diese Beschreibung des „Fragens und Suchens" von Copei paßt genau auf den Zustand des Lernenden, mit dem wir uns jetzt beschäftigen. Sie gilt keineswegs nur für gewichtige übernommene oder selbst ausgearbeitete Problemstellungen, sondern für *jede* übernommene oder selbst aufgestellte Handlungsanweisung. Der Unterschied zwischen übernommener oder selbst ausgearbeiteter Handlungsanweisung spielt nach der Identifikation mit der Information einer Lerninstruktion keine Rolle mehr. In beiden Fällen wirkt sie auf Grund ihrer Intention auf eine Ausführung zunächst einmal motivierend. Hier handelt es sich um eine *weitere* und oft allein beachtete motivationale Funktion der Lerninstruktion: die aus ihrer objektiv feststellbaren Offenheit entstehende *Suchspannung*. Wenn man stattdessen von einem *Bedürfnis nach einer Lösung der Aufgabe*, von einer *Fragespannung* oder dem *Bedürfnis nach der Ausführung einer Handlungsanweisung* spricht, beschreibt man dasselbe Phänomen mit unterschiedlichen Worten.[40] Bei Piaget heißt es bezeichnenderweise einmal in seiner „Psychologie der Intelligenz": „Bedürfnis und Frage, wie auch das Suchen, . . . bilden also zusammen einen einzigen Akt." [41]

Nachdem die Information einer Instruktion vom Lernenden übernommen worden ist, erfüllt sie im Handeln des Lernenden ohne jede weitere Einwirkung des Lehrenden Funktionen. Von diesen Funktionen haben wir bis jetzt nur die motivationale Funktion beachtet. Gleichzeitig mit dem Motiv der Suchspannung und allen anderen durch die Instruktion aktualisierten Motiven lenkt die abstrakte kategoriale Information der Lerninstruktion aber den kognitiven Prozeß der Suche nach den für die Erfüllung der Anweisung erforderlichen Operationen. Wir bezeichnen diese Leistung der Lerninstruktion als ihre *operative Funktion*. Ehe wir uns mit ihr befassen, müssen wir noch aus unserer Analyse der motivationalen Funktion von Lerninstruktionen Maximen für ihre Produktion durch den Lehrenden gewinnen.

Wenn der Lehrende eine Instruktion für den Lernenden formuliert, strebt er nicht nur an, daß sie von ihm verstanden wird, sondern auch, daß er ihr gemäß handelt. Da dies aber nur bei einer hinreichenden Motivation des Lernenden für solche Handlungen möglich ist, richtet sich die in einer noch so einfachen Instruktion enthaltene Zielsetzung auch auf die Motivation des Lernenden. Insofern die Motivation des Lernenden, auch wenn sie für den Vollzug der durch die Instruktion angestrebten Handlungen hinreichend ist, in der Art und im Grad noch sehr unterschiedlich sein kann, muß das Ziel für die Abfassung von Lerninstruktionen die bestmögliche Motivation des Lernenden sein. Unter der Voraussetzung dieser Zielsetzung lassen sich aus unserer Analyse der durch Anreize der Lerninstruktion beeinflußten Motivvariablen folgende didaktische Maximen für die Abfassung von Lerninstruktionen gewinnen:

1. Es müssen die Anreize des Bekanntheits- bzw. Neuigkeitsgrades möglichst stark sein, indem
   a) von den Gegebenheiten, die durch die Gegenstands-, Sach- und Verfahrenskategorie bezeichnet werden, mindestens eine besonders gut bekannt ist,
   b) der Neuigkeitsgrad der drei durch die Kategorien bezeichneten Gegebenheiten nicht in gleicher Weise, sondern höchstens in einem Bereich sehr hoch ist.[42]
2. Die Kategorien müssen der Art, dem Umfang und der sprachlichen Fassung nach so gewählt werden, daß die von ihnen umgrenzte Aufgabe im Hinblick auf den Entwicklunggstand des Lernenden möglichst einen mittleren Schwierigkeitsgrad besitzt. (Die von ihnen umgrenzte Aufgabe darf nicht so leicht sein, daß ihre Bewältigung als selbstverständlich erscheint, und nicht so schwer, daß sie als unmöglich erscheint, sondern muß die bereits erzielte Leistungsmöglichkeit etwas überschreiten. Ausnahmen von dieser Regel lassen sich allein schon deshalb nicht vermeiden, weil der

Entwicklungsstand des einzelnen Lernenden nie ganz genau diagnostiziert werden kann und bei mehreren Lernenden Unterschiede im Entwicklungsstand sehr häufig auftreten. Ausnahmen von der Regel des mittleren Schwierigkeitsgrades haben als entlastend oder besonders fordernd sogar positive motivationale Wirkungen.)

3. Die Anredeform darf nicht gleichgültig oder verletzend sein, sondern sachbezogen oder mehr oder weniger intensiv appelativ auf die Lernenden als Personen bezogen.
4. Die für die Abfassung verwendeten lexikalischen und grammatischen Mittel, vor allem die Begriffswörter und Satzformen, dürfen nicht ständig wiederholt werden, sondern müssen abwechslungsreich sein.
5. Die Instruktion muß so angelegt werden, daß ihre Offenheit deutlich hervortritt, indem die zu bestimmende Sachkategorie und/oder die auszuführende Verfahrenskategorie durch Satzstellung betont wird („*Wie groß ist die Seitenlänge* eines Quadrats mit dem doppelten Flächeninhalt eines Quadrats von der Seitenlänge 20 cm?").
6. Zu einer besonderen Verstärkung der Motivation kann man die motivationalen Variablen der Instruktion einer gemeinsamen Analyse unterziehen, durch die dem Lernenden Bekanntheit und Neuigkeit, Schwierigkeitsgrad, Anredeform und Offenheit ausdrücklich bewußt gemacht werden.
7. Wenn die in einer Instruktion enthaltenen motivationalen Anreize für die Ausführung der Instruktion nicht ausreichen, müssen zusätzliche motivationale Anreize gegeben werden.

Die Anwendung solcher Maximen setzt eine möglichst genaue Kenntnis der Struktur von Lerninstruktionen, d. h. eines Arbeitsmittels des Lehrers, und möglichst genaue diagnostische Befunde voraus. Hieraus ist zu entnehmen, daß eine genaue Kenntnis der externen und internen Lernbedingungen Voraussetzung für eine optimale Beeinflussung von Lernhandlungen ist. Über den Bekanntheits- bzw. Neuigkeitsgrad, den Entwicklungsstand des Lernenden, die Wirkungsweise von Anredeformen und die Wirkung von monotonem oder abwechslungsreichem Sprachgebrauch kann man nur durch genaue Beobachtung der jeweiligen Lernenden, d. h. durch diagnostische Erhebungen aller Art, möglichst genau Bescheid wissen.

Die Erforschung der Beeinflussung von Lernmotiven in komplexen Unterrichtssituationen steckt noch in den ersten Anfängen, weshalb auch die von uns formulierten Maximen der Überprüfung durch ausgedehnte Felduntersuchungen bedürfen.

1.3 Die operative Funktion

Wenn der Lernende die Information einer Lerninstruktion übernommen und sich mit ihr identifiziert hat, richtet er seine Aufmerksamkeit auf die Ausführung der Instruktion. Diese drei Prozesse folgen in der Regel so schnell aufeinander, daß sich der Lernende der Informationsaufnahme und der Identifikation keineswegs als gesonderter Akte bewußt ist. Er versucht meist sofort ihre Ausführung. Nur bei einer ausdrücklichen Instruktionsanalyse treten die drei Prozesse deutlich auseinander. Eine Instruktionsanalyse vollzieht der Lernende aber heute fast nur bei einer Themenwahl, obwohl er auch dafür meist nicht geschult ist.

Sobald der Lernende sich der Ausführung einer Instruktion zuwendet, enfaltet diese ihre spezifische Steuerungsfunktion, *bei der Auswahl von Operationen zu helfen.*

Sie leistet *nur eine Hilfe* bei der Auswahl von Operationen, weil selbst im Extremfall der so genau wie möglich abgefaßten Information für eine Einzelleistung (z. B. der Reproduktion einer Vokabel, dem Nennen einer Jahreszahl, einer Ortsbezeichnung oder eines Personennamens, der automatischen Reaktion in Gestalt der Bezeichnung eines Produkts des kleinen Einmaleins etc.) die für diese Leistung erforderlichen Operationen nicht genau bezeichnet, geschweige denn deren Vollzug in irgendeiner Weise verursacht werden. Deshalb muß der Lernende in jedem Fall die ihm durch eine Instruktion vermittelte Information *in die Wahl und den Vollzug bestimmter Operationen umsetzen.* Dies ist in den von der Instruktion gezogenen Grenzen eine vollständig selbständige Leistung. Sie ist um so größer, je weiter die von der Instruktion gezogenen Grenzen sind. Diese Grenzen können viel weiter gezogen sein, als daß sie von einem Lernenden und vielleicht sogar überhaupt von irgendeinem Menschen auszufüllen sind. Man denke nur an Instruktionen wie: „Studiere die romanischen Sprachen!“ „Untersuchen Sie, welche neuen Energiequellen erschlossen werden können!“ „Wir wollen die Ursachen für die durch den Menschen hervorgerufenen Schäden der Umwelt studieren!“ „Welche Lehrmeinungen vertreten Augustinus, Kant, Schiller, Hegel, Karl Marx und Darwin über die Geschichte der Menschheit?“ „Entdeckt einen von intelligenten Wesen bewohnten Himmelskörper!“ „Beseitigt das Elend der Welt!“ Diese Beispiele genügen, um zu zeigen, daß die Grenzen einer Instruktion beliebig weit gezogen werden können und daß sich die Information über diese Grenzen in einen einzigen Satz fassen läßt.

Wenn wir die operative Funktion der Lerninstruktion genauer

analysieren, wird sich außerdem zeigen, daß sie *nur ein äußeres Regulativ* für die völlig selbständig zu vollziehenden Operationen sein kann. Die Lerninstruktion steuert die Operationen nur durch eine äußere Umgrenzung, nicht aber in der Weise einer präzisen Lenkung.[43] Damit hängt zusammen, daß sie keineswegs dazu geeignet ist, einen *bestimmten einzelnen Lernprozeß* direkt zu lenken, sondern daß durch die Lerninstruktion die Wahl zwischen komplexen Handlungen beeinflußt wird, in denen stets eine große Zahl von Lernprozessen stattfindet, ob sie vom Lehrenden ausdrücklich angestrebt werden oder nicht. Auch dies wird bei der folgenden Analyse der operativen Funktion von Lerninstruktionen deutlich hervortreten.[44]

Durch die *Gegenstandskategorie* wird in der Weise eine Abgrenzung vollzogen, daß nach ihrer Übernahme nur solche Operationen in Frage kommen, die auf den bezeichneten Gegenstand angewendet werden können. Je nach Umfang und Komplexität des Gegenstandes kann die Zahl der im Hinblick auf einen bestimmten Gegenstand möglichen Operationen sehr groß sein. Als Beispiele seien angeführt: ein Land, ein Text, eine wissenschaftliche Disziplin, eine Küstenform, ein Experiment, ein Satz, eine Fläche, ein Wort, ein Molekül, ein Phonem, ein Elementarteilchen. Selbst bei relativ umfangreichen und komplexen Gegenständen wird mit der Einschränkung auf die für diesen Gegenstand geeigneten Operationen zugleich die Wahl aller anderen Operationen ausgeschlossen. Je nach Art des Gegenstandes kann dies schon eine sehr starke Reduktion aller möglichen Operationen darstellen. Als Beispiele hierfür seien angeführt: die an einem Modell des geometrischen Körpers eines Kegels vollziehbaren Operationen und die auf ein kubistisches Gemälde von Braque anwendbaren Operationen. So wird durch die Gegenstandskategorie die Menge aller möglichen geistigen Operationen in zwei Teilmengen aufgeteilt.

Enthält die Instruktion nichts weiter als eine Gegenstandskategorie, was durchaus möglich ist, dann wird durch die Instruktion auch nur in dem angegebenen Maße eine Hilfe für die Wahl von Operationen gegeben. Mit anderen Worten: der Lehrende stellt es dem Lernenden frei, welche Operationen er aus der Menge der auf einen Gegenstand anwendbaren Operationen wählen will. Er kann z. B. zu einer den Schülern gezeigten Reproduktion nur bemerken: „Ein Manet“ oder zu einer Flüssigkeit: „eine Säure“ oder zum Modell einer Pyramide: „ein geometrischer Körper“ oder zu zwei Texten: „Zwei Abschnitte aus zwei Tageszeitungen von gestern“. Entweder will er durch eine solche Instruktion mit starkem Aufforderungscharakter fast provozierender Art die Lernenden dazu bewegen, solche Operationen auf den Gegenstand anzuwenden, über die sie auf Grund außerschulischer Lernprozesse schon verfügen, oder im Unterricht gelernte Sachkategorien und Verfahren zu übertragen. Auch für die Auslösung von Assoziationen ist ein solches Verfahren geeignet, wenn man z. B. nur sagt: „Ein großer Seehafen." – Man darf jedoch nicht übersehen, daß man auf Grund einer solchen Instruktion nicht eine ganz bestimmte Operation des Lernenden erwarten darf, sondern mit allen durch den Gegenstand ermöglichten Operationen rechnen muß.

Durch die weiteren Kategorien der Lerninstruktion wird für den Lernenden die Menge der wählbaren Operationen zunehmend eingeschränkt. Durch die *Sachkategorie* geschieht dies von der Gegenstandsseite her. Werden durch eine Lerninstruktion z. B. die Zeit und der Ort eines historischen Ereignisses (Wann? Wo?) thematisiert oder der Rhythmus, Tonfall, Aufbau, Adressat und die Absicht einer politischen Rede in Frage gestellt, dann wird die Menge der auf einen Gegenstand anwendbaren Operationen eingeschränkt auf die Menge der auf einen Aspekt dieses Gegenstandes anwendbaren Operationen.

Ist bereits eine Information über den Gegenstand der Zuwendung übermittelt und vom Lernenden übernommen worden, dann kann der Lehrende sich zum Zwecke der Vereinfachung der Kommunikation nur auf eine Sachkategorie beschränken. Er lenkt dann die Handlungen des Lernenden durch Instruktionen der folgenden Art: „Nun noch den Umfang!" (ausführlich: „die Größe des Umfangs"), „Und die Gestik?" (unverkürzt: „die Art der Gestik"), „Wie steht's mit der Art des Konfliktes, seiner Schärfe, seiner Dauer, seinen Ausdrucksformen?" (vgl. o. S. 42 zum Verhältnis von Gegenstands- und Sachkategorie). Auf diese Weise kann ein bestimmtes System von Sachkategorien regelmäßig auf bestimmte Gegenstände angewendet werden. Ja, man kann sogar für bestimmte Sachkategorien nach geeigneten Gegenständen suchen lassen, z. B. für die Kategorie der „chemischen Erosion", der „Komik", der „Interferenz", der „Katalyse". Gesucht wird jetzt der Gegenstand, während die Sachkategorie vorgegeben ist.

Ob in einem gegebenen Satz nach dem Genetivobjekt gesucht werden soll oder für die Kategorie „Genetivobjekt" ein Satz gesucht werden soll, in beiden Fällen müssen diejenigen Operationen vollzogen werden, die für die Identifikation des Genetivobjekts in einem Satz erforderlich sind, obwohl sie sich sonst stark unterscheiden. Hieran zeigt sich, daß die Gegenstands- und die Sachkategorie bis zu einem gewissen Grade für die Wahl von Operationen dasselbe leisten. Sofern es nur auf die gleiche Leistung der beiden Kategorien ankommt, kann man, etwa um monotone Instruktionen zu vermeiden oder rezeptive und produktive Akte wechseln zu lassen, einmal die Sachkategorie auf einen gegebenen Gegenstand anwenden und ein anderes Mal zu der Sachkategorie einen Gegenstand suchen lassen. – Wenn man aber die gesamte Steuerungsleistung der beiden Kategorien miteinander vergleicht, dann stellt man fest, daß beide eine unterschiedliche Teilmenge von Operationen aus der Fülle des Möglichen ausgrenzen und die von beiden in gleicher Weise abgegrenzten Operationen nur die Schnittmenge dieser Teilmengen darstellen. Die Gegenstandskategorie gibt *alle* noch so unterschiedlichen *Operationen für einen Gegenstandsbereich* frei, etwa für eine Klimazone oder die Schlußlehre als ein Gebiet der Logik. Die Sachkategorie dagegen gibt *alle Operationen für einen bestimmten Sachaspekt an beliebig vielen Gegenständen* frei. Folgt man nur der Gegenstandskategorie, dann kann man alle durch einen bestimmten Gegenstand ermöglichten Operationen vollziehen. Folgt man nur der Sachkategorie, dann kann man unter ihrem Gesichtspunkt beliebig viele Gegenstände angehen. Wird aber durch eine Instruktion eine Gegenstands- und eine Sachkategorie vorgegeben, dann wird der Lernende nur auf diejenigen Operationen verwiesen, die *auf einen bestimmten Gegenstand unter einem bestimmten Gesichtspunkt* angewendet werden können. Wenn sich eine Instruktion die Abgrenzungsleistung beider Kategorien zunutze macht, was für sehr viele Instruktionen zutrifft, dann wird der Lernende nur auf die Schnittmenge aus den beiden Teilmengen von Operationen verwiesen. Dies stellt schon eine außerordentlich große Reduktion aller möglichen Operationen dar, läßt aber dem Lernenden immer noch je nach Größe dieser Schnittmenge viele Wahlmöglichkeiten offen.

Hier liegt der Grund dafür, daß man durch die Verwendung mehrerer Begriffe für die Gegenstands- und die Sachkategorie die Steuerungsleistung einer Instruktion erheblich erhöhen kann. Nehmen wir als Beispiel die folgende Instruktion: „Suchen Sie aus zwei Nachrichtensendungen zweier Radiosender vom gleichen Tage Gründe für die unterschiedliche redaktionelle Verarbeitung von Informationen einer Presseagentur zu erschließen!" Der Gegenstand wird hier durch mehrere Begriffe zunehmend enger umgrenzt: *Nachrichtensendungen,* zwei, zweier Sender, vom gleichen Tage. Entsprechendes gilt für die Sachkategorie: *Verarbeitung von Informationen,* redaktionelle, unterschiedliche, Presseagentur, Gründe hierfür. Durch jeden zusätzlichen Begriff wird zweifellos die Menge der möglichen Operationen weiter eingeschränkt. Das bedeutet aber keineswegs, daß am Ende für den Lernenden gar nichts mehr zu tun übrig bliebe. Die als Beispiel formulierte Aufgabe werden Schüler unserer öffentlichen Schulen nur unter ungewöhnlich günstigen Bedingungen lösen können. Die Ausgangsbegriffe können nämlich so umfangreich sein, daß trotz ihrer mehrfachen Einschränkung am Ende immer noch genug übrigbleibt. Ja, diese Einschränkungen können sogar so vollzogen werden, daß am Ende eine Schnittmenge von recht speziellen Operationen erzielt wird, deren Vollzug besonders schwierig ist. Die zunehmend engere Umgrenzung einer Schnittmenge kann auch eine Erleichterung sein, wie das folgende Beispiel zeigt: „Sucht in den beiden ersten Versen der beiden Dramen ‚Robert Guiskard' und ‚Prinz von Homburg' von H. v. Kleist die durch die Apposition erzeugte dramatische Wirkung zu bestimmen!" Auch hier findet eine zunehmende Verengung des Operationsbereiches durch Gegenstands- und Sachkategorien statt (*Dramen,* beide, „R. Guiskard" und „Prinz von Homburg" von H. v. Kleist, Verse, die beiden ersten; *Wirkung,* dramatische, durch die Apposition erzeugt). Die nicht sehr anspruchsvollen Operationen bestehen dann lediglich darin, diese Wirkung als retardierend zu bestimmen.

Aus unseren Überlegungen und Beispielen läßt sich erkennen, wie leistungsfähig das aus dem Zusammenspiel von Gegenstands- und Sachkategorie bestehende Instrument für die unterschiedlichsten Abgrenzungen von Operationen ist. Diese Abgrenzung wird allein von der Gegenstandsseite her vorgenommen. Daß mit einer zunehmend genaueren Bestimmung der beiden Kategorien in einem Satz sehr schnell Grenzen der Verständnismöglichkeit erreicht werden, steht auf einem anderen Blatt.

Zusammen mit diesen beiden auf den Gegenstand bezogenen Kategorien trägt schließlich noch die *Verfahrenskategorie* zu der Abgrenzung einer bestimmten Menge von Operationen, zwischen denen der Lernende wählen kann, bei. Sie grenzt die Fülle aller möglichen Operationen von der Seite der Vollzüge (Akte oder Tätigkeiten) her ein. Wenn eine Instruktion den Lernenden auffordert zu malen, wird er in der Regel nicht rechnen und umgekehrt. Man könnte annehmen, daß durch die Verfahrenskategorie am besten gesteuert werden kann, welche Operationen vollzogen werden sollen. Untersuchen wir dies genauer!

Wie die beiden anderen Kategorien kann man die Verfahrenskategorie auch ausschließlich gebrauchen. Instruktionen wie: „lauft!", „hüpft auf einem Bein!", „beschäftigt Euch!", „malt!" und „rechnet!" sprechen dem ersten Anschein nach für sich und bedürfen deshalb keiner Ergänzung durch Gegenstands- und Sachkategorien. Schon bei den letzten drei Beispielen liegt aber die Frage nach einem Gegenstand der Beschäftigung, nach demjenigen, was gemalt oder gerechnet werden soll, nahe. Und wie steht es bei Verfahrenskategorien der folgenden Art: „analysiert!“, „beweist!“, „vergleicht!“, „differenziert!“, „interpretiert!“, „experimentiert!“? Mit ihnen kann man herzlich wenig anfangen, wenn man nicht weiß, was analysiert, bewiesen, verglichen, differenziert, interpretiert und welches Experiment ausgeführt werden soll. Anscheinend lassen sich nur wenige Operationen allein durch eine Verfahrenskategorie bestimmen. Verfahrenskategorien dieser Art müssen Spezialbezeichnungen für eine ganz bestimmte Art des Handelns und nicht für eine mehr oder minder große Gruppe von Operationen sein. Sie beziehen sich anscheinend nur auf äußeres Handeln und bekommen ihre letzte Sicherheit erst in einer konkreten Situation: „lauft“ (auf der Bahn eines Sportplatzes oder vom Standort geradeaus), „schreibt!“ (in welcher Sprache? mit der Maschine?).

Alle übrigen können nur verwendet werden, wenn man gleichzeitig, vorher oder nachher eine Gegenstands- und/oder Sachkategorie hinzufügt („Schreibt die Adresse des Briefes!“). Angesichts der Vielzahl von menschlichen Operationen verblüfft die verhältnismäßig geringe Zahl von Verfahrenskategorien. Mit ihnen allein läßt sich nur sehr grob eine Abgrenzung von Operationen vornehmen. Sie sind so allgemein, daß sie ihre genauere Bestimmung erst durch Sach- oder Gegenstandskategorien erhalten. Dies gilt selbst für psychologische Termini (diskriminieren, transferieren, aktualisieren) und Neubildungen aus der Arbeitswelt (programmieren, vulkanisieren, eloxieren). Zusammen mit einer Gegenstands- und einer Sachkategorie können sie aber die sich aus dem Zusammenspiel der ersten beiden Kategorien ergebende Schnittmenge von Operationen noch einmal verringern. Eine Instruktion könnte lauten: „Schreiben Sie an den von Ihnen gewählten Abgeordneten des Landtages einen Protestbrief über Mißstände an Ihrer Schule, Verbesserungsmöglichkeiten und die erforderlichen Maßnahmen, sie durchzuführen!“ Außer Gegenstands- und Sachkategorien wird hier nur die Verfahrenskategorie „schreiben“ verwendet. Anders in der folgenden Fassung: „Schreiben Sie an den von Ihnen gewählten Abgeordneten des Landtages einen Protestbrief, in dem Sie Mißstände an Ihrer Schule präzise darstellen, Verbesserungsmöglichkeiten miteinander vergleichen und von dem Abgeordneten bestimmte Schritte fordern!“ Hier treten außer „schreiben“ die Verfahrenskategorien „präzise darstellen“, „vergleichen“ und „fordern“ auf. Durch sie wird die Anlage des Briefes auf dem Weg über die Festlegung der zu vollziehenden Operationen genauer bestimmt. Das heißt zunächst, daß die in Frage kommenden Operationen weiter eingeengt werden. Das Maß dieser einengenden Festlegung auf eine bestimmte Teilmenge von Operationen hängt davon ab, in welchem

Maße mit den drei Verfahrenskategorien bestimmte Methoden verbunden werden. Selbst bei einem ausgeprägten Methodenbewußtsein bleibt dann aber immer noch viel Spielraum für die tatsächliche Gestaltung des Briefes.

Welche Operationen der Lernende vollziehen soll, kann durch die Information der Lerninstruktion zangenartig von der Gegenstands- und Verfahrensseite her umgriffen werden. Da auf bestimmte Gegenstände oder Gegenstandsaspekte nur bestimmte Operationen angewendet werden können und andererseits bestimmte Verfahrensweisen nur für bestimmte Gegenstände und Sachaspekte geeignet sind, gibt es auch zwischen ihnen eine *funktionale Äquivalenz.* Sie reicht jedoch nur soweit, wie sich das Verfahren aus dem Gegenstand und der Gegenstand aus dem Verfahren notwendig ergeben. „Präzise darstellen", „vergleichen", „fordern" ist sicher nicht mit Operationen zu bestreiten, die für die Verfahrenskategorien „singen", „auflisten" und „anbieten" erforderlich sind. Andererseits sind sie aber auf sehr viele Gegenstände oder Sachaspekte anwendbar. Sie grenzen daher die Menge der erforderlichen Operationen weiter ein, je genauer sie bestimmt sind. Andererseits ist ihre Leistungsfähigkeit für diese Aufgabe begrenzt.

So erbringt jede Instruktion nur eine bestimmte Leistung bei der Begrenzung des Wahlbereichs von Operationen. Auf welche Weise dieser Wahlbereich begrenzt wird und wie eng die Grenzen gezogen werden, hängt dann davon ab, wie die mit den Gegenstands-, Sach- und Verfahrenskategorien gegebenen Möglichkeiten benutzt werden. Die Variationsmöglichkeiten dieser drei Variablen ermöglichen eine Vielzahl von unterschiedlichen Abgrenzungen und damit eine ebenso große Zahl von Steuerungsformen. Man kann diese Möglichkeiten bei der Abfolge von Lerninstruktionen zu bestimmten Strategien der Instruktion kombinieren. Weil in diese Strategien auch nichtverbale Instruktionen und Materialqualitäten mit einbezogen werden können, ist es zweckmäßig, von ihnen erst am Schluß unserer Überlegungen zu sprechen.

Dagegen muß jetzt noch gezeigt werden, in welcher Weise durch die Steuerung von *komplexen Lernhandlungen Lernprozesse beeinflußt werden können.* Wenn man davon ausgeht, daß Lernprozesse immer nur in den von einer Instruktion zugelassenen und oft zahlreichen Operationen stattfinden, dann kann eine Lerninstruktion nur darauf abgestellt werden, einige dieser Lernprozesse ausdrücklich zu fördern, während alle anderen zufällig auch noch stattfinden. Mit anderen Worten: es lassen sich durch sie immer nur bestimmte Lernprozesse thematisieren. Die außerordentliche Variabilität der Lerninstruktion reicht dazu aus, alle uns bekannten Lernprozesse und wahrscheinlich auch alle uns noch nicht bekannten Lernprozesse zu thematisieren.

Man kann alle Formen der *Aktualisierung* [45] bereits erzielter Lernresultate thematisieren. Es kommt dann darauf an, das Wiedererkennen einer bereits bekannten Gegebenheit zu schulen, bereits Gelerntes allein auf die Instruktion hin zu reproduzieren oder bereits Gelerntes sachgemäß auf Unbekanntes zu übertragen (Transfer).

Dem *Wiedererkennen* dienen Instruktionen der folgenden Art: „Wie heißt (oder wie nennen wir) diese Küste (klimatische Erscheinung, Gesellschaftsstruktur, Begriffsverknüpfung, Malart, Kompositionsform, Gesetzmäßigkeit, Form der Vorstellungsbildung etc.)?“ Oder: „Wie spricht man dieses Wort aus?“ Oder: „Wem kommt hier etwas bekannt vor?“ „Was kennen wir hier schon?“

Im Wiedererkennen ist zwar die Wiederholung eines bereits erzielten Lernresultats thematisch. Es erschöpft sich jedoch nicht darin, weil das Gegebene wahrnehmend, vorstellend oder denkend erfaßt und in ihm das Bekannte erst von Unbekanntem unterschieden werden muß. Das ist ohne das vielleicht nur flüchtige Kennenlernen neuer Sachverhalte und den Vollzug neuartiger Unterscheidungen (Diskriminationen) gar nicht möglich. Obwohl sich im Unterricht wie im übrigen Leben unendlich viel im Wiedererkennen wiederholt und damit immer sicherer identifiziert und länger behalten werden kann, gleicht keine Situation des Wiedererkennens genau der anderen. Es ist in ihr keineswegs alles im exakten Sinne pure Wiederholung. Dies gilt sowohl für die wiedererkannten Gegebenheiten als auch für die Vollzüge, in denen dies geschieht.

Reproduzieren findet ohne die Präsenz der betreffenden Gegebenheit statt, z. B. nur auf Grund einer Assoziation, auf Grund einer gegebenen oder auf Grund einer selbst gestellten Instruktion. Solche Instruktionen sind z. B.: „Alle bekannten Länder Afrikas.“ „Wie heißen die Regeln für den Straßenverkehr?“ „Welche Informationen werden durch den von Ihnen gelesenen Text vermittelt?“ „Was weißt du über die Lage der Landarbeiter vom Beginn der Bauernwirtschaft bis zu heutigen landwirtschaftlichen Betriebsformen?“ „Wer kann noch mit der Schieblehre arbeiten?“ „Schreibe das gestern gelernte Wort an die Tafel!“ Auch hier geht es thematisch darum, daß ein bereits erzielter Bewußtseinsinhalt wieder ins Bewußtsein zurückgerufen oder ein bereits gelernter Vollzug wieder vollzogen wird. Obwohl die Reproduktion den Idealfall der Wiederholung darstellt, gibt es auch hier geringfügige neue Momente im Reproduzierten und im Prozeß der Reproduktion selbst. Fraglos aber kann ein erheblicher Neuerwerb von Lernresultaten im Bereich der gleichzeitig vollzogenen Motive und Einstellungen auftreten.

Beim *Transfer* findet eine Übertragung bereits erzielter Lernresultate auf eine neue Situation statt. Was sich von Situation zu Situation ändern kann, ist unterschiedlich und für die Transferleistung ausschlaggebend. So ist es z. B. etwas anderes, ein bekanntes Rechenverfahren auf neue Zahlenwerte anzuwenden oder auf eine komplexe konkrete Situation (z. B. Verrechnen der Einnahmen und Ausgaben eines Monats), die literarische Kategorie des „Sprechers" auf einen ähnlichen oder gegenüber dem Ausgangstext sehr unterschiedlichen Text. Solange es sich trotz großer Differenzen in den einzelnen Situationen (ihren unkritischen Momenten) immer um Gegebenheiten der gleichen Art (kritische Momente der einzelnen Situationen) handelt, kann man von einem horizontalen Transfer sprechen. Überträgt man aber die Bestimmungsmerkmale eines Begriffs auf übergeordnete Begriffe, dann kann man von einem vertikalen Transfer sprechen.

Instruktionen für den horizontalen Transfer können z. B. sein: „Diskutieren Sie den Kurvenverlauf für die Funktion $y = 2x^2 - 3$!" „Was für eine Verfassung hat Libyen?" „Zu welcher Textart rechnen Sie Handkes 'Die Angst des Tormanns vor dem Elfmeter'?" „Analysieren Sie dieses Handeln mit Hilfe der Ihnen bekannten politischen Kategorien!" „Was ist für alle Ihnen bekannten Staatsverfassungen konstitutiv?"

Instruktionen für den vertikalen Transfer können sein: „Versuchen Sie, für diesen Begriff einen übergeordneten Begriff zu finden!" „Wozu gehören alle diese Berufe?"

Für den Transfer und alle weiteren Lernprozesse gilt, daß der Anteil des Neuen größer sein kann als der Anteil des bloß Aktualisierten. Unter unserem Gesichtspunkt besagt dies, daß durch Instruktionen *keineswegs nur die Aktualisierung von bereits erzielten Lernresultaten, sondern auch der Neuerwerb von Lernresultaten aller Art und Komplexitätsgrade* gesteuert werden kann. Es kann unter der Leitung von Instruktionen nicht nur durch Re-Produktion bereits Gelerntes gefestigt, sondern es können auch neue Lernresultate hervorgebracht, mit anderen Worten: es kann unter der Leitung von Instruktionen produktiv gehandelt werden. Wird dem Lernenden eine Instruktion vorgegeben, dann wird deren Information nicht von ihm hervorgebracht, sondern er kann nur in ihren Grenzen im lernpsychologischen Sinne produktiv werden. Wie weit diese Grenzen sein können, haben wir gesehen. So kann im äußersten Falle die Vorgabe der Instruktion lediglich darin bestehen, daß der Lernende Gegenstand und Verfahren selbst bestimmen soll („Was sollen wir jetzt tun?"

„Welche Aufgabe sollen wir uns jetzt stellen?“ „Wie denken Sie sich den Fortgang des Unterrichts?“ „Was sollen wir jetzt untersuchen?“ „Welchen Weg sollen wir jetzt einschlagen?“). Daher kann überhaupt nicht die Rede davon sein, daß Instruktionen die Produktivität oder Kreativität des Lernenden im lernpsychologischen Sinne nicht zuließen. Sie haben nur einen Einfluß auf das *Ausmaß, in dem es dem Lernenden zugemutet wird,* selbst bestimmte Lernresultate zu erzielen, statt nur das Ergebnis der für ihre selbständige Gewinnung erforderlichen Mühe zur Kenntnis zu nehmen. Ist der Lehrende bei der Abfassung von Instruktionen nicht blind für ihre Auswirkung, dann beachtet er die Begrenzung der Selbständigkeit des Lernenden durch eine Instruktion genau. Produziert er sie nicht aufs Geratewohl, dann muß er schon bei ihrer Abfassung so genau wie möglich wissen, was in ihren Grenzen gelernt werden kann. Wenn der Lehrende aber schon weiß, was man in den Grenzen einer Instruktion an Lernresultaten erzielen kann, dann sind die Ergebnisse des Lernenden keineswegs absolut, sondern nur für ihn neu. Wenn man nicht dem sinnlosen und unrealistischen Standpunkt frönt, daß jeder einzelne Mensch alles, was jemals von Menschen entdeckt und erfunden worden ist, wieder ganz aus eigenen Stücken gewinnen soll, muß man die durch Instruktionen gezogenen Grenzen als die freizügigste Form der Tradierung von Lernresultaten der Menschheit ansehen. Denn im Gegensatz zur direkten Überlieferung dieser Resultate findet ein selbständiger Nachvollzug dieser ursprünglichen Lernprozesse statt, der allerdings um viele Umwege verkürzt ist. Macht man sich bewußt, in wie hohem Maße all unser Wissen und Können die Nachahmung des bereits von anderen Menschen Gewußten und Gekonnten ist, wird man an diesem gelenkten Nachvollzug weniger Anstoß nehmen. Wie groß ist denn der Anteil des absolut Neuen, des Schöpferischen im objektiven, nicht im subjektiven Sinne, an allem, was wir lernen? Falls man sich nicht großen Illusionen über die Originalität des eigenen Genies hingibt, wird man auf diese Frage eine sehr bescheidene Antwort geben müssen oder sie in vielen Fällen gar als eine bloß rhetorische Frage ansehen. Wem außerdem noch daran gelegen ist, daß gerade denjenigen geholfen wird, denen das Lernen besonders schwerfällt, wird die Hilfe durch wohldosierte Instruktionen bejahen müssen; denn für solche Schüler sind Instruktionen u. U. lebensnotwendig, während andere bereits ohne Unterricht mehr oder weniger effektiv lernen könnten. Es gibt aber keinen einzigen Menschen, der von Anfang an in der Lage wäre, völlig selbständig lernen zu können. Zu dieser Selbständigkeit muß er erst durch Instruktionen allmählich gebracht werden. Es kann deshalb auch unter dem Gesichtspunkt der

Selbständigkeit, der Produktivität, der Kreativität oder wie immer man die von einem Menschen selbst ausgehende Arbeit an seiner Entwicklung nennen will, nicht die Frage gestellt werden, ob man völlig auf jede Instruktion für ihn verzichten will. Wer diese Frage stellt, beweist nur, daß er fundamentale Gegebenheiten der menschlichen Existenz nicht zur Kenntnis nimmt. Stattdessen muß um so gründlicher die Frage danach gestellt werden, wie solche Instruktionen abgefaßt werden können und wie sie für die bestmögliche Entfaltung jedes einzelnen gehandhabt werden müssen. Wir gehen dieser Frage weiter nach, wenn wir uns nach den Aktualisierungsprozessen einer zweiten Gruppe von Lernprozessen zuwenden.

Durch Instruktionen kann der Lernende nicht nur zu Operationen veranlaßt werden, durch die er bereits erworbene Lernresultate nochmals zu Bestandteilen seines realen Existenzvollzugs macht, sondern auch zu Operationen, durch die er einzelne neue Lernresultate erzielt. Lernprozesse, die zu solchen Lernresultaten führen, setzen im Schulunterricht immer schon die Aktualisierung von Lernresultaten voraus, die außerhalb der Schule gewonnen worden sind. Auch für den außerschulischen Unterricht gilt dies mit Ausnahme der allerersten noch nicht gelernten, sondern durch Instinkt geregelten Reaktionen des Säuglings. Thematisiert man einen Lernprozeß, durch den z. B. eine neue Einzelheit oder ein neuer Begriff gelernt werden soll, dann finden immer schon aktualisierende, d. h. übende Prozesse gleichzeitig statt und kann außerdem auch Neues gelernt werden, was nicht thematisiert worden ist.[46]

Die am besten erforschten *Lernarten, durch die Neues erworben wird,* sind:

das Lernen einer neuen Einzelheit, das Lernen eines Begriffs, das Lernen von Begriffszusammenhängen, das Lernen von methodischen Fähigkeiten, das Lernen von Gefühlen und Stimmungen, das Lernen von Einstellungen, das Lernen des Vollzugs von Entscheidungsprozessen und das Lernen der Teilnahme an Formen der Kommunikation.

Während die Aktualisierung eines bereits erworbenen Lernresultats durch eine einzelne Lerninstruktion veranlaßt werden kann, ist für die Lernprozesse, die zu einem neuen Lernresultat führen, immer eine ganze Abfolge von Lerninstruktionen erforderlich und spielen hierbei auch meist Materialfaktoren eine Rolle. Wir werden deshalb solche Strategien der Instruktion erst darstellen können, wenn wir auch die anderen Möglichkeiten der Steuerung von Lernprozessen berücksichtigt haben.

Als eine dritte Gruppe von Lernprozessen kann man *Abläufe* ansehen, *in denen sehr verschiedenartige Lernresultate zur Synthese ge-*

bracht werden müssen, wodurch ein für den Lernenden und vielleicht sogar ein objektiv neues Resultat entsteht. Hier kann der Lernende in höchstmöglichem Maße selbständig arbeiten und kann er als neues Lernresultat die Fähigkeit erzielen, für die Erreichung eines bestimmten Zieles bzw. für die Lösung einer bestimmten Aufgabe sehr verschiedenartige Lernresultate miteinander zu verknüpfen. Diese Fähigkeit ist für die Bewältigung der Lebenspraxis besonders wichtig. Da die Verknüpfung verschiedenartiger Lernresultate sehr verschiedene Grade hat, kann man im schulischen Lernen von Anfang an Lernprozesse dieser Art von geringerer Komplexität anstreben. Man wird aber immer im Auge behalten müssen, daß dieses Lernen den sicheren Besitz der in ihm zu verknüpfenden Lernresultate voraussetzt. Sie müssen in schulischen oder außerschulischen Lernprozessen bereits erworben worden sein. Wenn man das Lernen der Verknüpfung von Lernresultaten thematisiert, müssen nicht nur bereits erworbene Lernresultate aktualisiert, sondern können auch einzelne neue Lernresultate erworben werden. Sobald aber der Erwerb eines einzelnen neuen Lernresultats eine bestimmte Abfolge von Lernprozessen verlangt und sein sicherer Gebrauch erst durch häufige Übung erzielt werden kann, kann es in Lernhandlungen, die auf die Verknüpfung von Lernresultaten abgestellt sind, nicht vollständig gelernt werden. Bestenfalls können in solchen Lernhandlungen einige Teilphasen eines solchen Lernprozesses auftreten.

Hier sollte nur herausgestellt werden, daß durch Lerninstruktionen alle Arten von Lernprozessen beeinflußt werden können. – Unsere bisherigen Überlegungen über die operative Funktion der Lerninstruktion erlauben außerdem eine weitere Differenzierung des Einflusses, der von einer Lerninstruktion auf den Lernenden ausgeübt wird.

Da von Lerninstruktionen immer nur Lernhandlungen im erörterten Sinne gesteuert werden können, kann durch sie nicht ein einziger *Lernprozeß* unmittelbar gelenkt werden. Er kann nur mittelbar dadurch gesteuert werden, daß man *Lernhandlungen* auszulösen sucht, die diesem Lernprozeß oder gar einer bestimmten Abfolge von Lernprozessen am meisten zugute kommen. Eine solche Thematisierung kommt zwar den experimentell ermittelten optimalen Verlaufsformen einer bestimmten Lernart, z. B. des Begriffslernens, nahe, erreicht sie aber nie. Es lassen sich im Unterricht nicht die Bedingungen herstellen wie in einem Laborexperiment. Und im schulischen Unterricht ist es sogar unmöglich, für die Fülle dessen, was gelernt werden soll, auch nur die im Unterricht möglichen optimalen Bedingungen herzustellen. Um es an einem Beispiel zu demonstrieren: es kann im schulischen

Unterricht nicht für jeden Begriff eine möglichst günstige Lernsequenz entwickelt werden, sondern viele Begriffe müssen in verkürzten Verfahren auf Grund einer hohen Lernfähigkeit genausogut oder aber bei einer geringeren Lernfähigkeit schlechter gelernt werden. Die Unmöglichkeit, einen bestimmten Lernprozeß im schulischen Lernen zu isolieren, selbst wenn man ihn thematisiert hat, darf jedoch nicht nur als ein Nachteil angesehen werden. In komplexen Lernhandlungen werden eben auch viele andere Lernprozesse mitgefördert, wenn auch nicht so konsequent und so effektiv, wie das bei seiner Thematisierung oder gar Isolierung möglich wäre. So hat die Mittelbarkeit der Steuerung eines bestimmten Lernprozesses durch die Auslösung bestimmter Lernhandlungen den im Hinblick auf die Gesamteffektivität positiv zu bewertenden Nebeneffekt, daß auch andere Lernprozesse mit bestimmten Teilphasen zu ihrem Recht kommen. Man beachte, daß der Lehrende bei dem Entwurf einer Instruktion keineswegs diese anderen Lernprozesse im Blick zu haben braucht und sie auf keinen Fall alle im Blick haben kann, weil wir sie noch längst nicht alle kennen und der einzelne Lehrer wiederum nicht über das ganze jeweils vorhandene Wissen verfügen kann. Es kann im Hinblick auf diese Lernprozesse deshalb nicht mehr von einer Steuerung gesprochen werden, obwohl sie doch auch von der Instruktion mitbeeinflußt werden. Es gibt also selbst bei einem vollbewußt gesteuerten Lernen im Unterricht in einem hohen Maße nicht ausdrücklich beabsichtigte Nebenwirkungen.[47]

Die Möglichkeit vielfältiger nichtbeabsichtigter Nebenwirkungen kommt zu der Unsicherheit hinzu, ob für die beabsichtigte Wirkung die erforderlichen internen Bedingungen vorhanden sind. Man muß sich deshalb vor der vereinfachenden Vorstellung hüten, daß es zwischen Lehrenden und Lernenden nur die intendierte Beziehung mit ihren mannigfachen Teilbeziehungen gebe. Die nichtbeabsichtigten Wirkungen zeigen, daß die Einwirkung des Lehrenden viel breiter ist als das ausdrücklich Angestrebte, in dieser Breite aber kaum noch oder gar nicht mehr einer rationalen Kontrolle unterliegt. Die ausdrücklichen Absichten des Lehrenden stellen daher nicht nur einen begrenzten Komplex von Bedingungen in einem großen Bedingungsfeld, sondern auch nur den Anteil der bewußten Bedingungen in einem im übrigen nicht bewußten Bedingungszusammenhang dar. So findet die Steuerung von Lernprozessen in einer Form statt, die mit der Steuerung von mechanischen Prozessen nicht verglichen werden kann. Sie läuft über vermittelnde Bedingungen, die nicht in der Macht des Lehrenden liegen, und bewegt sich in einem Feld von möglichen Bedingungen für Reaktionen des Lernenden, das vom Lehrenden nicht überschaut werden kann. Der rational durchschaubare Zusammenhang von Lerninstruktion und Lernprozeß ist nur ein Teilgeschehen in einem umfangreichen komplizierten Gesamtgeschehen. Hieraus erklärt sich, daß die von einer Instruktion beim Lernenden intendierte Reaktion zwar in vielen Fällen genau eintritt, daß sie aber in manchen Fällen ausbleibt oder an ihrer Stelle ganz andere Reaktionen auftreten. Aber nur wenn die Reaktionen des Lernenden nicht völlig unberechenbar, sondern wenigstens einigermaßen kalkulierbar sind, gibt es ein sinnvolles Handeln des Lehrenden. Er muß Handlungen vollziehen können, durch die beim Lernenden etwas angestrebt (intendiert) wird, das mit hoher Wahrscheinlichkeit auch eintritt. Andernfalls ist sein Tun richtungslos und ohne vorhersehbaren Effekt. Damit die Arbeit des Lehrenden nicht vergeblich ist oder nur zufällige Erfolge erzielen kann, muß eine möglichst weitgehende rationale Aufklärung der Zusammenhänge zwischen dem Handeln des Lehrenden und dem Handeln des Lernenden versucht werden. Die Furcht, daß dadurch ein blind funktionierender Mechanismus aufgedeckt und für eine beliebige kausale Manipulation des Lernenden verwendet werden kann, ist unbegründet. Wie unsere bisherige Analyse gezeigt hat, sind dazu die Beziehungen zwischen Lehr -und Lernhandlungen zu kompliziert. Nur wem es gleichgültig ist, daß durch Unterricht eine Beschleunigung und Steigerung der Entwicklung des jeweiligen Menschen erzielt werden können, kann den durch rationale Analyse zu gewinnenden Wissenszuwachs über die Einflüsse von Lehrhandlungen für überflüssig halten. Dies wäre aber angesichts der durch ein wirkungsvolles Lehren zu erzielenden Erweiterung der Möglichkeiten des menschlichen Lebensvollzugs ein unverzeihlicher Zynismus.

Wir haben in der Lerninstruktion außer den drei Variablen der Gegenstands-, Sach- und Verfahrenskategorie noch die *Adressatenvariable* unterschieden. Welchen Einfluß hat sie auf die operative Funktion der Lerninstruktion?

Zunächst ist offenkundig, daß sie nicht zu den Faktoren zählt, durch die eine bestimmte Teilmenge von Operationen abgegrenzt wird. Trotzdem ist sie für die Leistung der Lerninstruktion, eine Teilmenge von möglichen Operationen abzugrenzen, nicht unerheblich.

Primär leistet sie aber etwas anderes: eine Reduktion der unbegrenzten Fülle möglicher Adressaten einer Instruktion. Man kann die unbegrenzte Fülle möglicher Adressaten bis auf einen einzigen Lernenden reduzieren oder jede beliebig große, zahlenmäßig bestimmte oder unbestimmte Gruppe von Lernenden ansprechen. Kollektive Adressaten können sein: verschieden zusammengesetzte Gruppen in einer

Klasse, eine Klasse oder eine Kursgruppe, unterschiedlich zusammengesetzte Eichpopulationen für die Instruktionen eines Tests, alle Abschlußklassen einer Schulart u. a. m. Es gibt auch dic Mischform, daß nur ein einzelner Schüler angesprochen wird, aber alle übrigen Lernenden der Gruppe mitgemeint sind.

Aus dieser ihrer primären Leistung ergibt sich eine Wechselbeziehung zwischen ihr und den anderen Variablen der Lerninstruktion, die für die operative Funktion dieser Lehrhandlung von großer Bedeutung ist. Indem durch die Adressatenvariable festgelegt wird, *wer* die durch die Instruktion umgrenzte Teilmenge von Operationen vollziehen bzw. aus ihr wählen soll, stellt sie die Beziehung zwischen den internen Bedingungen *bei bestimmten Lernenden* und den durch die Instruktion umgrenzten Operationen her. Während bei dem einen Adressaten die internen Bedingungen für den Vollzug der angezeigten Operationen vorhanden sein können, fehlen vielleicht bei einem anderen Adressaten einige wichtige Bedingungen hierfür. Insofern hängt es von der Adressatenvariablen ab, ob eine Instruktion ihre operative Funktion erfüllen kann. Der jeweilige Adressat muß nämlich willens und dazu in der Lage sein, Operationen aus der umgrenzten Teilmenge zu wählen und auch zu vollziehen. Anderenfalls wird die potentielle operative Funktion einer Lerninstruktion nicht realisiert. Man kann z. B. zu Übungszwecken in der Lehrerbildung Instruktionen abfassen, deren operative Funktion nicht realisiert wird. In der Praxis des Unterrichts aber ist die Produktion solcher Instruktionen nutzlos, eine ihren Sinn nicht erfüllende und daher vergebliche Arbeit. Jede solche Instruktion stellt eine Unterbrechung des Unterrichts dar, weil sie beim Lernenden zu keinen Reaktionen führt. Eine Zeitspanne, die ganz von verbalen Instruktionen bestimmt ist, auf die beim Lernenden kein Vollzug von Operationen aus der ihm angezeigten Teilmenge erfolgt, kann nicht mehr als Unterricht bezeichnet werden. Sieht man von Schwierigkeiten der Informationsaufnahme und unzureichenden motivationalen Anreizen ab, über die wir gesprochen haben, dann können die Gründe für das Ausbleiben einer Reaktion darin gesucht werden, daß der Lernende nicht dazu fähig ist, aus der umgrenzten Teilmenge eine Operation zu wählen oder eine gewählte Operation zu vollziehen. Für die Herstellung der Beziehung zwischen der Adressatenvariablen und den anderen Variablen der Lerninstruktion durch den Lehrenden sind deshalb diagnostische Befunde über den Adressaten erforderlich, wenn man diese Beziehung nicht willkürlich oder nur auf gut Glück herstellen will.

Die Veränderlichkeit der hier in Frage stehenden Größen der Lerninstruktion erlaubt eine Anpassung an den tatsächlichen Entwicklungsstand von Lernenden auf die zweifache Weise, daß man entweder die Gegenstands-, Sach- und Verfahrenskategorie verändert oder den Adressaten wechselt. In der Praxis des Unterrichts kann man immer wieder beobachten, daß der Lehrende beim Ausbleiben von Reaktionen genötigt wird, entweder die Wahl und den Vollzug von Operationen zu erleichtern oder sich mit einer in dieser Hinsicht unveränderten Instruktion an einen anderen Schüler zu wenden. Falls eine Verbesserung der Prägnanz nicht möglich ist oder nicht ausreicht, reagiert er mit einer Veränderung des Informationsgehaltes seiner Instruktion. Dies geschieht in der Weise, daß er die Teilmenge von wählbaren Operationen einschränkt, daß er eine ganz andere Teilmenge von wählbaren Operationen angibt oder daß er den Adressaten wechselt. Im ersten Falle verringert er die selbständige Wählbarkeit, im zweiten versucht er die Lernenden zu anderen, für sie möglicherweise vollziehbaren Operationen zu veranlassen, und im dritten Falle versucht er es mit derselben Teilmenge bei anderen Lernenden. An solchen häufig zu beobachtenden Fällen zeigt sich nicht nur die Bedeutung des Verhältnisses zwischen der Adressatenvariablen und den übrigen Informationen einer Lerninstruktion für ihre operative Funktion, sondern auch, daß die operative Funktion ebenso wie die anderen Funktionen schon bei der Produktion von Lerninstruktionen beachtet werden muß.

Selbst die Variable der sprachlichen Fassung hat außer der informativen und motivationalen eine operative Funktion. Sie hat einen gewissen Einfluß auf die Art der Sprachhandlungen, die der Lernende vollzieht, wenn er der Aufforderung einer Instruktion zu folgen sucht. Zunächst kann das semantische Material der Instruktion bei der Abfassung der Antwort verwendet werden. So kann z. B. die sprachliche Reaktion auf die Instruktion: „Was ist charakteristisch für diese Textart?“ lauten: „Die Textart X hat folgende charakteristische Merkmale, ...“ oder: „Bei der Suche nach charakteristischen Merkmalen der Textart X ist mir zuerst aufgefallen, daß ...“. Dies stellt eine Entlastung der übrigen geistigen Aktivitäten dar. Wird die Leistung des Schülers schnell verlangt, so gibt ihm die vorsorgliche Verwendung des Sprachmaterials zur Einleitung seines Behauptungssatzes sogar noch etwas Zeit, während der er nach der Antwort suchen kann.

Die syntaktische Form der Instruktion wirkt sich so aus, daß dem Schüler für seine Antwort bestimmte syntaktische Formen nahegelegt werden. So antwortet man normalerweise auf die Frage: „Wann begann der erste Weltkrieg?“ mit dem Satzteil „am 1. August 1914“. Auf die entsprechende Aufforderung: „Sag mir mal das Datum für den Beginn des ersten Weltkrieges!“ reagiert man dagegen normalerweise mit dem Aussagesatz: „Der erste Weltkrieg begann am 1. August 1914". Dasselbe gilt für eine Instruktion in der Form des Aussagesatzes (Du weißt sicher, wann der 1. Weltkrieg begann.). Die Reaktion mit solchen Sprachhandlungen ist jedoch nicht zwingend. So kann auch anerzogen werden, daß man auf eine Frage mit einem ganzen Satz antwortet, was jedoch meist sehr mühsam ist, weil sich die ökonomische Kurzform immer wieder durchsetzt. Auf die beiden anderen Satzformen kann man in unserem Beispiel bloß mit dem Datum reagieren.

Insgesamt gilt, daß die sprachliche Fassung dem Lernenden vollständig überlassen bleibt, falls er nicht besondere Anweisungen erhält oder ihm geeignete sprachliche Mittel vorgegeben werden. Durch solche Anweisungen und vorgegebenes Sprachmaterial kann die Aufgabe zusätzlich erleichtert oder erschwert werden. Je umfangreicher die vom Lernenden zu vollziehenden Operationen sind, um so mehr ist er auf selbständige sprachliche Leistungen angewiesen. So erstreckt sich die große Selbständigkeit des Lernenden bei weitgefaßten Instruktionen auch auf die Sprachhandlungen.

Suchen wir am Ende dieses Abschnittes aus unserer Analyse der operativen Funktion noch einige Folgerungen für die Produktion von Lerninstruktionen durch den Lehrenden zu ziehen.

Auch hier lassen sich didaktische Maximen nur formulieren, wenn man von einem mit der Abfassung einer Lerninstruktion bereits angestrebten Ziel ausgeht. Die Abfassung von Lerninstruktionen ist kein Selbstzweck, sondern nur Mittel zum Zweck. Ihr Zweck ist nicht allein die Aufnahme der durch sie vermittelten Informationen und die Aktualisierung von Motiven, sondern auch der Vollzug von Operationen aufgrund der übermittelten Information und der angeregten Motivation. Ja, der Lehrende wird sich der ersten beiden Zwecke meist gar nicht gesondert bewußt, sondern strebt mit seiner Instruktion ausdrücklich nur den Vollzug bestimmter Handlungen des Lernenden an. Ziel seiner Instruktion ist daher primär der Vollzug einer bestimmten Teilmenge von Operationen. Wenn er dieses Ziel erreichen will, muß er bei der Abfassung von Lerninstruktionen auf einiges achten, d. h. einigen Handlungsanweisungen (Maximen) folgen. Wenn er diesen Maximen folgt, kann er auch den Fehler vermeiden, daß er anstelle von Handlungen des Lernenden nur die Resultate solcher Handlungen, d. h. ein ihm bekanntes Fachwissen, in den Blick faßt. Setzt der Lehrer sich beim Lernenden ein bestimmtes Fachwissen zum Ziel und übergeht er die Handlungen, durch die es gewonnen werden kann, so führt das zu erheblichen Fehleinschätzungen der Leistungsfähigkeit des Lernenden.

1. Er muß sich möglichst genau klarmachen, welche Teilmenge von Operationen durch das Zusammenspiel von Gegenstands-, Sach- und Verfahrensvariable abgegrenzt wird.
2. Soweit die drei Variablen miteinander austauschbar (äquivalent) sind, muß er sich entscheiden, ob er sie trotzdem alle beanspruchen oder sich auf eine bzw. zwei beschränken will,
   a) wenn schon Vorinformationen etwa über die Verfahrensweise gegeben worden sind,
   b) wenn man eine Variable, z. B. die Gegenstandsvariable, konstant halten will,
   c) wenn man durch Überschneidungen der drei Variablen ihre Umsetzung in Operationen erleichtern will,
   d) wenn man den Lernenden von der Gegenstands- oder der Methodenseite über die von ihm zu vollziehenden Operationen informieren will.
3. Er muß eine solche Teilmenge von Operationen abgrenzen, durch die ein bestimmter Lernprozeß besonders gefördert werden kann (Thematisierung eines Lernprozesses).
4. Er muß die Umgrenzung einer Teilmenge von Operationen im Hinblick auf bestimmte Adressaten vornehmen:
   a) im Hinblick auf ihre selbständige Wahl von Operationen aus der betreffenden Teilmenge,
   b) im Hinblick auf ihre Möglichkeiten zum Vollzug der angezeigten Operationen.
5. Er muß sich entscheiden, welche sprachlichen Hilfen semantischer und syntaktischer Art er durch die Instruktion selbst oder zusätzlich für den Vollzug geeigneter Sprachhandlungen geben will.
6. Er muß beim Ausbleiben der angestrebten Operationen seine Instruktion an den Entwicklungsstand des Lernenden anpassen, indem er den Umfang der abgegrenzten Teilmenge von Operationen verringert oder ihre Art verändert.
7. Er muß die Adressatenvariable ändern, wenn er den Vollzug der gleichen Teilmenge von Operationen bei anderen Lernenden anstrebt.

1.4 Die normative Funktion

Die Funktionen der Lerninstruktion erstrecken sich auch noch auf die Ergebnisse der durch sie veranlaßten Operationen. Sie stellt nämlich einen unverzichtbaren *Maßstab* für diese Ergebnisse dar. Andernfalls könnten beliebige Resultate des Lernenden als Reaktion auf eine Instruktion ausgegeben werden. Im Hinblick darauf, daß eine Instruktion als *ein Maßstab neben anderen* für Ergebnisse von Lernhandlungen auftritt, sprechen wir von der normativen Funktion der Lerninstruktion.

Diese normative Funktion für die Resultate der vom Lernenden vollzogenen Operationen wird von den vier Variablen ausgeübt, über die der Lernende durch die Instruktion informiert wird: die Gegenstands-, die Sach-, die Verfahrenskategorie und die Adressatenvariable. Die Ergebnisse müssen nämlich im angegebenen Gegenstandsbereich, im Bereich des bezeichneten Gegenstandsaspektes, durch die bezeichneten Verfahren und von dem angesprochenen Lernenden erzielt worden sein. Demnach übt die durch die Instruktion geleistete Umgrenzung einer Teilmenge von Operationen für bestimmte Lernende zugleich eine normierende Funktion aus. Ein weiterer Beleg für ihre Polyfunktionalität.

Gegenüber den bisher beschriebenen Funktionen hat die normative Funktion der Lerninstruktion die Eigenart, daß sie nicht nur für den Lernenden, sondern auch für den Lehrenden gilt. Sobald eine Instruktion dem Lernenden mitgeteilt worden ist, gewinnt sie als ein objektiver Tatbestand eine Eigenständigkeit, auf Grund derer sie von nun an nicht nur eine Größe für das Handeln des Lernenden, sondern auch für das weitere Handeln des Lehrenden ist. Sie ist eine intersubjektive Gegebenheit geworden, die für alle Beteiligten an der unterrichtlichen Kommunikation verbindlich ist. Dadurch ermöglicht sie erst ein gemeinsames Handeln. Sie ist der identische Bezugspunkt für alle folgenden und u. U. sehr unterschiedlichen Aktivitäten von Lehrern und Schülern. Der Lehrende kann nun nicht mehr beliebig die Ergebnisse einer Operation akzeptieren, die Ergebnisse einer anderen dagegen nicht, sondern ist daran gebunden, die vom Lernenden erzielten Resultate an der Instruktion zu messen. Unter der Vorgabe dieser Bedingung sollten sie entstehen, weshalb sie auch dieser Bedingung entsprechen müssen. Wie streng das Handeln des Lehrenden an eine einmal gegebene Instruktion gebunden ist, sieht man daran, daß er innerhalb der Reichweite und Geltungsdauer einer Instruktion nur Zusatzinstruktionen stellen darf, die sich innerhalb dieser Reichweite bewegen, oder aber die Geltung der ersten Instruktion ausdrücklich außer Kraft setzen muß. Anderenfalls verstößt er gegen die Logik der Instruktion, weil seine Instruktionen widersprüchlich werden und an die Stelle der intersubjektiven Verbindlichkeit und Konstanz die Willkür der beliebigen Veränderung tritt. Durch die einmal gegebene Instruktion wird die Willkür des Lehrenden auch insofern eingeschränkt, als er sich von nun an streng an den durch eine Instruktion umgrenzten Gegenstands- und Methodenbereich halten muß.

Eine Instruktion ist deshalb eine intersubjektiv geltende Sachnorm auf Zeit. Sobald sie gesetzt ist, ist die Willkür des Lernenden und des Lehrenden ersetzt durch einen Wahlbereich von Operationen, innerhalb deren der Lernende wählen kann und dessen Grenzen der Lehrende bei seinen Handlungen streng beachten muß. Mit ihr wird damit ein Sachbereich umgrenzt, innerhalb dessen man sich bewegen muß. Sie ist auf Zeit gesetzt, weil sie nur solange gilt, bis sie erfüllt ist. Deshalb stellt sie eine temporäre Konstante im Unterrichtsgeschehen dar, neben der sich zur gleichen Zeit vieles verändert. Sie ist eine Konvention zwischen den Beteiligten, die die Zusammenarbeit zwischen ihnen für die Zeit ihrer Geltung regelt. Diese Konvention besteht von dem Augenblick an, in dem sich der Lernende mit einer ihm vom Lehrenden vorgegebenen Instruktion identifiziert oder der Lehrende vom Lernenden gemachte Vorschläge für den weiteren Verlauf des Unterrichts akzeptiert.

Das Zustandekommen dieser Konvention ist ein komplizierter dialektischer Prozeß von Fremdbestimmung und Selbstbestimmung, in den über das Unterrichtsgeschehen hinaus die dem Lehrenden vorgeordneten Entscheidungsträger und die auf den Lernenden einwirkenden außerschulischen Instanzen einbezogen sind. Sie wird deshalb von diesen Entscheidungsinstanzen getragen und ist in unterschiedlichem Grade von ihnen zu verantworten. Ihre Legitimation erhält sie meist mittelbar über weitergreifende Ziele, für die sich die beteiligten Entscheidungsträger bereits aus bestimmten Gründen entschieden haben. Falls die Lernenden an der Abfassung einer Instruktion nicht beteiligt sind, können sie noch nach ihrer Vorgabe Kritik an ihr üben. Diese Kritik kann sich u. U. erst daraus ergeben, daß sie beim Versuch, mit ihr zu arbeiten, auf Schwierigkeiten stoßen. Kommt der Lehrende mit den Lernenden überein, daß die Instruktion geändert werden muß, wird die alte Konvention durch eine neue abgelöst.

An der normativen Funktion der Lerninstruktion wird wieder sichtbar, daß auch in den kleinsten Einheiten des Unterrichts, seiner Mikrostruktur, die Makrostruktur der Entscheidung über zukünftigen Unterricht wiederkehrt. Anders gesagt: die Wahl einer Lerninstruktion kann nicht als eine wertneutrale Entscheidung über ein bloßes Unterrichtsmittel angesehen werden.

Zusammenfassend kann man sagen: die normative Funktion der Lerninstruktion besteht darin, daß sie für den Lernenden und den Lehrenden (intersubjektiv) ein vereinbarter (konventioneller) sachlicher Maßstab (Sachnorm) für ihre Lern- und Lehrhandlungen in einer bestimmten Zeit sind (Geltungsdauer). Die Lerninstruktion kann man deshalb auch als das für alle Teilnehmer am Unterricht verbindliche Thema für eine Unterrichtsphase bezeichnen. Ohne die Identität eines Themas ist ein geordnetes Handeln mehrerer Individuen überhaupt nicht möglich. Die Lerninstruktion ist die spezifische Form der Fassung des gemeinsamen Themas im Unterricht.[48]

Die an der jeweiligen Instruktion zu messenden Ergebnisse ergeben sich zwar aus Handlungen des Lernenden, dürfen aber nicht insgesamt als Lernresultate angesehen werden. Ob tatsächlich ein Lerngewinn erzielt worden ist, entscheidet sich erst, wenn diese Resultate mit früher erzielten Ergebnissen verglichen werden. Lernresultate müssen daher immer erst durch eine Analyse der Resultate von Lernhandlungen nachgewiesen werden. Sie können in den verschiedensten Faktoren eines solchen Resultats auftreten.

Aus der Analyse der normativen Funktion von Instruktionen lassen sich keine Maximen für die Produktion von Lerninstruktionen gewinnen, weil sie sich nur auf die Ergebnisse bezieht, die durch die Erfüllung der operativen Funktion erzielt werden. Es ergeben sich aus ihnen aber Folgerungen für das Handeln des Lehrenden für die Zeit von der Vorgabe einer Instruktion bis zur Aufnahme der auf Grund einer Instruktion vom Lernenden erzielten Ergebnisse durch den Lehrenden.

1. Der Lehrende muß das Bewußtsein einer Instruktion bei sich selbst und bei den Lernenden bis zur Erfüllung ihrer Funktionen aufrechterhalten (Wiederholung, schriftliche Fixierung).
2. Er muß alle Ergebnisse des Lernenden daran messen, ob sie in dem von der Instruktion gesteckten Rahmen erzielt werden können. Dies schließt nicht aus, daß er andere Ergebnisse zur Kenntnis nimmt und ihre Beziehung zum gegenwärtig thematisierten Bereich erörtert.
3. Er muß sich auch selbst an die mit einer Instruktion gesetzten Daten halten, indem
   a) die im Geltungsbereich und während der Geltungsdauer einer Instruktion gegebenen weiteren Instruktionen der übergeordneten Instruktion nicht widersprechen,
   b) von ihm alle Ergebnisse akzeptiert werden, die im Rahmen einer Instruktion erzielt werden können, auch wenn dies seinen Erwartungen nicht entspricht.

Nur wenn der Lehrende die Einhaltung der durch eine Instruktion gezogenen Grenzen durch die Lernenden und ihre Berücksichtigung durch sich selbst strikt überwacht, kann er die vom Lernenden erzielten Ergebnisse auch für eine Überprüfung der Tauglichkeit seiner Instruktion verwenden. Unter Umständen merkt er erst dann, daß er sie falsch, mißverständlich, zu weit, zu eng, mit unzugänglichem Sprachmaterial, aus unzureichend bekannten Begriffen etc. abgefaßt hat. Ein solcher Vergleich ist allerdings nur dann möglich, wenn er die Instruktion und die mit ihrer Hilfe erzielten Ergebnisse genau präsent hat, was in der Regel nur durch irgendeine Form der Aufzeichnung zu erzielen ist. Die aus einem solchen Vergleich gezogenen Schlüsse können die Voraussetzung für die korrekte und bessere, d. h. ergiebigere, Abfassung neuer Instruktionen sein. Es handelt sich hier um Lernprozesse des Lehrenden im Unterricht, aus denen sich Resultate für seine Aufgaben als Lehrender, d. h. für die Produktion von Lehrhandlungen, ergeben.

2. Die Steuerung von Lernprozessen durch nichtverbale Lerninstruktionen

Nichtverbale Lerninstruktionen unterscheiden sich von verbalen nur durch das Medium, gleichen ihnen aber sonst in Struktur und Funktion. An die Stelle der Vermittlung aller Informationen einer Lerninstruktion durch die Sprache treten als Medien die Mimik, die Gestik und die Körperhaltung oder Körperbewegung. Für sie eignen sich nur solche Medien, die vom Lehrenden beeinflußt werden können. Angeborene oder erworbene, aber nicht für die Beeinflussung der Lernenden manipulierbare Eigentümlichkeiten des Lehrenden (Kopfform, unveränderbare Gesichtszüge, Gestalt etc.) scheiden also aus. Wir rechnen zur nichtverbalen Instruktion auch nicht die dinglichen Symbole, deren Bedeutung erst sprachlich vereinbart werden muß (graphische Symbole wie Pfeile, Punkte, Verbindungslinien, Farben), weil man sich im Unterricht nicht wie in der Schiffahrt oder dem Straßenverkehr bestimmter Zeichensysteme als Kommunikationsmittel bedient. Diese Symbole spielen hier jedoch für die Vermittlung von Merkmalen der Unterrichtsgegenstände eine wichtige Rolle (s. u. S. 149).

Die Kapazität der für Instruktionen verwendeten nichtsprachlichen Medien für Informationen ist viel geringer als die der Sprache, wozu neben einigen Vorteilen noch weitere Nachteile kommen.

Sehen wir uns zuerst an, welche nichtverbalen Lerninstruktionen es als Lehrhandlungen gibt.

1. Der Lehrende kann *auf einen sinnlich wahrnehmbaren Gegenstand* verweisen, indem er mit der Hand auf ihn zeigt (verlängert durch einen Zeigestock oder einen Lichtanzeiger), den Blick auf ihn richtet oder sich ihm demonstrativ mit dem ganzen Körper zuwendet.[49] Durch eine solche nichtsprachliche hinweisende (deiktische) Handlung kann er dem Lernenden die Information vermitteln, daß

ein sinnlich gegebener Gegenstand Unterrichtsgegenstand sein soll. Der Hinweis informiert allerdings nur über die Richtung der erforderlichen Wahrnehmung, nicht jedoch über den jeweiligen Gegenstand. Sinnlich gegeben sind nicht nur Naturgegenstände, sondern Artefakte, wie Texte in schriftlicher oder akustischer Objektivationsform, graphische Darstellungen in Gestalt von Karten, geometrische Zeichnungen, Experimentalanordnungen, Modelle, Werke der Bildenden Kunst, der Musik etc. Der Hinweis kann sich auch auf einen Teil eines solchen Gegenstandes beziehen. Dies ist aber durch eine Blickwendung oder die körperliche Zuwendung schon nicht mehr zu leisten, sondern nur durch präzisere effektive Handlungen wie ein Zeigen mit dem Finger, einem Zeigestock, einem Lichtzeiger oder durch Abdecken eines Teils des Gegenstandes. Durch Hinzeigen auf einen Handlungsablauf, z. B. eine Turnübung, kann man den Lernenden sogar zum Nachvollzug einer bestimmten effektiven Handlung anregen.

2. Auch durch ein Handeln, in dem mit Hilfe dieser Medien *etwas dargestellt* wird, können instruierende Informationen vermittelt werden.[50] Dann wird keine hinweisende Handlung vollzogen, sondern durch körperliche Nachahmung ein Gegenstand, ein Gegenstandsaspekt oder ein Verfahren bezeichnet. Diese Nachahmung durch Gestik, Mimik, Körperhaltung und -bewegung ist so demonstrativ, daß sie als Aufforderung für den Vollzug bestimmter Lernhandlungen verstanden werden kann. So kann z. B. eine Pantomime als Aufforderung verstanden werden, den dargestellten Gegenstand oder Geschehensablauf mit Mitteln der eigenen oder einer fremden Sprache zu beschreiben. Eine ausgreifende Geste kann dem Lernenden signalisieren, daß er sich um das Volumen eines Körpers kümmern, mehr Einzelheiten berücksichtigen oder einen Begriff mit größerem Umfang bilden soll. Die Ausführung einer bestimmten effektiven Handlung, z. B. eines Werkzeuggebrauchs, einer Schwimmbewegung, des Schreibens, des Malens, des intensiven Nachdenkens kann als Aufforderung zum Vollzug einer solchen Handlung verstanden werden. So kann durch darstellendes Handeln eine Information über den Gegenstand der Zuwendung, den fraglichen Gegenstandsaspekt oder ein effektives Handeln (körperlich ausgeführtes Verfahren etc.) vermittelt werden.

3. In einer weiteren Gruppe von nichtsprachlichen Instruktionen sucht der Lehrende *unmittelbar auf den Lernenden einzuwirken.* Geht hierbei die Initiative von ihm aus, dann setzt der Lehrende z. B. eine herausfordernde Miene auf, bewegt er sich plötzlich auf den Lernenden zu, nimmt er Blickkontakt mit ihm auf, schaut er ihn eine Zeitlang schweigend an, erhebt er den Finger, legt er ihm die Hand auf die Schulter u. v. a. m. Reagiert er auf eine bestimmte

Handlung des Lernenden, dann können außer diesen Verhaltensweisen noch andere auftreten, z. B. ein Nicken mit dem Kopf, ein Zucken mit den Schultern, ein helles Lachen, ein Grinsen usf.

Für diese drei Formen von nichtverbalen Lehrhandlungen ist bezeichnend, daß an jeder von ihnen alle nichtsprachlichen Ausdrucksmedien in unterschiedlicher Weise beteiligt sein können.

Vergleicht man die nichtverbalen Lerninstruktionen mit den verbalen, dann ergeben sich schon dann erhebliche Unterschiede in ihrer *Ausdrucksleistung*, wenn man sie nur als Variablen von Lehrhandlungen betrachtet, ohne ihre Funktion zu berücksichtigen.

Durch die nichtverbalen Medien der Mimik, Gestik, Körperhaltung und -bewegung können die Informationen einer Lerninstruktion nur in bestimmten Grenzen zum Ausdruck gebracht werden. Diese Grenzen sind in den drei von uns unterschiedenen Gruppen von Lehrhandlungen unterschiedlich. Wir fassen deshalb die Ausdruckskapazität der nichtverbalen Medien in diesen drei Gruppen als Variablen auf. Sie kann von einem Lehrenden genutzt werden oder völlig ungenutzt bleiben (grundsätzliche Variabilität) und ist im Hinblick auf die im positiven Fall genutzten Ausdrucksmittel sehr unterschiedlich (materiale Variabilität).

Die Grenzen des nichtsprachlichen Ausdrucks bei hinweisenden Lehrhandlungen fallen zusammen mit den Grenzen des sinnlich Gegebenen. Durch Mimik, Gestik und Körperhaltung oder Körperbewegung kann man nicht verweisen auf: Vergangenes, Zukünftiges, Phantasiertes, Gedachtes, innere Vollzüge oder auch nur auf Momente des sinnlich wahrnehmbaren Gegenstandes, wie z. B. das Gewicht, das Volumen, die gleichartige Farbe, die Anzahl von Teilen, den Klang eines Verses, den Rhythmus eines Musikstückes, die man von benachbarten Teilen unterscheiden muß. Auf all dies kann man nur mit Hilfe der Sprache verweisen. Aus mehreren hinweisenden Handlungen kann außerdem nie eine zusammenhängende differenzierte Instruktion entstehen. Sie bleiben eine Aufreihung von Hinweisen auf einzelne Gegenstände der Zuwendung, d. h. sie haben die Form des „dies und dies und dies ...“.

Die Grenzen des nichtsprachlichen Ausdrucks bei darstellenden Handlungen werden ebenfalls dadurch bestimmt, daß das Dargestellte zumindest eine sinnlich wahrnehmbare Komponente hat, wie z. B. die Körperhaltung des Denkers. Gegenüber dem bloßen Zeigen hat es aber mehr Mittel, Gegenstände, Gegenstandsaspekte und Verfahrensweisen darzustellen. Die mit den Mitteln der nichtsprachlichen Ausdrucksmittel des Menschen angedeuteten Sachverhalte können außerdem durch die Vorstellungskraft ergänzt werden und für die mit ihnen verbundenen nicht sinnlich wahrnehmbaren Gegebenheiten repräsentativen (die äußere Lesehaltung für den Gesamtprozeß des Lesens) oder gar symbolischen Charakter erhalten (die vorausdeutende Geste für Zukunft). Obwohl man z. B. die Instruktion: „Einen hohen, unten breiten, dichten Staudamm bauen" in einer Abfolge von Handlungen darstellen könnte, können auch hierdurch die einzelnen Informationen nur aneinandergereiht, nicht aber ihr Zusammenhang präzis dargestellt werden.

Die unmittelbar an den Adressaten gerichteten Ausdruckshandlungen eignen sich gar nicht für die Vermittlung von Informationen über Gegenstände, Gegenstandsaspekte und Verfahren. Stattdessen informieren sie über verschiedene Formen der Aufforderung (initiative Formen) und der wertenden Reaktion auf Handlungen des Lernenden (reaktive Formen). Hierfür besitzen sie eine beachtliche Kapazität. Das Zusammenspiel von Mimik, Gestik und Körperhaltung oder -bewegung ist für diese Informationen ein außerordentlich nuancenreiches sinnliches Medium von großer Eindringlichkeit.[51]

Die *Funktionen der nichtverbalen Instruktion* werden nicht allein von der Kapazität der nichtverbalen Medien bestimmt. Daher zeigen sich bei der Betrachtung der informierenden, operativen und der motivationalen Funktion noch größere Unterschiede gegenüber der verbal kodierten Instruktion als beim Vergleich ihrer Ausdruckskapazität.

Führen wir uns zuerst vor Augen, daß es ein groteskes stummes Schauspiel wäre, wenn die Instruktionen des Lehrenden nur durch das Zusammenspiel von hinweisenden, darstellenden und unmittelbar auf den Lernenden gerichteten nichtsprachlichen Lehrhandlungen vermittelt würden. Um die Funktionen der Instruktion zu erfüllen, müßte der Lehrende in Übertreibungen wie im Stummfilm verfallen und könnte trotz seines sichtbaren Bemühens längst nicht das erreichen, was mit ein paar klaren Worten möglich wäre. Es entspricht dem verzweifelten Versuch, ohne Kenntnis der Landessprache eines Adressaten ihm genaue Instruktionen geben zu wollen. Deshalb werden diese Ausdrucksmittel nur in Grenzfällen ausschließlich verwendet, in der Regel dagegen gleichzeitig mit dem sprachlichen Ausdruck. Dann entfalten sie eine für die Beeinflussung des Lernenden durch Instruktionen unverzichtbare Wirksamkeit. Wir werden deshalb die beiden Funktionen der nichtverbalen Lerninstruktion jeweils im Hinblick auf deren *alleinigen* und deren *begleitenden* Gebrauch erörtern.

Für die *Übermittlung der Informationen* (Informationsfunktion) einer Lerninstruktion haben die nichtsprachlichen Medien nicht nur die aufgezeigten objektiven Kapazitätsgrenzen, sondern außerdem erschweren sie das subjektive Informationsverständnis erheblich, wenn sie *allein* verwendet werden.

Ihre eindeutige Identifizierung ist viel schwieriger als die Dekodierung der sprachlichen Mittel, weil es keine so sicheren allgemeinen Konventionen über Hinweise, Darstellung und direkte Ansprache durch diese Medien gibt. Der Gebrauch der einzelnen medialen Möglichkeiten hierfür schwankt außerordentlich von Individuum zu Individuum. Deshalb kann der Lernende ihnen erst dann mit einiger Sicherheit entnehmen, was der jeweilige Lehrer meint, wenn er den Lehrer bereits länger kennt oder zumindest den Kontext einer solchen Instruktion mit der vorausgegangenen Situation stark berücksichtigt. Erst aus der Situation geht z. B. hervor, ob man eine dargestellte Handlung beschreiben oder nachahmen soll. Meist wird dies sogar verbal vermittelt. Bei einem einfachen Hinzeigen werden kaum Verständigungsschwierigkeiten darüber entstehen, daß sich der Lernende dem betreffenden Gegenstand zuwenden soll, weil diese Geste einfach ist und häufig auftritt. Dagegen wächst die Unsicherheit mit der Kompliziertheit der Informationen und der Differenziertheit der hierfür erforderlichen nichtsprachlichen Darstellungsmittel. Will man z. B. dem Lernenden mit diesen Mitteln nur klarmachen, daß er den Umfang eines Kreises messen, die Silben eines Verses zählen, etwas vorlesen oder sich für eine von zwei geäußerten Meinungen entscheiden soll, sind die Verständnisschwierigkeiten schon erheblich. Bei den unmittelbar auf den Lernenden bezogenen initiativen oder reaktiven Informationen ist die Unsicherheit des Ausdruckswertes der verwendeten nichtsprachlichen Ausdrucksmittel noch viel größer. Ein bestimmtes Lächeln, eine bestimmte Körperhaltung, ein Schweigen sind vieldeutig und können vom Lernenden erst nach genauer Beobachtung über einige Zeit hin mit einiger Sicherheit in dem vom Lehrenden gemeinten Sinne aufgefaßt werden.

Die Lage ändert sich stark, wenn die Variablen des nichtsprachlichen Ausdrucks *begleitend zu sprachlichen Instruktionen* auftreten. Sie können dann sprachlich kodierte Informationen nochmals auf andere Weise zum Ausdruck bringen, die sprachlich vermittelte Information ergänzen oder verändern. Im ersten Falle erhält der Lernende die Möglichkeit, gleiche Informationen durch verschiedene Medien aufzunehmen. Die Instruktion wird jetzt nicht sprachlich, sondern multimedial objektiv redundant. Der Lernende erhält auf diese Weise die für ihn bestimmten Informationen nicht nur mehrfach, sondern auch durch verschiedene Medien vermittelt. Gegenüber dem puren Zeichencharakter der Sprache, auf Grund dessen fast in allen

Fällen eine Bedeutung mit beliebigen Lauten verbunden wird (Thrombose, Kelle, Reifen), enthalten zumindest die darstellenden und direkt einwirkenden Handlungen *Anzeichen* von der zum Ausdruck gebrachten Information selbst. Sie sind sinnenhafter und verschaffen deshalb zu der sprachlichen Vermittlung einen zusätzlichen Zugang für die sinnliche Wahrnehmung. Es ist bezeichnend, daß wir im Umgang mit kleinen Kindern sehr schnell uns wieder der Hände, der Mimik und des übrigen Körpers bedienen, um uns verständlich zu machen. Aber auch für die Lernenden im Unterricht ist es ein großer Unterschied, ob der Lehrer wie ein Stockfisch, ohne eine Miene zu verziehen, ihnen sprachliche Instruktionen gibt oder ob er den Gegenstand, einen Sachaspekt, ein Verfahren und ihre Beziehung zueinander auch mit hinweisenden und darstellenden nichtsprachlichen Mitteln zum Ausdruck bringt.[52] Allerdings wirkt der Gebrauch dieser Mittel nicht in jedem Falle verständnisfördernd. Wird er zu extensiv, dann stört er die zügige Aufnahme der sprachlichen Formulierung, dann zieht er die Aufmerksamkeit zu stark auf sich und entfalten die als Medium gebrauchten sinnenhaften Mittel ihre eigenen Reize. Ein extensiver Gebrauch dieser Mittel bei der Instruktionsvermittlung kann deshalb die Aufmerksamkeit des Lernenden von dem präziseren Sprachgebrauch auf diffusere Medien abziehen, kann den Lernenden sogar von der Information der Instruktion ablenken und ihn mehr verwirren als sein Instruktionsverständnis fördern. Dagegen kann ein den Sprachfluß begleitender, auf Charakteristisches konzentrierter andeutender Gebrauch dieser Mittel für die Informationsaufnahme des Lernenden sehr hilfreich sein.

Will man die sprachliche Vermittlung entlasten, dann kann man sogar zusätzliche Informationen durch die anderen Medien vermitteln. So kann man z. B. die geringe Höhe oder Größe statt durch ein Wort durch eine Geste bezeichnen, die erwartete Schnelligkeit des Vollzugs der Operationen durch einige taktartige Handbewegungen zum Ausdruck bringen und statt der verbalen Fassung der Adressatenvariablen sich einer hinweisenden Geste bedienen.

Schließlich kann man die nichtsprachlichen Medien sogar zur Abänderung der sprachlich vermittelten Information einsetzen. Dies tritt beispielsweise auf, wenn man den Umfang einer Verfahrenskategorie durch eine Handbewegung als weniger umfangreich anzeigt. Allerdings scheinen solche Fälle aufgrund der geringen Präzision der nichtsprachlichen Ausdrucksmittel verhältnismäßig selten zu sein.

Was die nichtverbale Instruktion für die Steuerung von Operationen leisten kann, ergibt sich aus der Art und dem Maß an Informationen, das sie vermitteln kann. Bei ihrem ausschließlichen Gebrauch eignet sie sich wohl nur für die Auslösung von Operationen an einem sinnlich präsenten Gegenstand und zur Nachahmung dargestellter körperlicher Handlungen. Begleitend können Beziehungen, Größen, Bewegungen zum Ausdruck gebracht werden, soweit sie sich in einfachen räumlichen Verhältnissen abbilden lassen. Durch den Gesichtsausdruck können emotionale Qualitäten (Gefühle, Werte) gespiegelt werden. Auf diese Weise kann jedoch meist nur ein Bruchteil der für die jeweilige Operation erforderlichen Information vermittelt werden. Demnach ist auch ihre *operative Funktion* sehr begrenzt.

Dagegen sind die nichtsprachlichen Ausdrucksmittel besonders wichtig als *Anreiz für die Motivation* des Lernenden. Werden sie nicht nur begleitend, sondern *selbständig* gebraucht und sind sie für den Lernenden eindeutig zu identifizieren, dann können sie sich in mehrfacher Hinsicht auf den Lernenden anregend auswirken. Man denke etwa an die schnelle Verständigung durch einen Blick anstelle der Instruktion: „Du mußt jetzt endlich mit der Arbeit anfangen!“, an den Hinweis auf eine Stelle des vom Lernenden niedergeschriebenen Textes anstelle der Instruktion: „Überprüfe die Richtigkeit dieses Wortes!“ oder einen Ausdruck des interessierten und gespannten Wartens anstelle der Instruktion: „Begründe doch bitte deine Entscheidung!“. Sie können für den Lernenden ein motivationaler Anreiz sein, weil sie eine Abwechslung gegenüber dem sprachlichen Ausdruck darstellen, weil sie ihm gegenüber knapper sind, weil sie direkter die Verständigung ermöglichen und weil sie eine nicht so förmliche Art der Verständigung darstellen, die im ungezwungenen außerschulischen Umgang sehr häufig auftritt.

Treten sie *begleitend* auf, dann können sie die motivationalen Anreize einer sprachlich kodierten Instruktion verstärken, ergänzen und verändern. Mit den nichtsprachlichen Ausdrucksmitteln kann man die Bedeutung eines Gegenstandes oder Verfahrens, den geringen oder besonderen Schwierigkeitsgrad der abgegrenzten Teilmenge von Operationen, das eigene Interesse an diesen Operationen und ihren Ergebnissen und/oder die Adressatenvariable besonders hervorheben. – Ergänzend zu den sprachlich kodierten Informationen kann der Lehrende durch Mimik, Gestik, Körperhaltung und -bewegung eine sachliche Einstellung zu der gestellten Aufgabe, gespannte Erwartung der Lösung, Aufmunterung, Beruhigung und vieles andere mehr zum Ausdruck bringen, was auf die Motivation des Lernenden als Anreiz wirken kann. – Die verändernde Wirkung gegenüber den motivationalen Anreizen der sprachlich kodierten Instruktion ist beträchtlich. Dies ist darauf zurückzuführen, daß alle motivationalen Anreize, nicht nur diejenigen der Instruktion, Motive aktualisieren, die einen einzigen Motivzusammenhang bilden, der die Größe der ausgelösten Antriebsenergie bestimmt. Wenn z. B. von den sprachlich kodierten Informationen kein Sachinteresse aktualisiert wird und auch der Schwierigkeitsgrad dem Lernenden zu hoch erscheint, weshalb er von der Identifikation mit dieser Anweisung abgehalten wird, so kann die nichtsprachlich zum Ausdruck gebrachte freundliche, ermutigende oder die Wichtigkeit der Instruktion herunterspielende Haltung des Lehrenden ihn vielleicht doch noch dazu bewegen. So können die durch diese Medien zum Ausdruck kommenden Anreize die negativen Anreize der Instruktion – Lewin nennt sie den negativen Aufforderungscharakter der Aufgabe – kompensieren. Dies ist besonders wichtig bei schwierigen und viel Selbständigkeit fordernden Instruktionen, bei denen die Schwelle vor einer Identifikation mit ihnen besonders hoch ist. Eine die Motivation verstärkende Minderung des durch die verbale Instruktion bedingten Bewußtseins des Schwierigkeitsgrades wird jedoch nicht nur durch solche personalen Ausdrucksmomente erzielt, sondern auch einfach dadurch, daß die Information zusätzlich durch diese Medien vermittelt wird.

Wenn man von dem begleitenden nichtsprachlichen Ausdruck spricht, wird man berücksichtigen müssen, daß schon in der mündlichen Vermittlung durch die Stimme Qualitäten vermittelt werden können, die nicht semantisch oder syntaktisch kodiert sind. Die Lautstärke, der Tonfall, der Sprechrhythmus können viele Momente vermitteln, die mit der semantisch und syntaktisch kodierten Information nichts zu tun haben. Der strenge, freundliche, sachliche, begeisternde, beruhigende Ton z. B., wirkt daher mit dem mimischen, gestischen und gesamtkörperlichen Ausdruck in vielen Fällen zusammen.

Damit dürfte vollends klar sein, daß der Lehrende sich schauspielerischer Mittel bedient, wenn er für die Vermittlung von Instruktionen auch nichtsprachliche Ausdrucksmedien einsetzt. Ihr zweckmäßiger Gebrauch ergibt sich zu einem großen Teil schon aus den außerschulischen Formen einer lebendigen Kommunikation mit anderen. Der einzelne Lehrer kann zusätzlich eine persönliche Geschicklichkeit für ihren Gebrauch bei der Instruierung der Lernenden entwickeln. Faßt man in den Blick, daß man sich auch hier wieder die optimale Funktion dieser Mittel zum Ziel setzen kann, dann lassen sich für ihre informative und motivationale Leistung einige Maximen formulieren.

1. Der Lehrende muß die von ihm eingesetzten nichtsprachlichen Ausdrucksmittel soweit wie möglich stets im gleichen Sinne gebrauchen.

2. Dem alleinigen Gebrauch nichtsprachlicher Ausdrucksmittel darf nicht mehr zugemutet werden als er leisten kann:
   a) Was sich knapper und klarer sprachlich vermitteln läßt, sollte nicht mit großem Umstand nichtsprachlich vermittelt werden.
   b) Die motivationalen Anreize der nichtsprachlichen Medien sollten stärker beachtet werden als ihre begrenzte Informationskapazität.
3. Begleitende nichtsprachliche Vermittlung darf die sprachliche Vermittlung nicht durch extensiven Gebrauch beeinträchtigen, sondern muß sie unterstützen.

III. Kapitel: Die Beeinflussung von Lernprozessen durch Materialfaktoren der Unterrichtsgegenstände

Von den externen Lernbedingungen haben wir bis jetzt diejenigen beachtet, die dem Schüler durch verbale und nichtverbale Instruktionen vorgegeben werden. Da wir davon ausgehen, daß die gesamte äußere Situation des Schülers für sein Lernen relevant ist und zum Teil durch den Lehrenden zum Zwecke der Steuerung von Lernprozessen geschaffen oder arrangiert werden kann, müssen wir nach weiteren Komplexen von externen Bedingungen Ausschau halten. Einen solchen Bedingungskomplex stellen die Unterrichtsgegenstände dar.

Über die Wahl des jeweiligen Unterrichtsgegenstandes muß in der letzten Instanz durch den Lehrenden entschieden werden. Der Unterrichtsgegenstand bildet einen Teil der gegenständlichen Umwelt des Lernenden im Unterricht. Die übrige gegenständliche Umwelt, wie der Raum und die Gesamtheit der jeweils im Wahrnehmungshorizont des Lernenden liegenden Gegenstände, kann vom Lehrenden auch noch in gewissen Grenzen beeinflußt werden, ist aber meist schon vorhanden. Die Wahl des Unterrichtsgegenstandes ist primär abhängig davon, was der Schüler lernen soll, d. h. von den Zielen des Unterrichts. Da man sich bei einer solchen Zielsetzung bestimmte Handlungen des Lernenden zum Ziele setzt und zu jeder Zielhandlung dieser Art *etwas* gehört, *das* reproduziert, errechnet, durch Problemlösungsverfahren gefunden oder in Gestalt einer manuellen Fertigkeit vollzogen werden soll etc. (Gegenstands- oder Inhaltsbestimmung der Zielhandlung),[1] wird durch sie in ganz bestimmten Grenzen schon festgelegt, was Gegenstand des Unterrichts werden kann: Gegenstand des Unterrichts kann nur etwas werden, das Merkmale enthält, die auch im Gegenstand der Zielhandlung auftreten. Sollen Kenntnisse über einen einzelnen Gegenstand erzielt werden (eine historische Situation, einen bestimmten Text, ein bestimmtes Bild), dann muß dieser einzelne Gegenstand auch selbst oder in Gestalt eines Repräsentanten Unterrichtsgegenstand werden. Soll dagegen ein Begriff mit klassenbildenden Bestimmungen gelernt werden, dann können alle Gegenstände, die die entsprechenden Merkmale besitzen, Unterrichtsgegenstände werden. Merkmale dieser Art bezeichnen wir als kritische Merkmale des Unterrichtsgegenstandes. Sie sind entweder Merkmale eines einzelnen Gegenstandes oder einer mehr oder minder großen Klasse von Gegenständen, die in der Zielhandlung wieder auftreten müssen (die im Umgang mit einer Vielzahl von Gegenständen gewonnene Einstellung, *Gegenstandsqualitäten* sachgemäß zu erfassen; die an vielen Texten gewonnene Fähigkeit, eine *graphische Objektivation von Texten* mit der Schreibmaschine vornehmen zu können etc.). Über die kritischen Merkmale der Unterrichtsgegenstände wird demnach zugleich mit der Wahl der Zielhandlung entschieden.[2]

Diese Wahl machen wir uns jedoch nicht zum Thema, sonst müßten wir die ganze Problematik der vom Lernenden in bestimmten Gegenstandsbereichen zu erzielenden Lernresultate erörtern. Es geht uns auch nicht um die Qualitäten, die zum Gegenstand zufälliger, d. h. vom Lehrenden nicht angestrebter, Lernprozesse werden können. Wir bezeichnen sie gegenüber den für das angestrebte Ziel notwendigen Merkmalen als die unkritischen Merkmale des Unterrichtsgegenstandes. Stattdessen befassen wir uns mit dem Einfluß, den der Unterrichtsgegenstand zusätzlich zu den bereits gewählten kritischen und den nicht gewählten unkritischen Merkmalen auf den Lernprozeß ausübt. Im Hinblick auf den Unterrichtsgegenstand lautet dann die Frage: Wie kann der Ablauf von Lernprozessen noch durch die für das jeweilige Lernresultat nicht notwendigen Qualitäten des Unterrichtsgegenstandes beeinflußt werden? Qualitäten dieser Art nennen wir Materialfaktoren der kritischen und der unkritischen Merkmale des Unterrichtsgegenstandes. Der Unterrichtsgegenstand wird demnach nur auf solche Merkmale hin betrachtet, die für das jeweilige Lernresultat selbst nicht erforderlich sind, wohl aber den Verlauf der zu ihm führenden Lernprozesse beeinflussen, indem sie dessen Vollzug entweder begünstigen oder erschweren. Die Wahl eines Unterrichtsgegenstandes muß man deshalb nicht nur von dem angestrebten Ziel und den möglichen Nebenwirkungen, sondern auch von seinen zusätzlichen Funktionen für die Ermöglichung des faktischen Vollzugs der Lernprozesse abhängig machen. Dies ist ein zweiter Entscheidungsbereich für die Wahl eines Unterrichtsgegenstandes. Es handelt sich hier um eine methodische Entscheidung. Auf die Art dieser Entscheidung kommen wir zurück, wenn wir die einzelnen Materialfaktoren und ihre Funktionen analysiert haben.

Alle Merkmale eines Gegenstandes können für den Lernenden in dem Augenblick zu externen Bedingungen werden, in dem der Lernende sich ihm zuwendet. Die Zuwendung des Lernenden kann dadurch erreicht werden, daß lediglich ein konkreter Gegenstand oder ein sinnlich wahrnehmbarer Repräsentant eines Gegenstandes in seinen Wahrnehmungshorizont gebracht wird. Der Lehrende kann aber auch durch eine Instruktion auf den bereits vorliegenden bzw. gleichzeitig vorgegebenen konkreten Gegenstand oder auf den Repräsentanten eines Gegenstandes verweisen. Im zweiten Falle werden Merkmale eines Gegenstandes nicht allein durch seine Vorgabe wirksam, sondern erst, wenn der Gegenstand durch eine Instruktion von seiner Umgebung abgehoben wird. Schließlich kann man nur durch Instruktion die bewußtseinsmäßige Präsenz eines vorgestellten oder gedachten Gegenstandes erreichen. Es lassen sich demnach drei Formen der Vorgabe unterscheiden: die unmittelbare durch Hinstellen, Aufbauen, Vormachen, Vorlesen etc., die unmittelbare zugleich mit einer bloß hinweisenden Geste oder expliziten Instruktion und die mittelbare Vorgabe nur durch eine Instruktion.

1. Die von den Materialfaktoren der unkritischen Merkmale des Unterrichtsgegenstandes ausgeübten Funktionen

Jeder Gegenstand besitzt außer den für einen bestimmten Lernprozeß erforderlichen Merkmalen auch Merkmale, die für diesen Lernprozeß nicht erforderlich sind. Die für den angestrebten Lernprozeß notwendigen Merkmale haben wir als kritische, die anderen als unkritische Merkmale des Unterrichtsgegenstandes bezeichnet. Wir befassen uns jetzt zuerst mit einigen Qualitäten, die wir als Materialfaktoren der unkritischen Merkmale des Unterrichtsgegenstandes bezeichnen.[3]

Ein Gegenstand wird erst dann zum Unterrichtsgegenstand, wenn der Lernende von dessen Umgebung absieht und sich allein auf ihn konzentriert. Dies ist eine erste Abstraktionsleistung, die wir im nächsten Kapitel erörtern müssen, wenn es um die Funktionen der weiteren äußeren Situation für den Lernprozeß geht. Sobald ein wahrgenommener oder vorgestellter Gegenstand Unterrichtsgegenstand geworden ist, muß der Lernende eine zweite Abstraktionsleistung innerhalb dieses Gegenstandes vollziehen, weil nie dessen ganze Merkmalsfülle zugleich beachtet werden kann, selbst wenn man das Ziel hätte, daß der Lernende die ganze individuelle Merkmalsfülle eines wahrgenommenen oder vorgestellten konkreten Gegenstandes aufnehmen soll. Der Lernende muß deshalb zwischen den jeweils kritischen und den übrigen, den unkritischen Merkmalen in ihm, unterscheiden. Ob diese Abstraktions- oder Diskriminationsleistung leichter oder schwerer vollzogen werden kann, hängt davon ab, von welcher *Art* die unkritischen Merkmale sind, welchen *Umfang* sie haben und in welcher *Beziehung* sie *zu den kritischen Merkmalen* stehen. Mit diesen Faktoren des Materials von Unterrichtsgegenständen haben wir es jetzt zu tun.

Gehen wir von drei Beispielen aus, in denen einfache sinnlich wahrnehmbare Gegenstände oder sinnlich wahrnehmbare Repräsentanten Gegenstand der Zuwendung sind.

Im ersten Beispiel handelt es sich um das Wiedererkennen des Buchstabens H in den folgenden zwei Figuren:

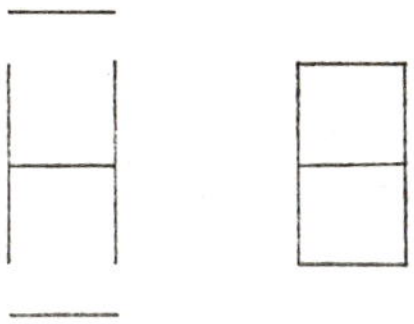

Im ersten Falle macht dies keine Schwierigkeit, im zweiten aber erhebliche, falls überhaupt in dieser Figur ein H entdeckt wird.

In beiden Fällen sind zu den kritischen Merkmalen andere Merkmale hinzugekommen. Die Art der unkritischen Merkmale ist in den beiden Fällen nicht unterschiedlich, und auch im Umfang unterscheiden sie sich nicht. Dagegen ist ihre Beziehung zu den kritischen Merkmalen sehr unterschiedlich. Und diese Beziehung entscheidet darüber, ob die kritischen Merkmale leichter oder schwerer von den unkritischen unterschieden werden können.[4]

Im zweiten Beispiel soll der Lernende eine anschauliche Repräsentation für den Begriff „Innerer Wechselwinkel“ erfassen. Dafür können ihm die folgenden beiden Figuren vorgegeben werden:

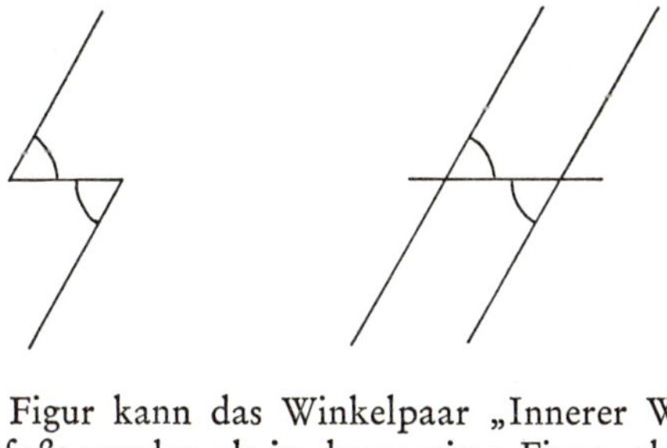

In der ersten Figur kann das Winkelpaar „Innerer Wechselwinkel“ viel leichter erfaßt werden als in der zweiten Figur, obwohl es in ihr in der gleichen Art auftritt. Hierfür ist jedoch nicht die Beziehung der unkritischen Merkmale zu den kritischen, sondern das Hinzutreten von drei Winkelpaaren, die als (eine richtige und zwei falsche) Alternativen angesehen werden können, primär verantwortlich. Ihnen gegenüber ist die Verlängerung der drei Geraden, die auch an der ersten Figur beteiligt sind, unerheblich. Wir hätten damit ein Beispiel dafür, daß in erster Linie die Art der hinzutretenden unkritischen Merkmale die Aufnahme der kritischen erheblich negativ beeinflussen kann.[5] Für die Begriffsbildung wird man allerdings zur zweiten Figur übergehen müssen, weil in ihr der Begriff „Innerer Wechselwinkel" von den Begriffsinhalten „Scheitelwinkel" und „Stufenwinkel" unterschieden werden kann.

Drittes Beispiel: Die Lernenden sollen das unterschiedliche Artgewicht verschiedener Stoffe erfassen. Hierzu werden zwei Gruppen von Vpn drei Materialien in gleichgroßen Würfeln gegeben, die sie nur auf Gleichheit und Unterschiedlichkeit hin vergleichen sollen:

1. Gruppe: Weißes Schaumgummi, weißer Kalksandstein und Aluminium
2. Gruppe: Mit bunten Figuren bemaltes Schaumgummi, ein mit Ritzungen reich schraffierter Kalksandstein und ein hochglänzend goldeloxierter, vielfach schillernder Aluminiumwürfel.

Hier kann nur als noch nicht überprüfte Hypothese formuliert werden: Die kritischen Merkmale der Gleichheit des Volumens und der Ungleichheit des Gewichts können im ersten Fall leichter erfaßt werden als im zweiten. Im zweiten Fall sind zahlreiche optisch sehr stark wirksame unkritische Merkmale hinzugekommen. Deshalb werden vor allem die Fülle, aber auch die Art der zusätzlichen Merkmale die Auffassung der kritischen Merkmale erschweren.[6]

Im Hinblick auf Unterrichtsgegenstände ist gegenüber diesen Beispielen folgendes zu beachten:
Bei vielen Unterrichtsgegenständen werden die Momente der Art und des Umfangs der unkritischen Momente sowie ihre Beziehung zu den kritischen in weit stärkerem Maße zugleich wirksam werden. Außerdem ist es wahrscheinlich, daß nicht nur bei Wahrnehmungsobjekten eine Beeinträchtigung der Aufnahme kritischer Merkmale durch die im jeweiligen Gegenstand auch noch enthaltene Art von unkritischen Merkmalen, ihren Umfang und ihre Beziehung zu den kritischen auftreten kann, sondern auch bei vorgestellten und vielleicht sogar bei manchen gedachten. Beispiele für die gleichzeitige, aber unterschiedlich starke Wirkung der drei Momente sind: Die Identifikation eines Grenzverlaufs auf einer topographischen, einer politischen oder einer Autokarte, die Beobachtung von Naturphänomenen im isolierenden physikalischen Experiment oder in einem komplexen Naturgeschehen, die Erfassung der definierenden Momente eines Begriffs in einem Lexikonartikel oder in dem Primärtext des betreffenden Autors, die Beobachtung eines Magnetfeldes mit Hilfe der auf einem Papier

geordneten Eisenfeilspäne oder mit Hilfe eines Overhead-Projektors, der auch alle Verunreinigungen fast gleichgroß wie die Linien der Eisenfeilspäne abbildet.

Es genügt deshalb nicht, den in der Wahrnehmungspsychologie seit der Gestaltpsychologie üblichen Terminus der leichteren oder schwierigeren wahrnehmungsmäßigen Umstrukturierung für die Möglichkeit der Entdeckung der kritischen Merkmale in einem Gegenstand zu gebrauchen.[7] Das Problem ist umfassender und differenzierter. Deshalb ziehen wir es vor, hier zunächst einmal von der Erleichterung oder Erschwerung einer Erfassung der kritischen Merkmale durch Materialfaktoren der unkritischen zu sprechen.

Die unkritischen Merkmale des Unterrichtsgegenstandes sind objektiv erfaßbar, wenn man weiß, was an ihm gelernt werden soll und daher zu den kritischen Merkmalen gehört. Wenn der Lernende von sich aus (autonom) ein Interesse an unkritischen Merkmalen hat, können sie dieselben Funktionen für ihn haben wie die kritischen (operationale, motivationale, normative). Die Funktionen der an den unkritischen Merkmalen unterschiedenen Materialfaktoren für den Lernprozeß sind ebenfalls sicher zu erfassen. Sie haben keine informative Funktion, weil sie vom Lernenden nicht wie eine Mitteilung aufgefaßt werden sollen. Sie können in diesem Zusammenhang auch keine operative Funktion haben, weil durch die unkritischen Merkmale ja gerade keine Operationen der Lernenden ausgelöst werden sollen. Deshalb haben sie auch keine normative Funktion bei der Steuerung der angestrebten Lernprozesse. Da sie aber auf das Erkennen der kritischen Merkmale eines Gegenstandes einen Einfluß ausüben, besitzen sie eine *kognitive Funktion.* Von ihnen kann es abhängen, ob kognitive Operationen überhaupt zustandekommen, und hängt im positiven Fall der Schwierigkeitsgrad dieser Operationen mit ab. Dieser Einfluß auf den Schwierigkeitsgrad kann sich außerdem *motivational* auswirken, wenn das Bewußtsein von der größeren oder geringeren Schwierigkeit einer Erfassung der kritischen Merkmale die weiteren hierfür erforderlichen Operationen motiviert. Bei kritischen Merkmalen, die vom Lernenden auf Anhieb erfaßt werden, wirkt sich dieser Faktor zumindest auf das positive oder negative Erfolgserlebnis aus, das weiteren gleichartigen kognitiven Operationen zugute kommt bzw. ihren Vollzug beeinträchtigt. Außerdem können von der Art der unkritischen Merkmale motivationale Funktionen ausgeübt werden, die sich störend oder erleichternd auf die Erfassung der kritischen Merkmale auswirken.

Da sich die Art, der Umfang und die Beziehungen der unkritischen Merkmale zu den kritischen erleichternd oder erschwerend auswirken können und es zusätzlich zu der jeweiligen objektiven Belegung dieser Variablen vom einzelnen Lernenden abhängt, von welchem Grad an sie erleichternd oder erschwerend wirken, kann der Lehrende bei der Wahl von Unterrichtsgegenständen nur die Tendenz der Erleichterung oder Erschwerung berücksichtigen, nicht aber ihren Grad absolut festlegen. Einer genauen Festlegung des absoluten Grades der Erleichterung oder Erschwerung steht außerdem entgegen, daß sich die unkritischen Merkmale komplexer Gegenstände nur in engen Grenzen und mit großer Mühe reduzieren lassen.

Sehen wir uns jetzt zunächst an, welche Möglichkeiten der Veränderung dieser Faktoren zum Zwecke der Erleichterung oder umgekehrt zum Zwecke der Erschwerung von kognitiven Operationen dem Lehrenden zur Verfügung stehen. Erleichterung und Erschwerung fungieren hierbei als Ziele, die die Wahl dieser Mittel bestimmen.

1. Der Lehrer kann zur Erleichterung die kritischen Merkmale eines komplexen Gegenstandes durch eine Markierung hervorheben oder dies für die Erschwerung der kognitiven Operationen unterlassen (als Markierungen kommen in Betracht: mündliche Hervorhebungen, unterstreichen, umranden, die kritischen Momente selbst färben u. a. m.).
2. Der Lehrende kann bei individuellen Gegenständen oder beim Exemplar einer Klasse von visuell wahrnehmbaren Gegenständen unkritische Merkmale abdecken oder durch Instruktion ausschließen bzw. dies unterlassen.
3. Der Lehrende kann bei einer anschaulichen Repräsentation des Gegenstandes durch graphische Darstellung, Modell, Experiment etc. die Fülle der unkritischen Merkmale des repräsentierten Gegenstandes soweit wie möglich reduzieren oder aber den ursprünglichen Gegenstand mit der nicht reduzierten Vielzahl seiner unkritischen Merkmale präsentieren.
4. Der Lehrende kann Gegenstände mit möglichst wenigen unkritischen Merkmalen auswählen, wenn er es mit einer Klasse von Gegenständen zu tun hat, oder umgekehrt verfahren.
5. Der Lehrende kann aus einer Gegenstandsklasse Exemplare mit unkritischen Merkmalen aussuchen, die sich der Art nach möglichst stark oder möglichst wenig von den kritischen unterscheiden.
6. Der Lehrende kann aus einer Klasse von Gegenständen diejenigen auswählen, in denen die unkritischen Merkmale sich möglichst deutlich von den kritischen abheben, d. h. keine engen Beziehungen eingehen, oder aber mit diesen besonders eng verbunden sind.
7. Der Lehrende kann solche Gegenstände auswählen, in denen die unkritischen Merkmale möglichst wenig Interesse auf sich ziehen

oder aber für die Lernenden wahrscheinlich zunächst sehr attraktiv sind.

In diesen Möglichkeiten besitzt der Lehrende wichtige Instrumente für die Regulierung des Schwierigkeitsgrades der von ihm beim Lernenden angestrebten Operationen.

Die Möglichkeiten der Akzentuierung (1. und 2.) des kritischen Aspektes kann er wählen, um die Konzentration auf ihn zu erleichtern. Sobald man dem Lernenden aber eben diese Konzentration ohne Hilfe zumuten will, weil bei der Erfassung von Gegenständen außerhalb des Unterrichts diese Hilfe fehlt, verzichtet man auf die Akzentuierung. Die Erleichterung durch Akzentuieren empfiehlt sich immer, wenn ein Gegenstand sehr merkmalsreich ist und die unkritischen Merkmale nicht schon bei der Auswahl des Gegenstandes reduziert werden können, was z. B. bei schriftsprachlichen Texten, Karten, Tabellen, Formeln, chemischen Stoffen der Fall ist. Sie empfiehlt sich auch, wenn der Lernende mit einem neuen Teil oder Aspekt des Gegenstandes bekannt gemacht werden soll. Ist ihm ein bestimmter Teil oder Aspekt eines Gegenstandes dagegen bereits bekannt und läßt er sich deutlich von den unkritischen Momenten unterscheiden, dann erübrigt sich eine Markierung.

Der Lehrende hat die Möglichkeit, durch die Wahl von Repräsentanten (3.) die Materialfaktoren der unkritischen Merkmale zu modifizieren. Ist der zugrundeliegende Gegenstand ein Konkretum, dann leistet die Repräsentation immer eine Reduktion von Merkmalen: das Bild reduziert das Konkretum auf zwei Dimensionen, das Modell kann von vielen Details abstrahieren, das Experiment reduziert das komplexe konkrete Naturphänomen, die graphische Abbildung reduziert auf Linien, die Landkarte reduziert auf dic durch Zeichen erfaßten Merkmale.

Die Merkmalsfülle einer bestimmten Landschaft, eines Menschen, des Organs eines Lebewesens, des Verlaufs einer Völkerwanderung etc. wird durch Repräsentanten in einem sehr hohen Maße eingeschränkt. Dieses Mittel der Reduktion kann man auch einsetzen, wenn der originäre Gegenstand sehr komplex ist, und nicht nur, um einen nicht unmittelbar vorführbaren Gegenstand zu repräsentieren. Der Lernende wird dann von den unkritischen Merkmalen weniger abgelenkt. Dies ist wiederum besonders wichtig, wenn er erst in einen bestimmten Gegenstandsbereich eingeführt werden soll. Eben dieser Vorteil ist jedoch dann ein Nachteil, wenn die kritischen Momente am konkreten Gegenstand selbst und nicht nur an seinem Repräsentanten erkannt werden sollen. Ihm gegenüber ist der Repräsentant nur eine dürre Abstraktion, weshalb seine Kenntnis noch keineswegs zur sicheren Identifikation des jeweiligen Phänomens am ursprünglichen Gegenstand befähigt. Wenn man das Bild oder Schema eines Pilzes, eines quergestreiften Muskels, einer gotischen Hallenkirche, einer Schleuse etc. noch so gut studiert hat, versteht sich ihre Identifikation an einem konkreten Objekt noch keinesfalls. Soll der Lernende dazu in der Lage sein, muß man auf die Erleichterung durch einen Repräsentanten verzichten und den Lernenden mit einem originären Gegenstand konfrontieren, falls dies möglich ist.[8]

Der Lehrende kann unter den originären Gegenständen selbst im Hinblick auf die erleichternden oder erschwerenden Momente der unkritischen Merkmale eine Auswahl treffen (4. und 5.), wenn das Unterrichtsziel nicht die Kenntnis eines singulären Gegenstandes vorschreibt, wie z. B. Brechts „Galilei" oder das Gaswerk der Stadt Düsseldorf. Sobald nämlich für ein und dasselbe Unterrichtsziel, z. B. in Gestalt eines Begriffs oder einer methodischen Fähigkeit, eine ganze Klasse von Gegenständen in Betracht kommt, kann der Lehrende unter ihnen auch nach methodischen Gesichtspunkten auswählen. Der Lehrende kann nach Gegenständen suchen, in denen die unkritischen Merkmale mit den kritischen möglichst unähnlich sind, z. B. einen poetischen Text mit Metaphern, aber ohne Bilder. Man kann Gegenstände mit möglichst wenig überflüssigem Beiwerk wählen, z. B. einen philosophischen Text ohne die Auseinandersetzung mit anderen Autoren oder eine Landschaft, die nicht durch Eingriffe des Menschen verändert ist.

Hierzu kommt die Suche nach solchen Gegenständen, in denen die kritischen Merkmale mit den unkritischen keine engen Verbindungen eingegangen sind (6.). Für den Stil der Spätgotik wird man unter diesem Gesichtspunkt nicht gerade ein im Barock stark verändertes Gebäude nehmen, für bestimmte Wörter der englischen Sprache nicht gerade einen Text mit einer schottischen Mundart, für ein Krankheitssymptom nicht gerade einen Fall, in dem die Erscheinungen von den Symptomen einer anderen Erkrankung überdeckt sind. Umgekehrt beweist sich auch hier die Kennerschaft erst dann, wenn man die kritischen Merkmale auch bei einer sehr engen Verbindung mit unkritischen noch erkennen kann.

Schließlich wird der Lehrende (7.) bei der Wahl von Unterrichtsgegenständen besonders darauf achten müssen, ob die unkritischen Merkmale in irgendeiner Weise das besondere Interesse der Lernenden auf sich ziehen können. Wenn die unkritischen Merkmale weitgehend reduziert sind, kann der Gegenstand auch nur in einem geringeren Maße solche Merkmale besitzen. Deshalb sind Modelle, graphische Schemata und isolierte Naturphänomene für viele Schüler auch so uninteressant. Aus diesem Grunde wird man das Auftreten interessanter unkritischer Merkmale keinesfalls in jedem Fall zu vermeiden suchen. Man kann Gegenstände mit anziehenden unkritischen Merkmalen dazu verwenden, das Interesse des Lernenden zu wecken, um es anschließend auf die kritischen umzulenken. Wenn Lernmaterial farbenprächtig ist, ohne daß die Farbe selbst als kritisches Merkmal oder als dessen Markierung fungiert, weil sie z. B. zur Bildung der Klasse „blaue Stäbchen" benötigt wird, bedient man sich dieses Mittels. Der lustige Inhalt von grammatischen Beispielsätzen, ein aktuelles Ereignis für die Einführung einer neuen mathematischen Operation, eine heftige politische Diskussion für die Reflexion auf eine Form der Kommunikation sind weitere Beispiele hierfür. Andererseits kann man auf diesen motivationalen Anreiz auch verzichten, wenn die Motivation für die Auffassung der kritischen Momente schon hinreichend groß ist, weil z. B. schon ein spezifisches Sachinteresse für sie ausgebildet ist.

Was der Lehrende von diesen Möglichkeiten berücksichtigt, sollte er demnach von dem jeweiligen Stand eines bestimmten Lernvorgangs und dem nächsten Etappenziel in ihm abhängig machen. Wenn er im Hinblick auf ein solches Teilziel den Lernprozeß erleichtern oder erschweren will, dann stehen ihm schon bei den unkritischen Merkmalen verschiedene Möglichkeiten zur Verfügung. Sie sind im Hinblick auf ihre Funktion äquivalent. Deshalb können die soeben erörterten Handlungsanweisungen (didaktische Maximen) in diesem Sektor auch nicht den Modus des Imperativs, sondern nur den Möglichkeitsmodus besitzen.

2. Die Funktionen von Materialfaktoren der kritischen Merkmale von Unterrichtsgegenständen

Weitere Materialfaktoren für die Erleichterung oder Erschwerung der angestrebten Lernprozesse lassen sich in der Gegebenheitsweise der kritischen Gegenstandsmerkmale unterscheiden. Hierzu gehören: die Art und Zahl der für die Identifizierung eines Gegenstandes verwendbaren Merkmale, ihre wahrnehmbare oder bloß vorstellungsmäßige Gegebenheit, die Vollständigkeit und der Grad aller kritischen Merkmale in einem Gegenstand (Prägnanz) sowie die Vollständigkeit ihrer Gegebenheit in einem Repräsentanten (Isomorphie).

Aebli hat einen Versuch Piagets, in dem Kinder dazu gebracht werden sollen, sich in eine andere Perspektive zu versetzen, in abgewandelter Form wiederholt. Beide verwenden für diesen Versuch ein

Bergrelief, d. h. ein Modell von drei Bergen, die auf ein quadratisches Brett aufgesetzt sind. Die Vp soll deren Stellung zueinander von den drei Seiten her bestimmen, die ihr nicht zugewandt sind. Hierzu wird auf den jeweiligen Standpunkt die Figur eines Photographen gesetzt. Die Vp wird dann aufgefordert, aus drei Serien von Bildern jeweils dasjenige herauszusuchen, das vom Standpunkt des Photographen aus zu sehen ist.

Piaget kam bei seinem Versuch zu dem Ergebnis, daß das Kind bis zum Alter von 7½ Jahren egozentrisch reagiere. Seine Vpn waren der Auffassung, daß der Betrachter von jeder Seite aus die Berge so sehe, wie sie selbst sie von ihrem Standort aus sahen. Sie waren der Ansicht, daß es nur ein Bild der Berge gebe, „wie sie wirklich sind" und wie sie selbst sie sähen. Erst im Alter von etwa 8 Jahren fanden die Vpn Piagets nach zwei Zwischenstufen die korrekten Lösungen, die eine Dezentralisierung des Standpunktes voraussetzten. Sie stellten sich jetzt die jeweilige Bildebene richtig vor und bestimmten die Beziehungen ‚links-rechts', ‚zwischen' und ‚vorne-hinten' in ihrer Abhängigkeit von der Position des Betrachters.

Aebli hat diesen Versuch abgewandelt, indem er in einer ersten Versuchsphase den Vpn nur Bilder mit den Konturen der Berge vorlegte (hoch und spitz, mittelhoch und rundlich, flach). Wenn hierbei noch Fehler gemacht wurden, legte er ihnen eine Serie vor, in der zusätzlich durch Schraffuren der höchste Berg als felsig, der mittelhohe als bewaldet und der niedrige als Wiesenberg gekennzeichnet war. Falls jetzt immer noch Fehler auftraten, legte er dem Kind eine dritte Serie von Bildern vor, in der zu der Form und Oberflächenbeschaffenheit noch die Farbe trat: grau mit weißer Schneekuppe beim höchsten Berg, rot beim bewaldeten und grün beim Wiesenberg.

Um den Wiederholungseffekt zu erfassen, ließ Aebli eine Kontrollgruppe dreimal mit dem Bildmaterial der ersten Versuchsphase arbeiten.

Aus der statistischen Verrechnung der Ergebnisse ergab sich: „daß die Fortschritte, welche die Verwendung des anschaulicheren Materials im zweiten Durchgang erzeugen, etwa doppelt so groß sind, wie wenn der zweite Durchgang eine reine Wiederholung des ersten darstellt (37 und 19 %). Die Verwendung des farbigen Bildmaterials erzeugt allerdings keinen höheren Fortschritt als die einfache dritte Darbietung des linearen Bildmaterials." [9] Er interpretierte dieses Ergebnis in der folgenden Weise: „In der Tat unterscheidet sich eine anschaulichere Gegebenheit von einer unanschaulicheren dadurch, daß mehr und einfachere Kennzeichen die Identifikation der Sache und ihrer Teile ermöglichen." [10]

Ohne daß wir den Versuch im einzelnen analysieren müßten, läßt sich aus ihm für unsere Überlegungen folgendes entnehmen: die für die Herstellung von Lagebeziehungen zu identifizierenden einzelnen Berge erhielten von der Form über die Zeichnung der Oberflächenbeschaffenheit bis zur Farbe zunehmend mehr unterscheidende Merkmale, und diese Merkmale waren außerdem von verschiedener Art. Für die Herstellung der Lagebeziehungen hätte *ein* unterscheidendes Merkmal genügt. Deshalb tritt mit einem weiteren Merkmal offensichtlich eine Erleichterung der Identifikation ein. Diese Erleichterung tritt außerdem aufgrund der Art des zweiten Merkmals ein, das den Bergen im Unterschied zu der bloßen Form durch die Oberflächenbeschaffenheit sehr stark den Charakter konkreter Dinge verleiht, obwohl die Bilder nur durch Schraffuren diese Oberflächenbeschaffenheit andeuten. Daß Merkmale, die einem Gegenstand den Charakter eines konkreten Dings verleihen, am leichtesten erfaßt werden, ist auch durch andere Versuche erwiesen. So wird z. B. an der Zeichnung eines Kranzes die ihn als Kranz ausweisende Schraffur leichter erfaßt als seine Kreisform.[11] Die Oberflächenbeschaffenheit ergab aus diesem Grunde eine so große Erleichterung, daß die Leistung durch die Zugabe des Farbunterschiedes nicht mehr gesteigert werden konnte. Der Versuch Aeblis erbrachte außerdem noch das wichtige Resultat, daß diese Erleichterung noch eintritt, wenn die Versuchspersonen nach Piaget schon längst zu einer sicheren Lösung dieser Aufgabe in der Lage sein müßten, denn die beiden Versuchsgruppen waren durchschnittlich 10,4 und 11,11 Jahre alt.[12]

Dieser Versuch ist für das Lernen im Unterricht erst dann von größerer Bedeutung, wenn sich seine Ergebnisse auf viele oder gar alle Unterrichtsgegenstände übertragen lassen. Dies kann vorläufig nur hypothetisch geschehen.

Die Identifizierung von Teilen oder Aspekten des Unterrichtsgegenstandes ist nicht nur für die Analyse von einzelnen Sachverhalten, sondern auch für die Erfassung von Beziehungen aller Art eine grundlegende Leistung. Ohne die Identifizierung ist die Erfassung von Einzelheiten nicht möglich, weil sich ein einzelner Sachverhalt nur durch das Bewußtsein bestimmter Merkmale von anderen Einzelheiten unterscheiden läßt. Und auch die Erfassung bestimmter Beziehungen ist ohne die Identifikation der miteinander zu verbindenden einzelnen Sachverhalte nicht möglich. Wie schwer lassen sich Figuren in fiktiven Texten unterscheiden, wenn man von ihnen noch nichts weiter als die Namen erfaßt hat, wie sie z. B. auf einem Theaterzettel aufgeführt sind! Der Reichtum an Beziehungen zwischen ihnen eröffnet sich um so mehr, je mehr man ihre Fähigkeiten, Motive, gesellschaftlichen Rollen, ihr Temperament und vieles andere an ihnen erfaßt hat, wobei jede dieser Eigenschaften sich wiederum an mehreren Qualitäten des Textes ablesen läßt. Wie schwer sind historische Namen auseinanderzuhalten, selbst dann noch, wenn man sie mit einem bestimmten historischen Ereignis verbindet, wenn man von ihnen nicht auch Eigenschaften kennt, die lebendigen Menschen zu eigen sind! Wie schwer lassen sich alle formalen Begriffe auseinanderhalten, weil sie durch wenige Merkmale bestimmt sind, die an konkreten Gegebenheiten zwar unmittelbar, aber nur durch einen ungewohnten Abstraktionsprozeß erfaßt werden können!

Wenn die Fähigkeit, Gegenstände oder Gegenstandsaspekte zu identifizieren, die sehr wenige und außerdem in der natürlichen Dingwahrnehmung kaum beachtete Merkmale haben (z. B. der Aspekt des Seins alles Seienden, die Begriffe einer sehr allgemeinen Zieldefinition und die Relation zwischen zwei Unbekannten x und y) auch zunehmend gelernt werden kann, so bleibt doch der Befund, daß die Identifikation solcher Gegenstandsaspekte durch zusätzliche und weniger fremde Merkmale erleichtert werden kann. Diese Erleichterung gilt keineswegs nur für eine bestimmte Entwicklungsphase, sondern tritt als relative Erleichterung in jeder Phase der geistigen Entwicklung eines Menschen auf. Sie wird allerdings um so größer sein, je weniger entwickelt ein Mensch ist. Obwohl wir solche Erleichterungen alle gut gebrauchen können und besonders Schüler mit einem niedrigen Entwicklungsstand sie dringend benötigen, erlaubt nicht jeder Gegenstandsaspekt eine beliebige Anreicherung mit solchen Merkmalen zum Zwecke der Identifizierung. Deshalb hat auch dieses Mittel nur einen begrenzten Wirkungsradius. Man kann z. B. beim Modell einer Pyramide die für die Berechnung des Umfangs der Grundfläche erforderlichen Kanten mit einem farbigen Strich, aber kaum mit allen Form- und Farbqualitäten einer Girlande versehen, wenn die vier Seiten der Grundfläche noch als Begrenzungslinien erkennbar sein sollen.

In der Gegebenheitsweise der kritischen Merkmale ist neben deren Art und Zahl auch variabel, ob sie im Unterricht wahrgenommen werden können oder bloß *vorstellungsmäßig* präsent gehalten werden müssen. Wenn man einen Menschen, eine Maschine, einen Naturprozeß unmittelbar vor Augen hat, kann man die erforderlichen Lernprozesse an ihm leichter vollziehen als an einer Vorstellung von diesen Unterrichtsgegenständen. Es ist zusätzlich erschwerend, wenn der Lernende den betreffenden Gegenstand noch nicht einmal früher originär wahrgenommen hat, so daß er sich an ihn nur zu erinnern braucht, sondern sich erst eine Vorstellung mit Hilfe der Einbildungskraft oder Phantasie aufbauen muß. Durch die Leistung, sich einen

Gegenstand allein vorstellungsmäßig präsent zu halten, wird anscheinend ein größerer Teil der dem Lernenden jeweils zur Verfügung stehenden geistigen Energie absorbiert als durch die unmittelbare Wahrnehmung.[13] Hierzu trägt wahrscheinlich auch bei, daß selbst bei der vorstellungsmäßigen Präsenz eines bereits originär wahrgenommenen Gegenstandes die Vorstellung so ungenau ist, daß sie je nach Erfordernis durch zusätzliche produktive Operationen ergänzt werden muß. Versucht man z. B., sich das Gesicht eines gut bekannten Menschen zu vergegenwärtigen, dann durchläuft man verschiedene Situationen und zieht vielleicht sogar die Erinnerung an Photographien heran, um aus all dem wieder die Züge des doch so oft gesehenen Gesichts sich wenigstens bis zu einem gewissen Grade zu verdeutlichen. Je länger man den Betreffenden nicht gesehen hat, um so schwerer fällt uns der Versuch der Rekonstruktion seines damaligen Aussehens. Im Unterricht wird jedenfalls vom Lernenden in einem sehr hohen Maße verlangt, sich den Gegenstand, an dem er etwas lernen soll, vorstellungsmäßig präsent zu halten, weil die meisten Gegenstände entweder sich nicht originär in der Unterrichtssituation vorgeben lassen oder sich prinzipiell einem unmittelbaren wahrnehmungsmäßigen Zugang entziehen, weil sie selbst zu klein oder zu groß für die menschliche Wahrnehmungsfähigkeit sind oder als zukünftige, mögliche, irreale, rein gedankliche Gegebenheiten gar nicht sinnlich wahrgenommen werden können.

Außer der sinnlichen oder vorstellungsmäßigen Gegebenheit ist noch die *Vollständigkeit* und *graduelle Ausprägung* von kritischen Merkmalen für den Vollzug der angestrebten Lernprozesse von Bedeutung. Soll z. B. der Typus „Englische Bergarbeitersiedlung", „Wahlrede" oder „Kubismus" erfaßt werden, dann können dafür zahlreiche Beispiele als Unterrichtsgegenstände gewählt werden. Eine Erleichterung des Zugangs zu einem bestimmten Typus kann dadurch erreicht werden, daß man ein Beispiel wählt, in dem das zum Thema gemachte Typische besonders ausgeprägt ist. Dies ist dann der Fall, wenn die Merkmale, die als Bestimmungen in den Typenbegriff aufgenommen worden sind, in dem Exempel möglichst vollständig und möglichst markant, d. h. intensiv, in großer Ausdehnung oder häufig auftreten (intensive und extensive Quantität). Welche Unterrichtsgegenstände man wählt, hängt deshalb nicht nur von der Definition des jeweiligen Typus, sondern auch davon ab, in welcher Weise die typischen Merkmale in einem einzelnen Gegenstand auftreten. Fälle mit einer Mischung der Merkmale verschiedener Typen oder mit einer stärker individuellen als typischen Ausprägung erschweren das erste Erfassen des Typus, weil in ihnen bereits bestimmte Merkmale des

Typus nicht mehr oder nur noch in ganz schwacher Form auftreten. Freilich wird in solchen Fällen die Auffassung auch noch durch das Verhältnis zwischen unkritischen und kritischen Merkmalen beeinträchtigt.

Ist dagegen ein bestimmter Typus bereits an einem oder mehreren Fällen erfaßt worden, dann sind gerade solche Unterrichtsgegenstände geeignet, in denen die typischen Merkmale nur noch wenig ausgeprägt auftreten. Jetzt kann der Lernende die typischen Merkmale unter ungünstigen materialen Bedingungen erfassen, wodurch sich die Sicherheit des Wiedererkennens erhöht. Da häufig diejenigen Fälle am interessantesten sind, in denen Merkmale aus verschiedenen Typen individuell zu einer ganz eigentümlichen Lösung technischer, sozialer, ästhetischer und anderer Probleme verarbeitet worden sind, ist der Lernende erst jetzt dazu in der Lage, solche Fälle zu analysieren, d. h. sachgerecht aufzufassen. Hier geht es dann nicht mehr nur um die korrekte Unterordnung eines Gegenstandes unter einen bestimmten Typus, sondern um die möglichst genaue Erfassung des Einzelfalles mit Hilfe mehrerer Typenbegriffe.

Typenbegriffe liegen überall vor, wo ein Begriff nicht exakt qualitativ und quantitativ definiert ist. Hierzu gehören besonders sehr merkmalsreiche Begriffe. Möglicherweise sind die meisten Begriffe in den Geisteswissenschaften von dieser Art. Man denke z. B. an die folgenden merkmalsreichen und kompliziert gebauten Begriffe: Metapher, Text, Gesetz, Idealismus, Revolution, Präsidialverfassung, Grammatik, Information.

Es kommt hinzu, daß im Unterricht auch die exakt quantitativ bestimmten Begriffe, wie sie z. B. in der Mathematik und in den Naturwissenschaften zu erreichen sind, oft zunächst in der Form von Typenbegriffen gelernt werden, weil ihre exakte Bestimmung erst allmählich erreicht werden kann. Auch die im außerschulischen Umgang gelernten Begriffe sind meist von dieser Art, weshalb sie als Ausgangsbegriffe für die Bildung von Fachbegriffen im Unterricht eine wichtige Rolle spielen. Aus solchen Begriffen ist schließlich unser ganzes Regelwissen zusammengesetzt, das man vom exakten Gesetzeswissen unterscheiden muß.

Eng verbunden mit dem Problem der Beziehung zwischen Einzelgegenstand und allgemeinem Typus ist das Problem des Verhältnisses zwischen einem Gegenstand und seinem *Repräsentanten* im Unterricht. Der Unterschied besteht lediglich darin, daß der vorgegebene einzelne Gegenstand einmal ein originaler Gegenstand ist und im anderen Fall ein zum Zwecke der Repräsentation hergestellter konkreter Gegenstand. Es ist etwas anderes, ob man das Herz eines Tieres mit in die Klasse bringt oder das Modell eines solchen Herzens bzw. einen Film über ein Herz in Funktion zeigt, um an ihnen das Typische eines Organs erfassen zu lassen. Wenn man einen originalen einzelnen Gegenstand vorgibt, kann er die einen Typenbegriff bestimmenden Merkmale mehr oder weniger ausgeprägt enthalten. Im Hinblick hierauf sprechen wir von einem mehr oder weniger prägnanten Fall für einen Typus (typischer Fall z. B. der klinischen Legasthenie). Wenn man selbst einen konkreten Gegenstand als Repräsentanten eines anderen konkreten oder abstrakten Gegenstandes herstellt, hat dies nur einen Sinn, wenn er die kritischen Merkmale vollständig und möglichst intensiv und/oder extensiv enthält. Im Hinblick hierauf sprechen wir von der Isomorphie des Repräsentanten mit dem Typenbegriff. Unter Isomorphie (von gleicher Gestalt) verstehen wir die umkehrbar eindeutige Abbildung eines Zusammenhangs von Merkmalen. Sofern und soweit der originäre konkrete Gegenstand sinnlich wahrnehmbar ist, handelt es sich um die Prägnanz der kritischen Merkmale im Anschaulichen, wenn aber der konkrete Gegenstand ein Repräsentant ist, handelt es sich um die Isomorphie der Veranschaulichung.

Aus diesem Unterschied ergibt sich, daß prägnante Beispielgegenstände gesucht werden müssen, während es beim Lehrenden liegt, isomorphe Veranschaulichungen herzustellen. Oft wird der Lehrer auch schon unter den auf dem Markt erhältlichen Unterrichtsmitteln nach isomorphen Veranschaulichungen für den jeweiligen Unterrichtsgegenstand Ausschau halten können.[14] Es sei noch darauf verwiesen, daß die Prägnanz des Unterrichtsgegenstandes etwas anderes ist als die Prägnanz der Lerninstruktion (s. u. a. S. 39 ff.).

Die von uns erörterten Materialfaktoren der kritischen Merkmale sind im Unterschied zu anderen Faktoren der externen Lernsituation nicht grundsätzlich variabel, weil ein Unterrichtsgegenstand die für einen bestimmten Lernprozeß kritischen Merkmale mit Materialqualitäten aufweisen muß, wenn er überhaupt seine Funktion als Unterrichtsgegenstand erfüllen soll. Variabel sind dagegen die verschiedenen Möglichkeiten der Gegebenheitsweise kritischer Merkmale. Durch deren Veränderung kann der Lehrende den Verlauf des geplanten Lernprozesses beeinflussen, und zwar wiederum in der Weise, daß sein Vollzug erleichtert oder erschwert wird. Sind die kritischen Merkmale nur in sehr unzulänglicher Weise gegeben, dann besteht im Extremfall die Möglichkeit, daß der Lernende die von ihm erwarteten kognitiven Operationen nicht vollziehen kann. Ihre besonders günstige Gegebenheitsweise ermöglicht und erleichtert dagegen den Vollzug dieser Operationen sehr. Und in einer fortgeschrittenen Phase des jeweiligen Lernprozesses können sie in ihrer erschwerenden Form eingesetzt werden.

Nur die Belegung dieses Materialfaktors der kritischen Momente ist demnach variabel und hat für den Lernenden eine kognitive Funktion. Da diese kognitive Funktion in der Ermöglichung bzw. Erleichterung oder Erschwerung von Erkenntnisprozessen besteht, kann das Bewußtsein hiervon sich auch auf die Motivation des Lernenden auswirken. Deshalb hat dieser Faktor auch eine *motivationale Funktion.*

Je nachdem, welches Teilziel der Lehrende beim Lernenden anstrebt, kann er die ihm mit diesem Faktor gegebenen Mittel einsetzen. Dabei erweisen sich verschiedene Mittel wiederum als funktional äquivalent. Aus diesen Gründen können die didaktischen Maximen für die Gestaltung dieses Faktors auch nur die Möglichkeitsform anstelle des Imperativs haben.

1. Der Lehrende kann zur Erleichterung der Identifizierung solche Gegenstände bzw. Teilgegenstände wählen, die möglichst *mehrere kennzeichnende (unterscheidende) Merkmale verschiedener Art* besitzen, oder zur Erschwerung der kognitiven Operationen des Lernenden darauf verzichten.
2. Der Lehrende kann zur Erleichterung der Identifizierung solche Gegenstände bzw. Teilgegenstände wählen, deren *kennzeichnende (unterscheidende) Merkmale* zumindest zum Teil zu denjenigen Qualitäten gehören, *die in der natürlichen Einstellung an konkreten Gegenständen erfaßt werden* (Farben, Oberflächenstrukturen, Formen konkreter Dinge), oder zur Erschwerung der kognitiven Operationen des Lernenden hierauf verzichten.
3. Der Lehrende kann zur Erleichterung der Identifizierung den Merkmalen eines Gegenstandes bzw. Teilgegenstandes weitere *anders geartete Qualitäten hinzufügen,* die außerdem möglichst in der natürlichen Einstellung an konkreten Gegenständen erfaßt werden können (Farben, Schraffuren, Muster, Beleuchtung, graphische oder plastische Zeichen), oder zur Erschwerung der Identifizierung hierauf verzichten.
4. Der Lehrende kann zur Erleichterung der angestrebten Lernprozesse den Anteil der nur vorstellungsmäßig präsent zu haltenden Sachverhalte zu verringern suchen, indem er den Unterrichtsgegenstand soweit wie möglich unmittelbar oder mittelbar durch Repräsentanten der Wahrnehmung des Lernenden zugänglich macht.
5. Der Lehrende kann zur Erleichterung von kognitiven Operationen Gegenstände wählen, an denen die kritischen Merkmale prägnant (vollständig und markant, d. h. intensiv, in großer Ausdehnung

oder häufig) auftreten, oder zu ihrer Erschwerung Gegenstände wählen, bei denen dies nicht der Fall ist.

6. Der Lehrende muß bei der Herstellung oder Suche nach einem Repräsentanten für einen konkreten oder abstrakten Gegenstand nach einer isomorphen (umkehrbar eindeutigen Abbildung der kritischen Merkmale) Veranschaulichung suchen.

Auch die verschiedenen Möglichkeiten der Erleichterung oder Erschwerung einer Auffassung der kritischen Momente durch deren Gegebenheitsweise können gleichzeitig auftreten. So kann z. B. die Beziehung „unbedingtes Vertrauen“ prägnant (mit allen ihren Merkmalen, intensiv und mehrfach) zwischen zwei leicht zu identifizierenden (merkmalsreichen) Figuren eines Dramas dargestellt sein oder aber im umgekehrten Falle an wenig bekannten Menschen nicht prägnant in Erscheinung treten, weil diese nicht in entsprechenden Situationen beobachtet werden können und auch selbst nicht über ihr Verhältnis sprechen. Dies Beispiel verweist darauf, daß sich poetische Texte in vielfältiger Weise der hier erörterten Mittel zur Darstellung von kritischen Momenten bedienen. Zu einer solchen Darstellung kann noch die Reduktion von unkritischen Merkmalen kommen. Dies zeigt sich besonders deutlich bei Repräsentanten singulärer konkreter Gegenstände, wie z. B. bei Filmaufnahmen der Topographie des Mondes, deren Merkmale aufgrund von Retuschen leichter identifiziert werden können, aber aufgrund der begrenzten Leistungsfähigkeit unserer Kameras viele Details überhaupt nicht enthalten.

3. Die Funktionen des Materialfaktors der Ähnlichkeit zwischen mehreren aufeinanderfolgenden Unterrichtsgegenständen

Ein weiterer Materialfaktor tritt dann auf, wenn nicht nur ein Gegenstand, sondern mehrere Gegenstände für den Vollzug eines Lernprozesses vorgegeben werden müssen. Dies ist immer dann der Fall, wenn ein einzelner Gegenstand zum Zwecke seiner sicheren Identifizierung *von mehreren ähnlichen Gegenständen unterschieden* werden muß. Auf diese Weise lernt man einen einzelnen Menschen, ein historisches Ereignis, ein bestimmtes Medikament, einen speziellen Begriffsgebrauch kennen. Ein zweiter Fall besteht darin, daß man *mehrere Gegenstände oder Sachverhalte gleichzeitig* auffassen und ihre Kenntnis sich einprägen soll. Schließlich fordert das Lernen von Begriffen, Regeln und Gesetzmäßigkeiten in der Regel die Auffassung von *mehreren ähnlichen* Sachverhalten bzw. Geschehnissen. In allen Fällen spielen die unkritischen Merkmale und die Gegebenheitsweise der kritischen Momente in jedem einzelnen Gegenstand die soeben dargestellte Rolle. Zusätzlich hierzu hat aber die *Beziehung zwischen diesen beiden Merkmalsgruppen in verschiedenen Gegenständen* für die angestrebten Lernprozesse auch noch eine erleichternde oder erschwerende Funktion. Es handelt sich hier um den *Faktor der Ähnlichkeit zwischen Unterrichtsgegenständen.* Diese Ähnlichkeit besteht aus den beiden Komponenten, daß bestimmte Merkmale oder Merkmalsgruppen dieser Gegenstände gleich (homogen), andere aber ungleich (heterogen) sind. Variabel ist nun, welche Merkmale homogen oder heterogen sind und welches Ausmaß die homogenen oder heterogenen Merkmale haben, d. h. zugleich, wie groß ihr Anteil an der Merkmalsfülle der Gegenstände ist.

Als unmittelbare Fortsetzung unserer bisherigen Analyse von Materialfaktoren der unkritischen Merkmale kann man die Form der Heterogenität dieser Merkmale in aufeinanderfolgenden Gegenständen ansehen, die Dienes als die Variation der Veranschaulichung und die Variabilität in der Wahrnehmung bezeichnet. Dies besagt, daß in den nacheinander vorgegebenen Gegenständen *die kritischen Momente gleich bleiben, die unkritischen aber sich von Gegenstand zu Gegenstand ändern,* und zwar so, daß möglichst verschiedene Wahrnehmungsmöglichkeiten (Variabilität in der Wahrnehmung) beim Lernenden beansprucht werden.[15]

So bleiben bei ihm z. B. in einem Lernprozeß die Handlungen, in denen die Kinder nacheinander mehrere Lernstadien durchlaufen, darin gleich, daß man jeweils durch zwei halbe oder drei Dritteldrehungen wieder in die Ausgangslage zurückkommt. Im ersten Fall handelt es sich um ein reguläres Tetraeder, das um eine Achse gedreht wird, die entweder durch eine Ecke und den Mittelpunkt der gegenüberliegenden Fläche verläuft oder durch die Mitte zweier gegenüberliegender Kanten. Setzt man nun das Tetraeder auf den Tisch, steckt man einen Stab durch die eine oder die andere Bohrung und hält man den schrägstehenden Stab fest, so kann man das Tetraeder am Stab hinaufschieben, um die erste Achse zweimal und um die zweite dreimal drehen und dann in die ursprüngliche Stellung auf der Tischplatte zurückgleiten lassen.

Die zweite Veranschaulichung beginnt damit, daß sich vier Kinder auf vier Stühle an den Längsseiten eines rechteckigen Tisches setzen. Sie sollen dann die Plätze so wechseln, daß kein Kind denselben Nachbarn und dasselbe Gegenüber hat. Dies soll dann noch einmal geschehen, wobei fingiert wird, daß die Plätze auf diese Weise vom Frühstück zum Mittag- und zum Abendessen verändert werden. Hierbei kann nach dreimaliger Bewegung wieder die Ausgangslage erreicht werden. Nach einer anderen Regel können die einander gegenübersitzenden Personen zweimal ihren Platz tauschen, wodurch sie nach zweimaliger Bewegung wieder auf ihrem ursprünglichen Platz sitzen.

Die dritte Veranschaulichung wird mit der Hilfe von 12 Blöcken in 4 Formen und 3 Farben ausgeführt. Mit ihnen wird so verfahren, daß eine bestimmte Form in einer bestimmten Farbe einem bestimmten Kind bei einer bestimmten Mahlzeit entspricht.

Ohne daß wir für unseren Zweck diesen geometrischen Zyklus noch weiter erläutern müssen, ist soviel klar, daß mit allen Handlungen ein Dreier- und ein Zweierzyklus ausgeführt werden kann. Die konkreten Handlungen (Schieben und Drehen eines Tetraeders, eigenes Wechseln des Platzes, Anordnen von Merkmalklötzen) sind aber in anderer Hinsicht unterschiedlich. Diese drei Veranschaulichungen unterscheiden sich sehr stark in vielen visuell (sichtbar), taktil (ertastbar) und kinästhetisch (am eigenen körperlichen Bewegungsablauf) erfahrbaren Qualitäten.

Durch die starke Variation der unkritischen Merkmale in den nacheinander zu vollziehenden Handlungszusammenhängen will Dienes folgendes vermeiden: „Kinder neigen bei Materialien begrenzter Variabilität zur Schrankenbildung. Sie lernen so eher das Material kennen, als daß sie zu den Konzepten durchdringen." [16] Mit unserer Terminologie: durch den starken Wechsel der unkritischen Merkmale wird die Aufmerksamkeit immer stärker auf die in jedem Fall gleichen kritischen Merkmale konzentriert. Durch die Differenz zwischen Wechsel und Konstanz lassen sich außerdem die unkritischen Merkmale leichter von den kritischen unterscheiden, als wenn dies an nur einer Veranschaulichung geleistet werden müßte. Schließlich werden die Lernenden von den in natürlicher Einstellung erfahrbaren unkritischen Merkmalen zu den nur durch eine keineswegs alltägliche Abstraktion erfahrbaren mathematischen Beziehungen in der Drehbewegung geführt. Ehe die Kinder bei der wiederholten Ausführung solcher Drehbewegungen allein zu dieser Abstraktion kommen, vergeht allerdings soviel Zeit, daß Dienes zur Verkürzung des Abstraktionsprozesses auch verbale Instruktionen einsetzt. Sie lauten u. a.: „Auf wie viele Weisen kann das Tetraeder so auf den Tisch gelegt werden, daß es dort den gleichen Platz einnimmt?" „Wie können wir die Lage unseres Tetraeders verändern?" „Der Stab kann nicht bewegt werden, aber das Tetraeder kann bewegt werden." „Kann das Tetraeder an anderen Stellen durchbohrt werden?" „Welche Positionen werden erreicht, wenn der Stab in dieser neuen Position festgehalten und nur das Tetraeder gedreht wird?" „Ich möchte gern wissen, ob Dinge, die in diesem Spiel vorgehen, in irgendeiner Weise im anderen Spiel auch vorkommen." „Wenn ich dieses dreimal tue, komme ich zum Anfang zurück. Gibt es etwas im anderen Spiel, was mich ebenfalls an den Anfang zurückführt, wenn ich es dreimal tue?" [17]

Die von Dienes und anderen beim Lernen von Begriffen praktizierte Veränderung der unkritischen Merkmale von einem Gegenstand oder einem Handlungszusammenhang zum anderen spielt auch beim Erlernen der Übertragbarkeit von Begriffen und Begriffszusammenhängen eine Rolle. Hat der Schüler z. B. den Satz des Pythagoras an der graphischen Darstellung des rechtwinkligen Dreiecks gelernt, dann stellt seine Verwendung bei der Landvermessung oder bei der Lösung von physikalischen Problemen in der Mechanik oder Optik eine Übertragung in Zusammenhänge dar, die sich von dem Ausgangsgegenstand in unterschiedlichem Maße durch unkritische Merkmale unterscheiden. Je größer dieser Unterschied ist, um so schwerer ist die Übertragung des gelernten Gesetzes. Da es sich hier um sehr große Komplexe von unkritischen Merkmalen handeln kann, wird man im einzelnen untersuchen müssen, wodurch die zunehmende Erschwerung der Übertragung eines Lernresultats in andere Zusammenhänge zustandekommt.

Für einfache Transponierungsaufgaben ist diese Gesetzmäßigkeit experimentell bewiesen. So zeigten Stevenson und Bittermann (1955), daß die Übertragung der Relation „mittelgroß" bei drei Quadraten um so schwieriger wurde, je mehr man die Größe der Quadrate gegenüber den Ausgangsquadraten erhöhte, d. h. je mehr sich die unkritischen Merkmale gegenüber den drei Ausgangsquadraten veränderten.[18]

Wieweit sie für komplizierte Transponierungsaufgaben gilt, muß noch genauer untersucht werden. Man wird aber zunächst einmal mit dieser Hypothese arbeiten können, weil sich aus der Beobachtung von Lernprozessen viele Beispiele hierfür anführen lassen. Der Lernende hat z. B. in einfachen Kommunikationsprozessen die Struktur der Ironie kennengelernt. Er weiß, daß der Sprechende bei dieser Redeform etwas mit deutlicher Übertreibung darstellt, um auf das Gegenteil als die nicht ausgesprochene Wahrheit zu verweisen. („Unsere *Luxus*villa." „Das hast du mal wieder *großartig* gemacht." „Er trinkt immer nur ein *winziges* Gläschen.") Hat er dies gelernt, dann wird die Struktur der Ironie für ihn schon schwerer zu erfassen sein, wenn die Diskrepanz zwischen dargestelltem Schein und gemeinter Wirklichkeit in einem größeren Zusammenhang auftritt, z. B. der Darstellung einer Reiseepisode oder der Beschreibung eines anderen Menschen, wie dies gesprächsweise oder aber auch in der Literatur auftreten kann. Die Übertragung der ironischen Beziehung auf den Geschichtsverlauf ist sicher wiederum schwerer. Es ist z. B. eine Ironie der Geschichte, wenn ein militärischer oder politischer Sieg in Wirklichkeit eine Niederlage ist, die erhoffte Befriedigung durch Massenwohlstand zu vermehrten Konflikten führt oder die Zusammenfassung von Schülern mit einem sehr unterschiedlichen Entwicklungsstand zu Lerngruppen statt zur erwarteten Förderung aller und besonders der noch wenig entwickelten zum Nachteil insbesondere dieser bedürftigsten Gruppe gerät. Schließlich macht die Erfassung der tragischen Ironie wahrscheinlich noch größere Schwierigkeiten, weil hier der ironische Kontrast zwischen dem Bewußtsein der tragischen Figur und den schrecklichen Tatsachen auftritt, die den anderen Figuren und dem Zuschauer bereits bekannt sind. Bei dieser Form treten die beiden Relate der Ironie nicht mehr in der Darstellung eines einzigen Sachverhalts oder Vorgangs bzw. dem Verhältnis zwischen der Absicht und dem Erfolg ein und derselben Handlung auf, sondern sind auf zwei Personengruppen verteilt. Es bedürfte freilich eingehender Untersuchungen, um in solchen und komplizierteren Fällen wie der sogenannten Romantischen Ironie die erschwerenden Momente sorgfältig zu sondern.

Nicht nur beim Begriffslernen und beim Transfer spielt der Faktor der Ähnlichkeit zwischen den Merkmalen der verschiedenen Gegenstände eine Rolle, sondern auch beim Behalten und Vergessen. Hier aber handelt es sich zunächst darum, ob die kritischen Merkmale heterogen oder homogen sind. Experimentell ist die Bedeutung der Merkmalsgleichheit oder -ungleichheit für das Auswendiglernen von Reihen aus Zahlen, sinnlosen Silben und anderen visuell erfaßbaren Gegenständen, wie ein Foto, ein Wort, ein Knopf etc. erwiesen. Es wird deshalb für alle ungeordneten Abfolgen von einzuprägenden Sachverhalten gelten, wie z. B. für Vokabeln, die Staaten eines Bündnisses, die Arten einer Pflanzengattung, die Personen einer Gruppe, die chemischen Elemente, die Wortarten und vieles andere mehr.

In einem von van Parreren angeführten Experiment von Köhler und Restorff wurden drei Reihen verwendet.[19] Die erste Reihe bestand aus einer Zahl und neun sinnlosen Silben, die zweite aus einer sinnlosen Silbe und neun Zahlen, die dritte aus einer Zahl, einer sinnlosen Silbe, einer Farbe, einem Buchstaben, einem sinnvollen Wort, einem Foto, einem Zeichen, einem Knopf, einem Lesezeichen und einer chemischen Formel. Den Vpn wurde jeweils nur eine Reihe in der Weise vorgegeben, daß ihnen eine Karte nach der anderen für 1,5 Sekunden vorgelegt wurde. 10 Minuten danach mußten sie innerhalb von einer halben Minute alles aufschreiben, was sie behalten hatten, ohne die Reihenfolge der Vorgabe einhalten zu müssen.

Die Prozentzahlen der richtig wiedergegebenen Zahlen, Silben etc. werden von van Parreren in der folgenden Weise interpretiert: Heterogenes Material in einer im übrigen homogenen Reihe ist am besten reproduziert worden (eine Zahl zwischen neun sinnlosen Silben ist von 60 % der Vpn richtig wiedergegeben worden, eine sinnlose Silbe zwischen Zahlen sogar von 80 % der Vpn). Weniger gut ist heterogenes Material in einer auch im übrigen heterogenen Reihe reproduziert worden (in der dritten Reihe Silben von 40 %, Zahlen von 40 % und andere auf den Karten abgebildete Gegebenheiten von 43 % der Vpn).

Hieraus lassen sich einige in unserem Zusammenhang wichtige Schlüsse ziehen: Ob eine Reihe von Sachverhalten leichter oder schwerer eingeprägt werden kann, hängt von der relativen Heterogenität zwischen ihnen ab. Ist die Unterschiedlichkeit eines Sachverhalts gegenüber den anderen besonders groß, wird er am besten behalten. Wenn die Unterschiedlichkeit zwischen den einzelnen Sachverhalten etwa gleichgroß ist, sind sie bis zu einem gewissen Grade wieder homogen, weshalb die einzelnen Sachverhalte nicht mehr so gut behalten werden. Da hier die Sachverhalte insgesamt eingeprägt werden sollen, handelt es sich um die Heteronomität oder Homogenität der kritischen Momente. Das hat zur Folge: es kann an diesen Merkmalen selbst nichts geändert werden, um den Lernprozeß zu erleichtern. Die als Ganzes einzuprägenden Vokabeln, Personennamen oder Arten einer bestimmten Gattung haben nun einmal diese Merkmale und würden bei deren Änderung ihre Identität verlieren. So kann man den einzuprägenden Vokabeln nicht die homogenen Merkmale sprachlicher Zeichen nehmen, die ihre Einprägung erheblich erschweren. Deshalb läßt sich ihre Einprägung nur durch zusätzliche, d. h. unkritische, Merkmale von größtmöglicher Heteronomität erleichtern. Solche Möglichkeiten sind durch eine Reihe von Versuchen nachgewiesen worden und können auch in den eigenen Lernerfahrungen entdeckt werden.

So kann man die Einprägung von stark homogenen Reihen dadurch erleichtern, daß man die Sachverhalte zu Gruppen gliedert. Auf diese Weise verfahren wir mit Zahlenreihen, wie sie z. B. beim Telefon auftreten, bei schwer zu behaltenden Vokabeln, bei der Zählung einer größeren Anzahl von Gegenständen und in vielen anderen Fällen, indem wir sie in Merksprüchen zusammenfassen. Zu den einzuprägenden Sachverhalten fügen wir dann eine für sie selbst irrelevante Gruppenordnung hinzu.

Eine andere Möglichkeit besteht darin, daß man dem einzelnen

Sachverhalt eine für ihn selbst äußerliche Beziehung zu anderen Sachverhalten hinzufügt, d. h. ihm einen Ort gibt. Eine solche Lokalisation kann darin bestehen, daß man ihn *nach* einem bestimmten Sachverhalt und *vor* einem anderen einordnet, d. h. eine willkürliche Reihenfolge der Sachverhalte mitlernt. Man kann auch Beziehungen zu Sachverhalten herstellen, die außerhalb des zu memorierenden Materials liegen, indem man sich z. B. die Stelle auf einer Seite merkt, auf der der Satz steht, den man sich merken will. Es kann auch die Beziehung zu der Situation, in der man den Sachverhalt zum erstenmal kennengelernt hat, hilfreich sein.

Eine dritte Möglichkeit besteht darin, daß man die einzelnen einzuprägenden Sachverhalte selbst mit unkritischen Merkmalen ausstattet. Hierzu zählen z. B. die Hinzufügung von Zahlen, die Verknüpfung mit einer kleinen Geschichte, die Einordnung in eine Klasse (z. B. 353 *als* Primzahl, einen Namen *als* klangvoll, passend etc.) oder die Erfassung einer Struktur (925 als Produkt von 25 und 37, einen Personennamen als viersilbig).

Da es sich beim Auswendiglernen um pure Anhäufungen von Einzelheiten handelt, kann man sie auch auf verschiedene, deutlich voneinander unterschiedene Lerneinheiten so verteilen, daß jeweils möglichst unterschiedliche Einzelheiten zugleich gelernt werden. Dies geht so weit, daß man auch zwischen größere Lerneinheiten, deren Material nur in einer Haupthinsicht homogen ist, wie z. B. Englisch- und Französischunterricht, einen Unterricht mit stark heterogenem Lernmaterial, wie Werken oder Zeichnen, einschieben kann.

Die dargestellten Möglichkeiten zeigen, daß die zwischen den Unterrichtsgegenständen bestehende Gleichheit oder Ungleichheit (Homogenität oder Heterogenität) von unkritischen oder kritischen Merkmalen für die Erleichterung oder Erschwerung des angestrebten Lernprozesses von Bedeutung ist. Der Lehrende kann durch die Gegenstandswahl und durch die Zugabe von Qualitäten die Wirkung dieses Materialfaktors nutzen. Die Wahl der Gegenstände ist auch hier abhängig von der Art des angestrebten Lernresultats und von dem Teilziel, das man in dem betreffenden Lernprozeß erreichen will. Die Erleichterung wird wieder in der Anfangsphase und bei einem relativ niedrigen Entwicklungsstand ihren Platz haben, während ein Verzicht auf solche Erleichterungen in einer späteren Phase möglich ist, wenn der Begriff schon sicher beherrscht wird, eine Regel schon zuverlässig angewendet werden kann oder eine Kenntnis aufgrund ihrer unter günstigen Bedingungen häufig wiederholten Einprägung keiner Erleichterung mehr bedarf. Sofern die für eine Erleichterung des Lernprozesses erforderliche Gestaltung dieses Materialfaktors zusätzliche Lernzeit kostet, kann man auch aus Gründen der Lernökonomie bei fortgeschrittenen Lernenden auf sie verzichten.

Aus der von uns vorgenommenen Analyse dieses Materialfaktors lassen sich folgende didaktische Maximen gewinnen:

1. Zur Erleichterung des Begriffslernens kann der Lehrende die unkritischen Merkmale der aufeinanderfolgenden Beispielfälle oder Veranschaulichungen möglichst stark variieren und bei dieser Variation möglichst mehrere Arten von Sinnesqualitäten berücksichtigen. Bei fortgeschrittenen Lernenden kann er die Zahl solcher Beispielfälle oder Veranschaulichungen im Extremfall auf ein einziges gut gewähltes Beispiel oder eine einzige Veranschaulichung reduzieren (s. Ideation).
2. Zur Erleichterung des Transfers kann der Lehrende zunächst zu Gegenständen übergehen, in denen die unkritischen Merkmale gegenüber dem Ausgangsgegenstand nur geringfügig differieren. Durch den Übergang zu Gegenständen mit stark differierenden unkritischen Merkmalen kann er den Transfer erschweren.
3. Zur Erleichterung der Einprägung einer unverbundenen Anzahl von Sachverhalten kann der Lehrende:

   a) Gruppen von Gegenständen mit relativ heterogenen kritischen Merkmalen bilden,

   b) zwischen Gruppen mit relativ homogenen Gegenständen eine Gruppe mit Unterrichtsgegenständen einschieben, die ihnen gegenüber möglichst stark heterogene unkritische und kritische Merkmale besitzt,

   c) zu relativ homogenen Unterrichtsgegenständen heterogene unkritische Merkmale hinzufügen, indem er sie in Gruppen gliedert, ihnen eine bestimmte Reihenfolge und einen bestimmten Ort (z. B. auf der Tafel) gibt oder sie selbst nichtverbal oder auch verbal mit zusätzlichen Merkmalen versieht.

   Falls die Lernenden sich sehr schnell etwas einprägen oder schon selbst solche Techniken des leichteren Memorierens beherrschen, kann er auf solche Hilfen durch die Wahl von Unterrichtsgegenständen verzichten.

4. Die Funktionen von Materialfaktoren der Medien, die für die Vermittlung des originären Unterrichtsgegenstandes verwendet werden

Nachdem wir die einzelnen Unterrichtsgegenstände und auch die Abfolge von Unterrichtsgegenständen auf Materialfaktoren hin untersucht haben, die den jeweils angestrebten Lernprozeß erleichtern oder erschweren, müssen wir noch untersuchen, ob die für einen Unterrichtsgegenstand in Anspruch genommenen Medien sich auf den Vollzug der angestrebten Lernprozesse auswirken. Medien treten in Repräsentanten von konkreten oder abstrakten Unterrichtsgegenständen auf. Bei der Beschäftigung mit Repräsentanten können allerdings nicht nur die repräsentierten Sachverhalte, sondern auch das repräsentierende Medium selbst zum Unterrichtsgegenstand gemacht werden. So kann man ein Buch als einen konkreten Gegenstand ansehen, indem man die Papierqualität, die Bindung, die Drucktypen oder die Leistung des sprachlichen Zeichensystems zum Gegenstand macht. Man kann sich aber auch nur mit der durch sprachliche Mittel dargestellten Gegenständlichkeit beschäftigen. Entsprechendes gilt für eine Landkarte, ein Automodell, eine Photographie, einen Film etc. Bei der Erörterung der unkritischen Merkmale von Unterrichtsgegenständen haben wir festgestellt, daß sie durch Medien in unterschiedlicher Weise reduziert werden (s. o. S. 129). Auf diese Weise können Medien bereits den jeweiligen Lernprozeß erleichtern oder erschweren. Es braucht jetzt nur noch untersucht zu werden, in welcher Weise sie die kritischen Merkmale vermitteln. Die verschiedenen Formen der Vermittlung von kritischen Merkmalen haben die Funktion, den Zugang zu diesen Merkmalen selbst zu erleichtern oder zu erschweren.

Indem Medien zwischen originäre kritische Merkmale und den Lernenden treten, können sie diese *verkleinern.* Eine Verkleinerung leisten Photographien, zweidimensionale graphische Abbildungen und dreidimensionale Modelle von singulären sinnlich wahrnehmbaren konkreten Gegebenheiten. Eine Verkleinerung ist auch bei der schematischen Abbildung von typischen Merkmalen einer ganzen Klasse von konkreten sinnlich wahrnehmbaren Gegebenheiten möglich.

Die Faszination der durch Abbildungen erzielten Verkleinerungen für jeden Betrachter, insbesondere aber auf Menschen mit einem niedrigen Entwicklungsstand, also nicht nur für Kinder, ist offenkundig. Sie beruht primär darauf, daß die Verkleinerung das Abgebildete überschaubarer macht, als wenn wir es im Original wahrnehmen würden. Für diese Anziehungskraft ist es unerheblich, ob uns der originäre Gegenstand, ein Mensch, ein Tier, ein Haus, ein Industriewerk, eine Landschaft usf. schon bekannt ist. Ja, die Bekanntschaft mit dem Original erhöht oft sogar noch das Interesse an einer verkleinernden Abbildung. Für den Vorteil der Verkleinerung nehmen wir u. U. in Kauf, daß auch einige der unter dem jeweiligen Gesichtspunkt kritischen Merkmale durch die Abbildung nicht wiedergegeben werden: der Arbeitsablauf in einem Industriewerk, die Funktion eines Organs, der Einsatz eines technischen Geräts etc.

Für den Lernenden hat die Verkleinerung des originären Unterrichtsgegenstandes durch ein Medium solange erleichternde Funktion, wie die Reduktion der kritischen Merkmale geringfügig ist und ihre Wahrnehmbarkeit nicht durch eine zu starke Verkleinerung beeinträchtigt wird. Die Erleichterung ergibt sich daraus, daß bei einer Verkleinerung von einem Standort aus mehr wahrgenommen werden kann als beim Original, weshalb für eine Erfassung des Gegenstandes eine kleinere Anzahl von perspektivisch gebundenen Wahrnehmungen zur Synthese gebracht werden müssen.

Problematisch ist das Lernen an medial vermittelten Verkleinerungen des originären Unterrichtsgegenstandes deshalb, weil bei der Konfrontation mit dem Original ein u. U. sehr schwerer Transfer der an der Verkleinerung wahrgenommenen kritischen Merkmale, z. B. der Lagebeziehungen, Proportionen oder ästhetischen Qualitäten, vorgenommen werden muß. Für die entsprechende Erfassung des originären Gegenstandes kann deshalb eine starke Vertrautheit mit einer Verkleinerung auch erschwerend sein. Daß die Kenntnis der Verkleinerung auf keinen Fall gleichgesetzt werden darf mit der Kenntnis des Originalgegenstandes, zeigt z. B. die Schwierigkeit der Orientierung in einer Landschaft trotz der erworbenen Fähigkeit, die Landkarte des betreffenden Gebietes genau zu lesen. Die Übertragung von der Verkleinerung auf das größere Original muß ausdrücklich gelernt werden. Das exemplarische Übertragen in einigen wenigen Fällen erleichtert den Transfer in allen übrigen gleichartigen Fällen, behebt aber seine Schwierigkeiten keineswegs ganz. Bei der Beurteilung des Lernresultats muß deshalb berücksichtigt werden, ob nur an einer Verkleinerung gelernt worden ist, ob eine exemplarische Übertragung oder eine Übertragung im betreffenden Fall vorgenommen worden ist.

Durch Medien können auch *Vergrößerungen* des originalen Unterrichtsgegenstandes vorgenommen werden. Die Photographie, das Mikroskop, die Photographie einer mikroskopischen Vergrößerung, das Fernrohr, dreidimensionale Modelle leisten dies.

Die durch Medien erzielte Vergrößerung des Originals zieht dann ein besonderes Interesse auf sich, wenn das Original nur mit Mühe wahrnehmbar ist, läßt man die unter anderen Gesichtspunkten wichtigen Wirkungen des Monumentalen außer Betracht. Das Interesse an Vergrößerungen erlahmt aber oft sehr schnell. Dies verweist auf spezifische Probleme der für eine Vergrößerung geeigneten Medien. Bilden sie unmittelbar ab, wie z. B. alle durch optische Mittel hergestellten Abbildungen, dann erfahren die unkritischen Merkmale die gleiche Vergrößerung wie die kritischen, worauf wir schon verwiesen haben. Diesen Mangel können nur die aufgrund solcher Abbildungen angefertigten Modelle beheben. Die Vergrößerung führt außerdem von einer bestimmten Größenordnung an zu einer undeutlichen Wiedergabe der kritischen Merkmale. Hier machen sich die Grenzen der optischen und elektronischen Vergrößerungstechnik bemerkbar. Schließlich erfordert die Vergrößerung oft die Beschränkung auf einen Ausschnitt, weshalb sie im Gegensatz zu der Verkleinerung den Unterrichtsgegenstand weniger überschaubar macht.

Für den Lernenden wirkt sich die Vergrößerung der kritischen Merkmale erleichternd für deren Analyse aus, weil sie in der vergrößerten Darstellung deutlicher auseinanderrücken. Während die Unterscheidbarkeit von kritischen Momenten durch die Verkleinerung abnimmt, nimmt sie durch die Vergrößerung zu. Dagegen werden die synthetischen Operationen am Unterrichtsgegenstand durch eine Ausschnitthaftigkeit erschwert.

Genauigkeit bzw. Ungenauigkeit der Vermittlung von kritischen Merkmalen des Unterrichtsgegenstandes spielen nicht nur bei der Verkleinerung oder Vergrößerung eine Rolle, sondern auch bei der gleichgroßen Wiedergabe. Mit anderen Worten: sie hängen *von der Leistungsfähigkeit des jeweiligen Mediums* überhaupt ab, von der Auflösung einer Fernsehkamera, der Lichtstärke eines Bildwerfers, der Güte des verwendeten Films u. a. m. Falls man die Wahl zwischen Original und dem durch ein Medium vermittelten Unterrichtsgegenstand hat, spielt deshalb das Kriterium der Genauigkeit oder Ungenauigkeit der Wiedergabe kritischer Merkmale ebenso eine Rolle wie die Art der durch das Medium geleisteten Reduktion der unkritischen Merkmale. Wenn aber mehrere Lernende aus unterschiedlich großer Distanz den Unterrichtsgegenstand aufnehmen sollen, weil es zu zeitraubend ist, wenn jeder nacheinander ihm gegenüber die günstigste Position einnimmt, wird man eine gewisse Ungenauigkeit des Mediums in Kauf nehmen müssen. Zum Teil kann die Ungenauigkeit einer medialen Vermittlung dadurch kompensiert werden, daß der Lernende sich an den originären Gegenstand erinnert oder das Defizit des Repräsentanten durch Phantasieleistungen, die vom Lehrenden verbal angeregt werden, ausgleicht. In diesem Falle ergibt sich eine Mischform zwischen sinnlicher und nur vorstellungsmäßiger Präsenz des Unterrichtsgegenstandes (s. o. S. 134 f.).

Die Leistung eines Mediums kann auch darin bestehen, daß es an Stelle einer isomorphen Veranschaulichung die kritischen Merkmale eines Unterrichtsgegenstandes durch Symbole repräsentiert. Diese für die kritischen Merkmale auftretenden Zeichen bestehen in der Regel aus einem anderen Material als die von ihnen repräsentierten kritischen Merkmale. So kann ein Pfeil das Symbol für eine Bewegung oder eine Beziehung sein, die sprachlich vermittelte Vorstellung von einem Naturgeschehen Symbol für einen Seelenzustand, eine Farbe Symbol für Landesgrenzen etc. Wenn das Zeichen nicht wenigstens andeutend die kritischen Merkmale veranschaulicht, wie z. B. spitzwinklige Dreiecke für Nadelwald, sondern die Zuordnung von Zeichen und bezeichneten kritischen Merkmalen willkürlich ist, muß die Zuordnung vereinbart werden. Im Unterricht kann eine solche Vereinbarung für den jeweiligen Unterrichtsgegenstand vorgenommen werden, indem z. B. eine gepunktete Linie einmal für eine Reihe von Einzelfällen steht, ein anderes Mal für eine Beziehung und dann vielleicht für eine Bewegung. Daneben gibt es Konventionen, die für ein ganzes Fach gelten, wie die Legende von Karten verschiedener Art, die Zeichensprache der Chemie und der Mathematik. Schließlich gibt es die Vielzahl von „natürlichen" Sprachen als die umfassendste an Laut- und Schriftzeichen gebundene Konvention, die je nach ihrer Geschichte in sehr unterschiedlichen Bereichen und für sehr verschiedene Gruppen von Sprechern verbindlich ist. Sie ist es auch, mit deren Hilfe allein Vereinbarungen über die Verwendung anderer sinnlich wahrnehmbarer Gegebenheiten als Zeichen für etwas Bestimmtes getroffen werden können. Man denke z. B. an Wimpel, Morsezeichen, Schraffuren auf einer ethnographischen Karte etc. Alle diese Zeichensysteme sind deshalb nichts anderes als sekundäre Sprachsysteme für bestimmte Zwecke.

Das Fehlen der Abbildungsbeziehung und die Notwendigkeit der Konvention sind Nachteile der symbolischen Repräsentation, weil von dem Repräsentanten nicht unmittelbar eine Beziehung zu den kritischen Merkmalen des Originals hergestellt werden kann. Andererseits ist die freie Beweglichkeit von Symbolen auch ein erheblicher Vorteil, weil durch sie noch alles, was selbst nicht mehr sinnlich wahrnehmbar ist, eine sinnlich wahrnehmbare Repräsentation erhalten kann. Es ist dies die schwächste, aber auch universalste Form der Repräsentation von Unterrichtsgegenständen.

Für den Lernenden hat die symbolische Repräsentation der kritischen Merkmale eines Unterrichtsgegenstandes immer noch eine erleichternde Funktion, ganz abgesehen davon, daß man ihm die meisten konkreten und abstrakten Unterrichtsgegenstände gar nicht anders vorgeben kann, weil dies unmöglich ist oder zu aufwendig wäre. Durch eine solche Kodierung erhält der Lernende eine Stütze, Gegenstände und Gegenstandsaspekte zu unterscheiden. Meist wirken dabei mehrere symbolische Systeme Hand in Hand, indem z. B. das mathematische Symbol „x" als „unbestimmte Variable" sprachlich definiert und durch die Abszisse im Koordinatensystem auch noch graphisch symbolisiert wird.[20]

Die sprachliche Kodierung ist identisch mit der sprachlichen Fassung einer Gegenstands- oder Sachkategorie in der verbalen Lerninstruktion, weshalb eine solche Vorgabe des Unterrichtsgegenstandes durch die Formulierung einer Instruktion vollzogen werden kann. Der Lehrende kann aber auch vor der Formulierung einer Instruktion dem Lernenden erst einmal durch eine Beschreibung von unterschiedlichem Umfang den Gegenstand präsent zu machen suchen. Welche Leistungen für die Aufnahme einer solchen Beschreibung vom Lernenden erbracht werden müssen, haben wir oben bei der verbalen Lerninstruktion erörtert. Da jede verbale Repräsentation des Gegenstandes eine bestimmte Kenntnis des Gegenstandes vermittelt, ist der Übergang von der Beschreibung eines Gegenstandes, den der Lernende dann selbständig bearbeiten soll, zu einem ausführlichen Referat über Ergebnisse einer intensiven Beschäftigung mit ihm, das dem Lernenden keinen Raum mehr für eine selbständige Verarbeitung läßt, fließend. Die besondere Vertrautheit des Lehrenden mit einem Unterrichtsgegenstand läßt ihn die Grenze zwischen den für einen bestimmten Lernprozeß notwendigen Mitteilungen für die Information über den Unterrichtsgegenstand und einem weit darüber hinausgehenden Referat leicht übersehen.[21]

Ein *Lehrervortrag* erfüllt deshalb die Funktion der Vorgabe eines Unterrichtsgegenstandes. Es ist dies einmal in der Form möglich, daß die durch eine Instruktion zu vermittelnde Information über den Gegenstand gesondert und explizit vorgenommen wird (Wir wollen heute die Entstehungsbedingungen der Jugendbewegung untersuchen. Unter Jugendbewegung versteht man ...). – Es kann dies auch in der Weise geschehen, daß das Vorgetragene selbst Gegenstand der Zuwendung sein soll. In diesem Fall entspricht der Lehrervortrag dem Vorführen eines Experiments, dem Abspielen eines Films, dem Austeilen eines Textes etc. Wenn der Lehrer eine Kurzgeschichte vorliest oder ein historisches Ereignis erzählend darstellt, haben wir es mit dieser Form zu tun. – Der Lehrervortrag kann schließlich die Funktion haben, dem Lernenden Ergebnisse einer Beschäftigung mit dem Gegenstand mitzuteilen. Er besteht dann aus Sach- und Werturteilen über den Gegenstand. Da auch die verbale Instruktion eine Beschäftigung mit dem Gegenstand voraussetzt und zumindest ein Sachurteil enthält (s. o. S. 45 ff.), ist der ausdrückliche Vortrag von Sach- und Werturteilen nur graduell von ihr unterschieden. Bei einem Lehrervortrag dieser Art erwartet der Lehrer vom Schüler jedoch die Aufnahme des Vorgetragenen und nicht eine bestimmte

Form seiner Bearbeitung. Man kann das Lehrerreferat deshalb auch als den Grenzfall der Lerninstruktion ansehen, der bloß in der Aufforderung zur Aufnahme der vermittelten Information besteht. Wie schnell sich diese Funktion ändern kann, zeigt sich daran, daß durch eine zusätzliche Instruktion, die vorgetragenen Ergebnisse zu überprüfen, zu bewerten, zu vergleichen etc., ein solcher Lehrervortrag die Form der *Instruktion über den Unterrichtsgegenstand* erhalten kann. Der Lernende kann freilich auch ohne Instruktion das Vorgetragene nicht nur aufnehmen, sondern zum Gegenstand eigener geistiger Aktivitäten machen.

Macht man sich bewußt, in welchem Maße ferne Gegenden, die Geschehnisse ferner Zeiten, die Gedanken anderer nur durch Sprache zum Gegenstand gemacht werden können, dann erkennt man, wie eng der Kreis von Unterrichtsgegenständen wäre, wenn er nur auf diejenigen Gegenstände beschränkt bliebe, die man selbst im Unterricht vorgeben oder wenigstens durch eine isomorphe Veranschaulichung vergegenwärtigen kann. Im Unterschied zur isomorphen Veranschaulichung ist in der sprachlichen oder sekundärsprachlichen Repräsentation die Verbindung zwischen dem Medium und dem von ihm repräsentierten Unterrichtsgegenstand so eng, daß man die Repräsentationsbeziehungen kaum noch bemerkt.

Für den Lernenden haben alle Medien auch noch deshalb eine große Bedeutung, weil man durch sie den Zugang zu Unterrichtsgegenständen, die selbst nicht oder nur unter großem Aufwand wiederholbar sind, wiederholbar machen kann. Bilder, Modelle, Filme und die Sprache fixieren etwas in einem Material, das den wiederholten Zugang zu ihm erlaubt. Unverzichtbar ist dies bei einmaligen Vorgängen, dem Ablauf eines historischen Ereignisses, der Entwicklung eines Gedankenganges, der erstmaligen Entdeckung eines Menschenstammes durch eine wissenschaftliche Expedition u. ä. Ebenso unverzichtbar ist dies für Vorgänge, die zwar häufig vollzogen worden sind, jetzt aber nicht mehr zugänglich sind, wie z. B. alle Formen historischer Arbeitsprozesse. Die mit einigem Aufwand beliebig oft zu wiederholenden Vorgänge, wie ein chemisches Experiment, eine bestimmte Turnübung, ein Musikstück, eine bestimmte Theateraufführung werden durch ein Medium (Film, Fernsehen, Schallplatte) mit einem weit geringeren Aufwand zugänglich. Erleichternd wirkt sich der durch ein Medium ermöglichte wiederholte Zugang dann aus, wenn die Wiederholung ausschnitthaft geschehen kann, wenn Bewegtes durch Verringerung des Tempos oder die Überführung in ein Standbild genauer beobachtet werden kann, wenn sukzessiv Aufeinanderfolgendes in Nebeneinanderliegendes überführt und dadurch schneller in Beziehung miteinander gesetzt werden kann (z. B. gesprochene in geschriebene Rede) und wenn der Lernende sich das Vermittelte immer sicherer einprägt (subjektive Redundanz der Informationsverarbeitung). So eröffnet die Wiederholbarkeit durch ein Medium neue Formen der Vorgabe eines Unterrichtsgegenstandes, die sich erleichternd auf die an diesem Unterrichtsgegenstand zu vollziehenden Operationen auswirken können.

Unsere bisherigen Aussagen über die Leistungsfähigkeit der Medien für die Vermittlung des Unterrichtsgegenstandes gelten auch dann, wenn an dieser Vermittlung mehrere Medien beteiligt sind, indem sie gleichzeitig bestimmte Aspekte, wie akustische und visuelle Qualitäten, vermitteln oder hintereinandergeschaltet sind, wie z. B. Mikroskop und Photographie (multimediale Vermittlung oder Medienverbund).

Eine völlig andere Lage aber ergibt sich, wenn durch die Medien dem Unterrichtsgegenstand selbst kritische Merkmale hinzugefügt werden. Dies geschieht z. B., wenn ein dramatischer Text als originärer Gegenstand in einer bestimmten Theateraufführung durch Regie, Bühnenbild und Schauspieler konkretisiert wird und vielleicht eine solche Aufführung noch einmal für eine Fernsehaufzeichnung bearbeitet wird. Macht man sich an einer solchen Aufführung die Regie oder eine bestimmte schauspielerische Leistung zum Gegenstand, dann müssen die durch die Darstellung zu der dramatischen Figur hinzugekommenen Qualitäten beachtet werden. Diese Qualitäten stellen jedoch keinen besonderen Faktor dar, weil für sie alles gilt, was über die kritischen Merkmale des Unterrichtsgegenstandes gesagt worden ist.

Da die verwendeten Medien erleichternd oder erschwerend auf die vom Lernenden zu vollziehenden Operationen wirken, haben sie für ihn wie alle Materialfaktoren eine *kognitive Funktion.* Sie bestimmen aber nicht die Art der zu vollziehenden Lernprozesse, d. h. sie üben keine operative Funktion aus, weil sie lediglich als Vermittler des originären Unterrichtsgegenstandes auftreten. Dagegen haben sie sicherlich eine *motivationale Funktion.* Diese ergibt sich zunächst wie bei allen Materialfaktoren aus ihrer erleichternden bzw. erschwerenden Wirkung. Hinzu kommen aber auch noch andere Anreize. Solche Anreize sind: die Neuigkeit eines Mediums für den betreffenden Lernenden, die Veränderung der Darbietungsform gegenüber der originären Gegebenheitsweise des Unterrichtsgegenstandes, das Ansehen (Prestige) eines Mediums in einer bestimmten Zeit oder für eine bestimmte Gruppe von Menschen und eventuell auch noch das Medium selbst mit all seinen Merkmalen und Funktionen, wenn es beim Lernenden ein Sachinteresse erweckt. Die durch das Medium ausgelöste Motivation kann allerdings von der Konzentration auf den vermittelten Unterrichtsgegenstand ablenken, wenn es nicht nur als ein Anreiz für die erste Zuwendung wirkt, sondern fortdauernd das Interesse des Lernenden auf sich zieht. Alle diese zusätzlichen Anreize haben nur eine recht begrenzte und meist nur temporäre Wirkung. Hierauf ist das schnell abklingende Interesse an der Vermittlungsart des Unterrichtsgegenstandes zurückzuführen, falls nicht die erleichternde Funktion des jeweiligen Mediums ein Interesse an ihr aufrechterhält. Es muß deshalb durch Motive für die Beschäftigung mit dem vermittelten Unterrichtsgegenstand (intrinsische Motive oder Sachinteressen) ergänzt oder abgelöst werden.

Wenn der Lehrende es sich zum Ziel setzt, einen bestimmten Lernprozeß zu erleichtern, kann er sich der verschiedenen ihm zur Verfügung stehenden Medien bedienen. Er kann aber auch auf sie verzichten, wenn er die entsprechende Erschwerung anstrebt oder auch nur in Kauf nimmt. Seine Entscheidungen bei der Wahl von Medien für die Vermittlung von Unterrichtsgegenständen können durch die folgenden Handlungsanweisungen gelenkt werden:

1. Der Lehrende kann zur Erleichterung des Zugangs zu den kritischen Merkmalen eines Unterrichtsgegenstandes die durch ein bestimmtes Medium erzielte verkleinerte oder vergrößerte Repräsentation des Gegenstandes wählen. (Falls der originäre Unterrichtsgegenstand überhaupt nicht oder für den betreffenden Lernenden nicht zugänglich ist, bleibt ihm keine andere Wahl.)
2. Der Lehrende muß mindestens exemplarisch die Lernresultate, die an einer bestimmten Art der Verkleinerung oder Vergrößerung (Karte, Skizze, Modell) erzielt worden sind, auf den originären Unterrichtsgegenstand übertragen lassen.
3. Der Lehrende muß bei der Wahl eines Repräsentanten auf die höchstmögliche Genauigkeit der Wiedergabe aller kritischen Merkmale achten (Isomorphie).
4. Der Lehrende muß bei dem Gebrauch einer symbolischen Repräsentation das Verständnis der gebrauchten Symbole durch den Lernenden sicherstellen.
5. Der Lehrende kann zur Erleichterung des Lernens mehrere Formen der Repräsentation für ein und denselben Unterrichtsgegenstand gleichzeitig gebrauchen.
6. Der Lehrende kann einige der durch bestimmte Medien ermöglichten Formen der wiederholten Vorgabe des Unterrichtsgegenstandes für die Erleichterung der angestrebten Lernprozesse nutzen. Solche Formen sind: Wiederholung von Ausschnitten, Verringerung des

Tempos eines Geschehens bis zu Standbildern, Überführung aus der sukzessiv darstellenden gesprochenen Sprache in die das Dargestellte gleichzeitig repräsentierende geschriebene Sprache.

Die einzelnen von uns dargestellten erleichternden Funktionen der medialen Vermittlung von kritischen Merkmalen des Unterrichtsgegenstandes können auch kombiniert auftreten. So bedient sich z. B. eine topographische Karte der Verkleinerung bei einer möglichst genauen isomorphen Abbildung und verschiedener symbolischer Mittel. Vor- und Nachteile von Repräsentanten des originären Unterrichtsgegenstandes müssen deshalb in jedem einzelnen Fall im Hinblick auf die genannten Kriterien erörtert werden.

5. Das Verhältnis einer funktionalen Theorie der Materialfaktoren von Unterrichtsgegenständen zu den traditionellen Konzepten der Anschaulichkeit und der Veranschaulichung

Die in diesem Kapitel analysierten Materialfaktoren der unkritischen und kritischen Merkmale von Unterrichtsgegenständen sowie der sie vermittelnden Medien sind bisher von der Unterrichtstheorie unter dem Titel der Anschaulichkeit und der Veranschaulichung behandelt worden. In den verschiedenen Theorien der Anschaulichkeit und Veranschaulichung von Unterrichtsgegenständen sind jedoch immer nur einzelne der von uns aufgezeigten Materialfaktoren für die Definition dieser Begriffe herangezogen worden. Indem man jeweils nur eine einzelne Erscheinung (Art und Zahl der für die Identifizierung geeigneten Merkmale, Isomorphie, Variabilität der unkritischen Merkmale in den Veranschaulichungen, größere „Konkretheit" oder „Abstraktheit" der Merkmale etc.) berücksichtigte, verstellte man sich den Blick auf die Vielfalt der erleichternden oder erschwerenden Momente des Unterrichtsgegenstandes und entstanden Begriffe der Anschaulichkeit und Veranschaulichung, die miteinander nicht zu vereinbaren waren [22].

Demgegenüber zeigt unsere Unterscheidung verschiedener, selbst noch in mehrfacher Hinsicht variabler Materialfaktoren, wie vielfältig die erleichternden und erschwerenden Momente des Unterrichtsgegenstandes sein können. Es gibt auf keinen Fall so etwas wie einen einzigen einheitlichen Aspekt, den man als die Anschaulichkeit oder Unanschaulichkeit des Unterrichtsgegenstandes bezeichnen könnte. Stattdessen ergibt sich die Anschaulichkeit oder Unanschaulichkeit immer aus dem Zusammenspiel mehrerer Materialfaktoren eines Unterrichtsgegenstandes. Das Phänomen der Anschaulichkeit kompliziert sich außerdem dadurch, daß die subjektive Reaktion auf die einzelnen Materialfaktoren unterschiedlich ist. Deshalb wird man die Frage, welcher Unterrichtsgegenstand unter den für das Unterrichtsziel in gleicher Weise geeigneten Gegenständen den Lernprozeß am meisten erleichtert oder erschwert, nicht nur im Hinblick auf eine Eigenheit des Unterrichtsgegenstandes (z. B. Zahl und Art der für die Identifikation geeigneten Merkmale, Vielzahl der unkritischen Merkmale) beantworten können. Stattdessen kann die methodische Wahl eines Unterrichtsgegenstandes nur dann rational vor sich gehen, wenn man sorgfältig die Belegung der verschiedenen Materialfaktoren registriert *und* ihre gemeinsame Funktion für einen Lernenden mit einem bestimmten Entwicklungsstand abzuschätzen sucht. Die erleichternde oder erschwerende Funktion der verschiedenen Materialfaktoren kann nämlich gleichsinnig oder gegensinnig sein. Hieraus lassen sich schon viele enttäuschende Resultate eines besonders „anschaulich" gestalteten Unterrichts erklären. Außerdem ist diese Funktion relativ zum jeweiligen Entwicklungsstand, so daß die Belegung eines Materialfaktors für den einen Lernenden noch erleichternd, für den anderen aber schon erschwerend sein kann. Diese Relativität auf den Entwicklungsstand des Lernenden in einem bestimmten Teilbereich, der keineswegs mit dem Lebensalter identisch ist, ist ein weiterer Grund für die Enttäuschung von Erwartungen, die mit dem sogenannten „Anschauungsunterricht" verbunden worden sind.

Eine rationale methodische Entscheidung über den zu wählenden Unterrichtsgegenstand setzt daher eine möglichst genaue Kenntnis der Materialfaktoren und der aus ihrem Zusammenwirken sich ergebenden Funktion für bestimmte Lernende voraus. Die in diesem Kapitel vermittelten Kenntnisse sind z. T. noch ungesichert und auf jeden Fall unvollständig. Es handelt sich deshalb eher um den Ansatz zu neuen Untersuchungen über die methodischen Funktionen des Unterrichtsgegenstandes als um eine fertige Theorie.

IV. Kapitel: Die Beeinflussung von Lernprozessen durch Faktoren der weiteren dinglichen und personalen externen Situation des Lernenden

Die äußere Situation des Lernenden im Unterricht besteht nicht nur aus den Instruktionen des Lehrenden und den Unterrichtsgegenständen. Der Wahrnehmungshorizont des Lernenden im Unterricht ist weiter. In ihm liegen außer den Instruktionen das äußere Erscheinungsbild und alle Verhaltensweisen des Lehrenden, die übrigen Lernenden und außer dem originären oder repräsentierten Unterrichtsgegenstand eine große Zahl von dinglichen Gegenständen. Diese personalen und dinglichen Gegebenheiten sind von uns nur soweit von Interesse, als sie die jeweils angestrebten Lernprozesse beeinflussen. Der Lernende kann freilich an ihnen auch vieles lernen, was vom Lehrenden nicht intendiert wird und mit den von ihm angestrebten Lernprozessen nicht in Beziehung steht. Dann findet in der Gesamtsituation des Unterrichts ein Lernen statt, das nicht zum Unterricht selbst gehört, sondern ein völlig selbständiges oder zufälliges Lernen ist, wie es auch außerhalb der Unterrichtssituation auftritt. Diese Lernmöglichkeiten ergeben sich hier wie überall durch die zu beobachtenden Menschen und Dinge in der jeweiligen besonderen oder typischen Situation, so daß sie in unserem Falle von der besonderen oder typischen äußeren Situation des Lernenden im Unterricht abhängig sind. U. U. kann dieses völlig selbständige oder zufällige Lernen für einen Schüler ergiebiger sein als das vom Lehrenden intendierte Lernen.

Sofern die zu den Instruktionen des Lehrenden und den Unterrichtsgegenständen hinzutretenden externen personalen und dinglichen Gegebenheiten einen Einfluß auf den vom Lehrenden intendierten Lernprozeß haben, sprechen wir von der weiteren äußeren Unterrichtssituation für den Lernenden. Sie kommt zu der aus Lerninstruktionen und Unterrichtsgegenständen bestehenden engeren äußeren Unterrichtssituation des Lernenden hinzu. Die weitere äußere Unterrichtssituation des Lernenden untersuchen wir nun mit dem Ziel, Faktoren zu entdecken, die eine bestimmte Funktion für den Vollzug der intendierten Lernprozesse ausüben. Wir fassen diese Faktoren wieder als externe Variablen mit gemeinsamen Funktionen für den Lernenden auf. Unsere Methode nötigt uns nicht zur Vollständigkeit, weshalb wir nur solche Faktoren der weiteren Unterrichtssituation erörtern, die möglichst genau und sicher faßbar sind.

Aus dem Verhältnis der weiteren Unterrichtssituation zur engeren ergibt sich, daß die Faktoren der weiteren Unterrichtssituation sich im gleichen Sinne wie Variablen der engeren Situation auswirken oder aber deren Wirkung beeinträchtigen können. Bei gleichsinniger Wirkung sprechen wir von Ergänzung, bei gegensinniger von Störung. Im ersten Falle werden Funktionen ausgeübt, die zu den Faktoren der engeren Unterrichtssituation in der Weise hinzutreten, daß ihnen etwas hinzugefügt wird, das zwar einen andersartigen Effekt ausübt, aber doch zu ihnen paßt und sie deshalb unterstützt oder erweitert. Im zweiten Fall werden die Funktionen der engeren Unterrichtssituation dagegen durch Faktoren der äußeren Situation beeinträchtigt, was im Grenzfall sogar dazu führen kann, daß sie nicht erfüllt werden. Wir gewinnen hier einen weiteren Zugang zu einigen der vielen externen Lernbedingungen, auf die der Lehrende einen Einfluß hat, indem er sie schafft bzw. arrangiert oder beseitigt. Abermals wird sich zeigen, daß eine Steuerung von Lernprozessen nicht durch ein einzelnes Mittel erreicht werden kann, sondern nur durch eine Vielzahl von externen Faktoren. Mit der Kenntnis verschiedener Lernbedingungen in der gesamten äußeren Situation des Lernenden steigt die Wahrscheinlichkeit der Prognose seiner Reaktion. Wer bei der Planung seines Unterrichts auf Grund einer möglichst genauen Kenntnis des jeweiligen Entwicklungsstandes der ihm anvertrauten Lernenden und einer möglichst klaren Zielvorstellung viele dieser externen Bedingungen funktionsgerecht einsetzt, kann viel eher erwarten, daß der von ihm erhoffte Unterrichtserfolg eintritt, als ein Lehrer, der mit der konstanten Wirkung einiger oder gar einer ganz bestimmten externen Bedingung rechnet. Da aber auch der gewissenhaft planende Lehrer nicht alle externen Bedingungen und erst recht nicht alle internen berücksichtigen kann, wird er sich nie eine sichere Prognose seines Unterrichtserfolges zutrauen können. Dies ist keineswegs ein Argument für einen pädagogischen Agnostizismus oder die vielberedete Resignation des Lehrers; denn es geht nicht um die Alternative zwischen einer absolut sicheren und einer absolut unsicheren Voraussage, sondern nur um eine graduelle Zunahme der Wahrscheinlichkeit des zu erwartenden Unterrichtserfolgs auf Grund der Wahl bestimmter Mittel. Jede zusätzliche Einsicht des Lehrenden entfernt ihn von willkürlichem Handeln und damit von der bloßen Zufallswahrscheinlichkeit seines Erfolgs.

1. Die ergänzenden Funktionen von dinglichen Faktoren der weiteren äußeren Unterrichtssituation

Wenn die dingliche äußere Situation des Lernenden aus nichts anderem besteht als dem Unterrichtsgegenstand, gibt es keine ergänzende Funktion anderer Dinge. Dies setzt aber voraus, daß sich der Lernende keinem anderen dinglichen Gegenstand in seiner Umgebung zuwendet als dem Unterrichtsgegenstand, und zwar nicht nur in einem Augenblick, sondern so lange, bis die an diesem Gegenstand angestrebten Lernresultate erzielt sind. Eine solche u. U. langandauernde ausschließliche Konzentration auf den Unterrichtsgegenstand ist selten. Es gibt freilich den Fall, daß der Lernende bei der Zuwendung zum Unterrichtsgegenstand völlig von seiner ganzen Umgebung absieht, sie nicht zur Kenntnis nimmt, Veränderungen in ihr nicht wahrnimmt, nur weil er sich z. B. in ein Buch vertieft oder völlig von der Ausführung eines physikalischen Experiments in Anspruch genommen wird. Wenn es eine solche Abstraktion von allem anderen über eine gewisse Zeitspanne hin nicht gäbe, sondern nur die flüchtige Hinwendung zu einem Unterrichtsgegenstand zwischen der Beschäftigung mit vielem anderen, wäre es um den Unterricht schlecht bestellt. Es gibt aber eine solche ausschließliche Konzentration nur für eine mehr oder weniger eng begrenzte Zeitspanne. Wie groß diese Zeitspanne ist, hängt von den Bedürfnissen des jeweiligen Lernenden, von den Reizen des Unterrichtsgegenstandes und eben auch von den Reizen der übrigen dinglichen Gegebenheiten der aktuellen äußeren Unterrichtssituation ab.

Zu diesen Dingen zählt zunächst einmal all das, was der Lernende für einen unbehinderten Vollzug seiner Operationen benötigt. Je nach Art der von ihm zu vollziehenden Operationen sind dies sehr elementare Dinge oder hochkomplizierte Apparaturen. Um einen Unterrichtsgegenstand sehen, hören, beschreiben, analysieren zu können, muß er dem Lernenden selbst zugänglich sein und müssen ihm außerdem die dinglichen Mittel für die von ihm verlangten Operationen zur Verfügung stehen. Auch für den Fall, daß er seinen Gegenstand selbst herstellen soll, müssen ihm die äußeren Voraussetzungen hierfür gegeben sein. Er benötigt bestimmte Räume, Lichtverhältnisse, Installationen, Mobiliar, Materialien verschiedener Art, Handwerkszeug, technische Geräte u. a. m. Es handelt sich hier um die Einrichtung des Arbeitsplatzes mit den für die jeweiligen Operationen erforderlichen Mitteln. Insofern haben diese Dinge eine *instrumentale Funktion.*

Diese Gegebenheiten der weiteren Unterrichtssituation können so unzulänglich sein, daß durch sie die Aufnahme und Bearbeitung des Unterrichtsgegenstandes unmöglich wird. Dann fehlen die dinglichen Bedingungen für den Vollzug der betreffenden Operationen. Dies braucht keineswegs für alle Lernenden einer Gruppe gleichzeitig der Fall zu sein. Es genügt, wenn nur für einen einzigen Lernenden die Distanz zu groß ist, um den Tafeltext lesen zu können, an seinem Arbeitsplatz eine Steckdose nicht funktioniert, das Schreibzeug versagt, Kreide fehlt, die Feineinstellung des Mikroskopes klemmt oder im Sprachlabor sich ein Kontakt gelöst hat. In einer viel größeren Zahl von Fällen sind aber die dinglichen Bedingungen nicht so unzureichend, daß die jeweilige Operation überhaupt nicht vollzogen werden kann. Der *Faktor der dinglichen Bedingungen* für den Vollzug der erforderlichen Operationen ist deshalb variabel im Hinblick darauf, ob er überhaupt hinreichend vorhanden ist, aus welchen Bedingungen er jeweils besteht und in welchem Grade er vorhanden ist. Seine ergänzende Leistung für den Lernenden besteht darin, daß er zu den Faktoren der engeren Unterrichtssituation hinzutreten muß und daß er bis zu einem optimalen Grad zu ihnen hinzutreten kann. Dieses Optimum ist dann erreicht, wenn beim Lernenden keine erhöhte Energie für die Überwindung der durch diese Bedingungen auftretenden Schwierigkeiten beansprucht wird, sondern ihre Inanspruchnahme automatisch, d. h. zugleich, mit dem geringstmöglichen Energieaufwand geschehen kann. Ob bestimmte dingliche Bedingungen ihre Funktion beim Lernenden überhaupt oder gar optimal erfüllen, hängt nicht nur von der objektiven Gegebenheit dieses Faktors, sondern auch von den subjektiven internen Bedingungen beim jeweiligen Lernenden ab. So kann dem einen Lernenden der Vollzug einer bestimmten Operation bei objektiv erschwerten dinglichen Bedingungen uneingeschränkt möglich sein, einem anderen aber nicht. Den einen kostet die Überwindung der in den dinglichen Bedingungen liegenden Schwierigkeiten einen größeren, den anderen einen kleineren Energieaufwand. Bei dem einen ist der hierfür erforderliche Energieaufwand im Verhältnis zu der ihm im jeweiligen Augenblick zur Verfügung stehenden Energie viel größer als für einen anderen oder gar schon zu groß, als daß noch genug Kraft für den Vollzug der jeweiligen Operation bliebe. Hieraus geht hervor, daß dieser Faktor ebenso wie die Materialfaktoren des Unterrichtsgegenstandes den Vollzug der erforderlichen Operationen erst ermöglicht, erleichtert oder erschwert. Er hat deshalb auch eine *kognitive* und eine *motivationale Funktion* (s. o. S. 127).

Weil diese dinglichen Bedingungen lediglich Voraussetzungen für den Vollzug der angestrebten Operationen sind, werden sie leicht als selbstverständliche und auch lästige Äußerlichkeiten vernachlässigt. Diese Geringschätzung haben sie keineswegs verdient. Wer sich daran zu erinnern vermag, wie sehr ihm als Schüler, besonders in jungen Jahren, unzureichende dingliche Bedingungen in manchen Situationen zugesetzt haben, und wer nicht verständnislos der Not eines Schülers gegenübersteht, für den der Stuhl zu niedrig ist oder dessen Kugelschreiber versagt, wird nicht in den Hochmut verfallen, ihre oft ausschlaggebenden Funktionen zu verkennen.

Eine andere Ergänzung kann darin bestehen, daß dem Lernenden in der weiteren Unterrichtssituation zusätzliche Gegenstände aus dem Bereich des Unterrichtsgegenstandes zugänglich werden, z. B. Aquarelle im Kunstunterricht, Luftaufnahmen im Geographieunterricht oder typische nationale Utensilien im Englischunterricht. An ihnen kann er in den Zeiten, in denen er sich nicht mit dem jeweiligen Unterrichtsgegenstand befaßt, zusätzliche Erfahrungen machen. Eine solche Beschäftigung vergrößert anscheinend die Behaltensdauer der an dem jeweiligen Unterrichtsgegenstand erzielten Lernresultate durch die Einbindung in ein System. Van Parreren z. B. vertritt die durch experimentelle Ergebnisse gestützte Theorie, daß sich Lernresultate in einem psychologischen Feld organisieren[23]. Im Hinblick auf ein solches aus Lernresultaten bestehendes psychologisches Feld spricht er von Systemen aus Lernresultaten. Die Aktualisierung eines Lernresultats ist dann durch seine Einbettung in ein bestimmtes System mitbedingt. Sind Teile eines solchen Systems gegeben, so erleichtert dies die Aktualisierung der anderen Teile dieses Systems, vorausgesetzt, daß ein Lernresultat bereits als Teil eines Systems gelernt worden ist. Muß die Aktualisierung außerhalb des ursprünglichen Systems geschehen, werden die Lernresultate seltener aktualisiert. Verweisen wir hierfür zunächst einmal auf einige Befunde aus der experimentellen Psychologie und der Unterrichtserfahrung: zu acht Wörtern aus dem Bereich des Bahnhofs wurden Worterklärungen so sicher auswendig gelernt, daß beim Vorlegen der einzelnen Karten mit den Wörtern alle acht Erklärungen zweimal sofort richtig wiedergegeben werden konnten; in einem danach geschriebenen Aufsatz mit dem Titel „Auf dem Bahnhof“ wurden nur durchschnittlich zwei dieser Wörter von den Vpn verwendet; als die Vpn danach einen Hinweis auf die Situation erhielten, in denen die acht Wörter gelernt worden waren, konnten ohne Vorlage der Karten durchschnittlich 5 Wörter reproduziert werden. – Die im Grammatikunterricht gelernte Kategorie „Attribut“, wird im Literaturunterricht des gleichen Faches auf die Frage nach der Art eines bestimmten Satzteils nur von wenigen Schülern reproduziert. – Eine Fremdsprache kann man ohne einen längeren Aufenthalt in dem betreffenden Land nur schwer sicher lernen.

Systeme von Lernresultaten bilden sich demnach in bestimmten Lernsituationen. Diese Systeme sind sehr unterschiedlich groß: System der Phase des Auswendiglernens von Bahnhofswörtern; System der Beschäftigung mit einem bestimmten Gegenstandsaspekt, z. B. dem grammatischen, in einem Fachunterricht; System eines Schulfaches; System des schulischen Lernens; System des Gebrauchs einer fremden Sprache im Ursprungsland dieser Sprache. Ein Lernresultat wird dadurch, daß es in verschiedene Systeme integriert wird, zunehmend sicherer verfügbar.

Van Parreren bezeichnet diesen Vorgang deshalb auch als „Integration in den persönlichen Kenntnisbesitz“ [24]. Diese Integration hat für ihn zwei Aspekte: „Einerseits einen kognitiven: Die neue Kenntnis geht allerlei inhaltliche Bindungen zu bereits vorhandenen Kenntnissen ein (auch wenn diese sich in anderen Systemen befinden). Andererseits einen affektiven Aspekt: Die neue Kenntnis bekommt die spezifische affektive Färbung, die alles das hat, was mit dem Ego verbunden ist.“ Wir treffen demnach auch hier wieder zugleich auf die *kognitive* und die *motivationale* Funktion (Operationen ermöglichende oder erleichternde bzw. erschwerende, Sachinteressen aktualisierende, die Leistungsmotivation verstärkende u. a. m.). Möglicherweise finden außerdem nicht intendierte Operationen statt (Herstellung „inhaltlicher Bindungen“), so daß auch noch *operative* Funktionen ausgeübt werden.

Für unseren Zusammenhang der dinglichen Gegebenheiten in der weiteren Unterrichtssituation ergibt sich hieraus, daß sie schon beim Erwerb eines Lernresultats zur Einbettung dieses Resultats in ein bestimmtes System beitragen können. Außerdem können sie bei der Aktualisierung dieses Lernresultats in anderen Systemen hilfreich sein. So kann man dem Raum, in dem Englisch gelernt wird, bis zu einem gewissen Grade eine englische Ausstattung geben, einen besonderen Raum für Zeichnen, Geographie etc. einrichten. Man kann aber auch eine bestimmte Unterrichtssituation mit Gegenständen, Bildern, Zeichnungen und Geräuschen ausstaffieren, die selbst nicht Unterrichtsgegenstand werden, wohl aber zu dem Gegenstandsbereich gehören, aus dem dieser stammt. Freilich sind der Bildung von solchen spezifischen externen Situationen Grenzen gesetzt. Wahrscheinlich aber genügen oft schon Ansätze einer spezifischen externen Situationsgestaltung zur Unterstützung der Integration von Lernresultaten in ein System. Diese Situationsbestandteile schaffen außerdem eine Beziehung zu der Situation außerhalb des Unterrichts, in der die im

Unterricht erzielten Lernresultate doch benötigt werden. In manchen Fällen ist es auch möglich, den Unterrichtsgegenstand außerhalb der Schule in seiner natürlichen oder einer bereits für ihn hergestellten Umgebung aufzusuchen (ein Elektrizitätswerk, einen Stausee, ein Bauwerk, ein Kunstwerk). Wie wichtig diese Gestaltung der weiteren Unterrichtssituation ist, zeigt sich an dem extremen Gegensatz hierzu, einem Unterricht, der für alle Unterrichtsgegenstände in demselben, lediglich mit Stühlen und Tischen ausgestatteten Raum stattfindet.

Die weitere dingliche Unterrichtssituation kann sich auch noch in der folgenden Weise auswirken. Es ist eine Erfahrungstatsache, daß auch die in keiner Beziehung zu den geforderten Operationen stehende dingliche Umgebung, z. B. die ästhetisch anspruchsvolle Ausstattung eines Leseraumes, für die Beschäftigung mit dem Unterrichtsgegenstand zusätzliche Anreize bieten kann oder aber sich negativ auf die Bereitschaft hierfür auswirkt. Unter Umständen hängt es hiervon sogar ab, ob man überhaupt dazu bereit ist. Die durch die für den jeweiligen Lernprozeß selbst irrelevanten dinglichen Gegebenheiten geschaffene Atmosphäre wirkt sich auf die *Lernmotivation* aus. Objektiv gehören hierzu solche Momente der dinglichen Ausstattung des Unterrichtsortes wie Bequemlichkeit der Aufenthaltsmöglichkeiten, Sauberkeit, Ordnung, Reichhaltigkeit der Ausstattung, Großzügigkeit, Schönheit.

Welche Umgebung jeweils für einen bestimmten Lernenden eine stimulierende Wirkung auf seine Lernmotivation hat, hängt von seinen diesbezüglichen Bedürfnissen ab. Bei dem einen stellt sich ein für die Steigerung der Lernbereitschaft geeignetes Wohlbehagen ein, wenn ein Raum gerade renoviert und sichtbar gepflegt ist, bei einem anderen erst, wenn er deutliche Spuren eines rücksichtslosen Gebrauchs zeigt. Es hängt die Erfüllung einer positiven motivationalen Funktion dieses Faktors deshalb vom Entwicklungsstand des jeweiligen Lernenden ab, wobei erworbene Werthaltungen von besonderer Bedeutung sind. Bei jüngeren Schülern sind die internen Bedingungen anders geartet als bei älteren, bei Kindern im Zentrum einer Großstadt anders als bei Kindern in einer Dorfschule, bei Kindern mit einem beengten häuslichen Milieu anders als bei Kindern reicher Leute usf. Auch Moden im Selbstverständnis der Jugend spielen hier eine Rolle, z. B. ein betont salopper oder aber ein betont geordneter Lebenstil. Wenn man auch in einem Unterricht für eine Gruppe von Lernenden und erst in den großen Gebäuden für eine Vielzahl von Jugendlichen nicht für jeden einzelnen Lernenden, für seine unterschiedlichen Lernsituationen und für seine wechselnden Vorlieben eine optimal anregende spezielle Umwelt schaffen kann, so ist dies noch lange keine Rechtfertigung für gedankenlos konzipierte oder heruntergekommene kahle Abfertigungsstätten für die dringendsten Lernbedürfnisse. Einen solchen Eindruck machen unsere öffentlichen Schulen leider oft. Man könnte auch einen Stil der Ausstattung pflegen, wie dies für Montessori-Schulen, gut geführte Internate, die von Makarenko geleiteten Kolonien etc. selbstverständlich ist.

In der weiteren dinglichen Unterrichtssituation haben wir drei Faktoren mit unterschiedlichen Funktionen (1. instrumental, kognitiv und motivational; 2. kognitiv, operativ; 3. motivational) aufweisen können. Diese drei Faktoren können nicht nur vom einzelnen Lehrenden, sondern auch von den ihm vorgeordneten Entscheidungsträgern, der Schulleitung, der Schulverwaltung, den politischen Instanzen für das Schulwesen und auch den von ihnen für den Schulbau beauftragten Architekten beeinflußt werden. Für ihr Handeln, von dem die optimale Gestaltung der drei angeführten Faktoren abhängt, können hier nur einige didaktische Maximen aufgestellt werden. Es müssen viele zusätzliche Überlegungen angestellt werden, um für eine so große Zahl von Lernenden mit so vielen unterschiedlichen Lernsituationen und so stark differierenden und wechselnden Bedürfnissen wenigstens annäherungsweise optimale Lernumwelten zu schaffen.

1. Die dinglichen instrumentellen Bedingungen für den Vollzug der beim Lernenden angestrebten Operationen müssen so günstig hergestellt werden, wie dies beim jeweiligen Stand der Erforschung dieser Bedingungen und ihrer technischen Realisierung möglich ist.
2. Der Lehrende muß durch dingliche Gegebenheiten der weiteren Unterrichtssituation die Integration des jeweiligen Lernresultats in ein oder mehrere Systeme von Lernresultaten zu erleichtern suchen (Ausstattung von Facharbeitsräumen, Aufsuchen des Unterrichtsgegenstandes in seiner natürlichen oder bereits für ihn hergestellten künstlichen Umgebung, Andeuten der für einen Unterrichtsgegenstand spezifischen Situation in einem normalen Klassenraum).
3. Der Lehrende und alle ihm vorgeordneten Entscheidungsträger müssen versuchen, die dinglichen Gegebenheiten der weiteren Unterrichtssituation so zu gestalten, daß sie für die jeweiligen Lernenden möglichst viele Anreize für ihre Lernbereitschaft besitzen. Hierbei muß den mündlich oder durch tätige Mitarbeit zum Ausdruck gebrachten Bedürfnissen der Lernenden soweit wie möglich Rechnung getragen werden.

2. Die ergänzenden Funktionen von personalen Faktoren der weiteren äußeren Unterrichtssituation

Zur weiteren äußeren Unterrichtssituation gehören auch die vom einzelnen Lernenden während des Unterrichts zu beobachtenden Personen: die anderen Mitglieder der Lerngruppe, der oder die Lehrenden und eventuell noch Personen, die am Unterricht selbst nicht beteiligt sind („unbeteiligte Beobachter" für empirische Untersuchungen, in einem Großraum anwesende Personen, Lehrer in der Ausbildung etc.).

Sobald der Unterricht nicht Einzelunterricht ist, können die von jedem Lernenden vollzogenen Handlungen ergänzende Funktionen für alle anderen Lernenden der Gruppe haben. Soweit sie intersubjektiv beobachtbar sind und von einem anderen Lernenden auch zur Kenntnis genommen werden, sind sie Bestandteil seiner äußeren Situation. Diese Handlungen können in mehreren Fällen *operative Funktionen* erfüllen.

In den durch eine Instruktion des Lehrers abgesteckten Grenzen kann die Teilleistung eines Lernenden durch die Teilleistungen der übrigen Lernenden zu einer Gesamtleistung ergänzt werden, die durch ihn allein nicht zu erzielen ist. Voraussetzung dafür ist, daß die Instruktion eine genügend große Menge an Operationen und eine summativ oder hierarchisch strukturierte Synthese von Teilleistungen zuläßt. Der einzelne Lernende ist an der Gesamtheit von Lernhandlungen in unterschiedlichem Maße mit produktiven und rezeptiven Leistungen beteiligt. Er kann zusätzlich lernen, bei seinen Handlungen die Ergebnisse der anderen Lernenden zu berücksichtigen. Dies ist die Form der gemeinsamen Lösung einer Aufgabe, die sowohl in einem vom Lehrenden durchgehend gesteuerten als auch in einem von ihm organisierten Gruppenunterricht möglich ist. Für das von jedem einzelnen Schüler erzielte Resultat ist die Steuerung über die Adressatenvariable ebenso wichtig wie die sachspezifische Steuerung bei einem Stocken der Arbeit, bei Überschneidungen und Widersprüchen zwischen den einzelnen Beiträgen und bei Fehlleistungen. Wenn das Verfahren einer gemeinsamen Arbeit nicht nur durch Wiederholung eingeübt, sondern selbständig gehandhabt werden soll, sind außerdem Instruktionen für die Reflexion auf diese Methode erforderlich.

Im Falle eines Vergleichs des eigenen mit dem von anderen Lernenden erzielten Resultat wird er Operationen vollziehen, die über die von ihm bereits erreichten Leistungen hinausführen können. Er kann zu einer Kritik der von anderen erzielten Ergebnisse und zu einer Bestätigung oder aber Kritik seiner eigenen Ergebnisse kommen. Die Imitation kann eine weitere operative Funktion von Handlungen anderer Lernender sein. Bei einer vollständigen Wiederholung ist allerdings der Lerneffekt wesentlich geringer als bei der Imitation von bestimmten Aspekten der Handlungen, wie z. B. der Vorgehensweise oder einer Darstellungsform.

Schließlich können die Schüler auch untereinander Fragen stellen, Aufträge geben etc. Auf solche Instruktionen kann der einzelne ebenso wie auf die Instruktionen des Lehrers mit entsprechenden Operationen reagieren. Durch diesen Personenwechsel ändert sich nichts an der Struktur und den Funktionen der verbalen Instruktion. Von Interesse ist hier jedoch das Verhältnis zwischen Lehrer- und Schülerrolle, wozu die Probleme der Anerkennung von Schülerinstruktionen durch den Lehrer, ihrer Befolgung durch Lehrer oder Schüler und ihrer Unterordnung unter übergreifende Lehrerinstruktionen gehören.

Die Handlungen anderer Lernender als Bestandteil der externen Lernsituation haben nicht nur operative, sondern auch *motivationale Funktionen* für jeden Schüler.

Die erwartete und die erbrachte Leistung eines anderen können ein Anreiz zum Wettbewerb mit ihm sein. Es bedarf hierzu folgender externer und interner Bedingungen: Wenn der Lehrende die Lernenden nicht nur über die von ihnen erwarteten Operationen informiert, sondern auch über den Bewertungsmaßstab für die von ihnen zu erbringende Leistung und die ihm zur Verfügung stehende Zeit, dann kann das Bewußtsein einer Wettbewerbssituation bei ihnen entstehen.

Es kann dem Lernenden primär darum gehen, sich mit einem bestimmten oder allen anderen Lernenden der Gruppe zu messen oder primär auf den Lehrenden als die wertende Instanz einen guten Eindruck zu machen. Da es eine solche Situation nie ohne andere Lernende und ohne eine wertende Instanz gibt, sind immer beide Momente mit im Spiel. Und zwar selbst dann, wenn die Wertung von einem Schüler vorgenommen wird, weil er nur nach vorgegebenen Maßstäben und in einer problematischen Vertretung des Lehrenden wertet.

Ein motivationaler Anreiz geht aber keineswegs nur von der ausdrücklichen Wettbewerbssituation aus, sondern besteht auch darin, daß bei einer Mehrzahl von Lernenden der Vergleich mit anderen Lernenden immer möglich ist, weshalb die dabei festgestellten Ungleichheiten allein schon Anreiz genug sein können, sie auszugleichen oder den anderen zu übertrumpfen, wenn man diese Ungleichheit für wertvoll hält. Es kann deshalb sehr Unterschiedliches sein, worin ein Lernender mit einem anderen wetteifert, und es gibt auch Verschiebungen von der Art, daß der Schüler eine Unterlegenheit auf einem Sektor durch eine Überlegenheit auf einem anderen Sektor zu kompensieren sucht.

Man würde aber die motivationale Funktion der Anwesenheit anderer Lernender sehr einseitig sehen, wenn man nur den Anreiz zum Wettbewerb berücksichtigt. Allein schon das Faktum der Anwesenheit weiterer Menschen außer dem Lehrer kann anregend sein. Ein Lernender kann die angestrebten Operationen auch intensiver vollziehen, um einem anderen ihren Vollzug erklären zu können. Es gibt die Nachahmung der Lernbereitschaft anderer, die zu einem kollektiven Arbeitsrhythmus oder gar einem differenzierten Arbeitsstil führen kann, und es gibt die gemeinsame Zielsetzung einer Lerngruppe, die die Stärke ihrer Motivation mitbestimmt. Der ausdrückliche persönliche Einfluß eines bestimmten Mitschülers kann die Motivation des Lernenden beeinflussen. Und es gibt auch die Konkurrenz einer ganzen Lerngruppe mit einer anderen Lerngruppe.

Kurz: hier kommen alle Anreize in Betracht, die in einer Gruppe von Lernenden von anderen Schülern ausgehen können. Auf diese motivationale Funktion der Mitschüler hat nicht nur ihr Handeln in der Unterrichtssituation und außerhalb des Unterrichts in der Schule, sondern auch der außerschulische Umgang mit ihnen großen Einfluß.

Auch der *Lehrer* ist Bestandteil der äußeren Situation des Lernenden im Unterricht. Zur engeren Unterrichtssituation gehören seine Instruktionen und die Vorgabe von Unterrichtsgegenständen. Zur weiteren Unterrichtssituation gehören aber sein ganzes Erscheinungsbild und alle anderen äußeren (außenwirksamen oder effektiven) und damit für den Lernenden beobachtbaren Handlungen. Zur weiteren Unterrichtssituation müssen hier zumindest alle Zeiteinheiten des Zusammenseins gerechnet werden, in denen der Lehrer potentiell Lehrfunktionen ausüben kann, wie z. B. Begegnungen im Schulgebäude, auf einer Klassenfahrt etc. Die Abgrenzung der weiteren Unterrichtssituation nach außen ist bei der Person des Lehrers besonders schwierig, weil bei zufälligen privaten Begegnungen oder bei einem Zusammentreffen, in denen Schüler und Lehrer andere Rollen einnehmen, z. B. als Mitglieder der gleichen Partei, des gleichen Vereins etc., ein schneller Rollenwechsel, eine Rollenambivalenz oder ein Rollenkonflikt eintreten können. Schüler, deren Lehrer ein Freund der Eltern oder gar der Vater ist, können in schwere Rollenkonflikte geraten, wenn die beiden Rollen des Lehrers und Freundes der Eltern bzw. des Vaters nicht sorgfältig voneinander getrennt werden. Selbst wenn der Lehrer eindeutig eine andere Rolle ausübt, was z. B. der Fall ist, wenn er unbemerkt von einem Schüler bei der Gartenarbeit oder bei einem Liebesabenteuer beobachtet wird, ist es noch problematisch, welche Rollenerwartung der Schüler ihm gegenüber einnimmt.

Wie auch immer man die weitere Unterrichtssituation abgrenzt, so wirkt die Person des Lehrers zusätzlich zu den von ihm vollzogenen Lehrhandlungen ebenso auf den Lernenden ein wie andere Menschen. Sobald man nämlich einen Menschen beobachten kann, ist es möglich, daß man einzelne seiner Verhaltensweisen nachahmt oder belächelt, bestimmte Wertungen übernimmt oder verwirft, Einstellungen sich zu eigen macht oder zu vermeiden sucht, Kenntnisse begierig aufnimmt oder nur flüchtig registriert. Mit anderen Worten: der Lehrer ist außerhalb der engen Unterrichtssituation für den Lernenden ein Objekt, an dem er eine Fülle von Erfahrungen machen kann wie an allen anderen personalen Objekten. Auf Grund der oft extrem langen Zeit, die dem Schüler hierfür zur Verfügung steht, läßt sich der Lehrer manchmal sogar besser studieren als die Eltern oder ein guter Bekannter. Die zu seiner Rolle gehörenden Befugnisse geben oft sogar einen besonderen Anlaß dazu. Auf diese Weise übt der Lehrende unbeabsichtigt *operative Funktionen* aus, die zwar im Hinblick auf die engere Unterrichtssituation als Nebenwirkungen angesehen werden müssen, u. U. aber folgenreicher für die Entwicklungen des Lernenden sind als die vom Lehrenden intendierten Wirkungen.

In der weiteren Unterrichtssituation können auch personale Beziehungen zwischen Lehrer und Schüler entstehen, die es zwischen allen Menschen gibt, Freundschaft, Haß, Sympathie, Liebe etc. Es ist eine seit altersher diskutierte Frage, ob es nicht neben diesen allgemeinen menschlichen Möglichkeiten eine spezifische Form der personalen Beziehung zwischen dem Lehrenden und dem Lernenden gibt. Eine solche personale Beziehung entsteht nicht allein aus den Lehrhandlungen in der engeren Unterrichtssituation, weil diese u. U. von einem anonymen Automaten übernommen werden können, wie wir es heute von der programmierten Unterweisung kennen. Sie entsteht aber auch nicht allein aus einem genauen Beobachten des Lehrers in der weiteren Unterrichtssituation, sondern ist ein Resultat des gesamten Umgangs zwischen dem Lehrenden und dem Lernenden in der engeren und der weiteren Unterrichtssituation und besteht in der Anerkennung oder Verurteilung des anderen als Lehrer bzw. als Schüler. Es ist dies die der Rollenverteilung gemäße Form der Hochachtung oder Geringschätzung. Sie braucht sich keineswegs auf die ganze Person oder die ganze Realisierung der jeweiligen Rolle zu beziehen, sondern kann sich auf einzelne Verhaltensweisen oder Leistungen beschränken. Die Art der Wertschätzung wirkt sich auf die momentane oder überdauernde Lernmotivation aus. Die im Verhalten des Lehrers liegenden *motivationalen Anreize* wirken sich auf verschiedene Motivvariablen aus, insbesondere auf die Leistungsmotivation und das Sachinteresse [25].

Die dritte Personengruppe neben Schülern und Lehrern übt kaum ergänzende Funktionen aus. Falls sie in den Unterricht eingreift, gehört sie zur engeren Unterrichtssituation. Falls sie lediglich anwesend ist, kann sie der Gegenstand von Beobachtungen sein, die nur in einem geringen Maße während des Unterrichts möglich sind, ohne ihn zu stören. Mit diesen operativen Funktionen korrespondiert wie beim Lehrer eine motivationale. Sie besteht in einer graduell und individuell unterschiedlich starken Anregung zum Vollzug der vom Lehrer erwarteten Operationen.

3. Die störenden Funktionen von dinglichen und personalen Faktoren der weiteren Unterrichtssituation

Die dinglichen und personalen Gegebenheiten der weiteren Unterrichtssituation können dazu führen, daß die zur engeren Unterrichtssituation gehörenden Lernhandlungen abgekürzt oder unterbrochen werden. Durch solche Störungen des Lernprozesses wird der angestrebte Ertrag des Unterrichts beeinträchtigt, sofern kognitive und affektive Prozesse verändert sowie die Bereitschaft zur Zuwendung zum Unterrichtsgegenstand verringert wird. Für die in diesem Sektor vorliegenden Verhältnisse kann nur ein erster Aufriß geliefert werden, da ihre gründliche Untersuchung noch weitgehend aussteht.

Die Störung kann darin bestehen, daß durch Lärm oder eine starke Veränderung der Lichtverhältnisse die akustische oder visuelle Aufnahme des Unterrichtsgegenstandes und der Handlungen des Lehrenden objektiv nicht mehr möglich sind.

Wann dies eintritt, ist für den Teilbereich einer Störung der Aufnahme von gesprochener Sprache durch andere Schallereignisse in mehrerer Hinsicht untersucht worden. Diese Befunde betreffen das Verständnis von verbalen Instruktionen, die Rezeption eines mündlich vorgegebenen sprachlichen Unterrichtsgegenstandes, Lehrerreferate und verbale Äußerungen der Mitschüler (s. o. S. 57 ff., S. 151 und S. 165). Ein erster wichtiger Befund für eine solche Störung ist folgender: „Die Verdeckungswirkung des Störgeräusches hängt nicht nur von seiner Intensität, sondern auch von seinem Spektrum ab (je ähnlicher das Spektrum des Störgeräusches dem Sprachspektrum ist, desto mehr wird die Wahrnehmung der Sprache beeinträchtigt)." [26] Danach wird die Aufnahme von gesprochener Sprache insbesondere durch andere gleichzeitige Sprachereignisse gestört, d. h. im Unterricht das Sprechen des Lehrers durch Äußerungen anderer Schüler und dritter Personen im Raum sowie das Sprechen eines anderen Schülers durch Äußerungen der übrigen Personen im Raum. Zweierlei kann eine solche Störung noch überwindbar machen: erstens eine Instruktion, durch die der Hörer eindeutig darüber informiert wird, auf welchen Sprecher er achten soll [27], und zweitens eine Dauer der konkurrierenden Sprachereignisse von nicht mehr als 4 Sekunden [28]. Im ersten Falle geschieht die Überwindung der konkurrierenden Schallereignisse durch eine bewußte Lenkung der Aufmerksamkeit. Jeder Lehrer kennt diese Möglichkeit und weiß auch um ihren Nachteil, daß sie vom Lernenden einen zusätzlichen Aufwand an geistiger Energie verlangt, der nicht leicht aufgebracht wird. Im zweiten Falle wirkt sich das konkurrierende Schallereignis nicht nachteilig aus, weil ohne die Absicht des Hörenden beide gespeichert werden, so daß der Schüler auch bei einer Zuwendung zur störenden Schallquelle noch auf die andere Äußerung zurückgreifen kann. Es handelt sich hier um die begrenzte Möglichkeit, zwei Sprechern gleichzeitig zuzuhören. Bei unterschiedlicher Lautstärke und mehreren Sprechern verringert sich diese Möglichkeit aber schnell.

Die Störung durch eine Veränderung der Lichtverhältnisse ist seltener. Spezielle Untersuchungen hierzu sind mir nicht bekannt. Die einzelnen Lernenden werden bei einer Verminderung der Lichtstärke unterschiedlich schnell die Grenzen erreichen, von der an sie den Unterrichtsgegenstand nicht mehr hinreichend genau wahrnehmen können. Es scheint sich sehr viel schneller störend auszuwirken, wenn die Lichtverhältnisse dazu führen, daß der Lernende geblendet wird [29].

Eine Unterbrechung des Lernprozesses kann sich auch ergeben, wenn der Lernende von sich aus seine Aufmerksamkeit den dinglichen und personalen Gegebenheiten in der weiteren Unterrichtssituation zuwendet. Dies geschieht in vielen Fällen unwillkürlich. Geht die Zuwendung aber über diese, sicher von Individuum zu Individuum unterschiedlich schnell erfolgende kurzfristige reflexartige Zuwendung hinaus, dann haben die Gegebenheiten der weiteren Unterrichtssituation einen größeren Anreiz für den Lernenden als die der inneren. Hierfür gibt die Motivationslage des Lernenden den Ausschlag [30].

Jede Unterbrechung dieser Art bringt zunächst einen Verlust in Gestalt der ausgefallenen Lernhandlungen und einen Gewinn in Form der stattdessen vollzogenen Handlungen. Es gibt viele Wertmaßstäbe, unter denen die in diesen Handlungen auftretenden Nebenwirkungen gegenüber den intendierten Wirkungen als wichtiger angesehen werden können (z. B. höherer Wert der unbeabsichtigt gewonnenen sozialen Erfahrung gegenüber dem beabsichtigten Wissensgewinn).

Eine zweite Folge besteht darin, daß die vorausgehende Lernsequenz abgebrochen wird, wenn sie nicht zufällig gleichzeitig ausläuft. Falls sie nicht wieder aufgenommen wird, mindert dies den Lerneffekt, und falls der Lernende nach der Störung wieder an die vorausgehenden Lernhandlungen anzuknüpfen sucht, wird dies umso schwerer, je länger die Unterbrechung dauert. Als Beispiele für den ersten Fall seien angeführt, daß der Lernende sein Resultat nicht mehr verbalisiert, weil er einem anderen Schüler zuhören muß, daß er eine Bestätigung des Lehrers nicht zur Kenntnis nimmt, daß er die Lernsequenz um einen Übungs- oder Transferprozeß verkürzt, daß ihm das Endresultat gemeinsamer Bemühungen entgeht und daß er eine manuelle Tätigkeit nicht zum Abschluß bringt. Im zweiten Fall sind alle Operationen nicht mehr möglich, die sich auf Material stützen müssen, das im Kurzzeitgedächtnis gespeichert ist. Die Kapazität des Kurzzeitgedächtnisses ist inzwischen mit anderen Daten ganz oder zum Teil ausgelastet, und dementsprechend sind Daten aus dem Lernprozeß vor der Unterbrechung bereits vergessen, wenn sie nicht zu dem geringen Prozentsatz gehören, der ins Langzeitgedächtnis übergeht. Aus diesem Grunde werden viele assoziative Beziehungen zwischen dem vor und nach der Untersuchung aufgenommenen Material nicht hergestellt. Die durch Klassifizierung zustandekommende Begriffsbildung wird genau in dem Maße erschwert, als Exemplare der jeweiligen Klasse nicht mehr präsent sind. Für Problemlösungsstrategien fehlen wichtige Zwischenglieder. In einem sukzessive dargebotenen Material, z. B. einem vorgelesenen Text, enthaltene Beziehungen können nicht erfaßt werden, weil die Bezugsmomente aus dem vor der Störung erfaßten Material nicht mehr verfügbar sind. Wenn der Lernende alle relevanten Anknüpfungspunkte wieder zurückgewinnen will, muß er u. U. weit zurückgreifen. So kann durch eine derartige Unterbrechung nicht nur eine Lernsequenz um wichtige Glieder verkürzt, sondern können auch empfindliche Lücken in eine Lernsequenz gerissen werden.

Drittens können aus den Handlungen, die während der Unterbrechung vollzogen worden sind, einzelne Bestandteile so die vorausgehenden Lernhandlungen überlagern, daß Fehlleistungen entstehen. Sprachlaute können verfälscht, der Bezugsgegenstand für Aussagen kann vertauscht, die Festigung eines bestimmten Arbeitsrhythmus wieder rückgängig gemacht werden etc. Diese Möglichkeit von

Interferenzen besteht anscheinend bei relativ homogenem Material stärker als bei heterogenem.

Schließlich kann durch eine solche Unterbrechung die Bereitschaft, die im Unterricht intendierten Lernprozesse zu vollziehen, zunehmend geringer werden. Es ist jedoch auch möglich, daß sie als eine Entspannung erfahren wird, die sich günstig auf die weitere Lernbereitschaft auswirkt [31].

Aus diesem Aufriß von Folgen ergibt sich, daß eine Unterbrechung des Unterrichts durch die Zuwendung des Lernenden zu dinglichen und personalen Gegebenheiten der weiteren Unterrichtssituation gleichzeitig mehrere Funktionen ausübt. Es handelt sich um die *kognitive Funktion,* insofern der Vollzug bestimmter Operationen verhindert oder zumindest erschwert wird. Die u. U. positiv zu wertende *operative Funktion* besteht darin, daß an Stelle der zur engeren Unterrichtssituation gehörenden Operationen Handlungen vollzogen werden, die eigene Resultate hervorbringen, deren Beziehung zu den vorher und nachher erzielten Lernresultaten allerdings problematisch ist. In der problematischen Auswirkung einer solchen Unterbrechung auf die Lernbereitschaft besteht ihre *motivationale Funktion.*

Bei einer Beurteilung solcher Störungen wird man vieles beachten müssen: die Bedeutung einer konsequenten Entfaltung von Lernsequenzen für den Lerneffekt, die möglichst durchgehende Beteiligung aller Lernenden einer Lerngruppe für die Sicherung eines optimalen Lerneffektes bei allen, die von den Lernenden aufzubringende Ausdauer für einen sachlichen und psychologisch konsequent entwickelten Unterrichtsverlauf, die Bedeutung von Pausen für den Lernprozeß, die zufälligen Resultate der durch die Störungen ermöglichten Handlungen etc. Geht man von dem Ziel aus, die Störfaktoren möglichst gering zu halten und ihre negativen Folgen so weit wie möglich zu kompensieren, so kann man einige didaktische Maximen für die entsprechende Gestaltung der externen Lernsituation formulieren. Sie stehen unter dem Vorbehalt, daß eingehende Untersuchungen dieses Komplexes zu genaueren oder anderen Ergebnissen gelangen.

Die Adressaten dieser Maximen sind nicht nur die einzelnen Lehrer, sondern auch die Schulleitung und alle Entscheidungsträger, die Einfluß auf die dinglichen und personalen Gegebenheiten der weiteren Unterrichtssituation haben: das Kultusministerium, das Finanzministerium, die Architekten, Lehrerbildungseinrichtungen etc.

1. Störender Lärm und unzureichende Lichtverhältnisse müssen soweit wie möglich von vornherein ausgeschaltet oder so schnell wie möglich abgestellt werden.

2. Um die Zahl der reflexhaften Zuwendungen so niedrig wie möglich zu halten, muß die Zahl der zusätzlichen optischen Ereignisse so gering wie möglich gehalten werden (ein wichtiges Argument gegen offene Großräume).
3. Die Bereitschaft zum Vollzug von langen Lernsequenzen im Unterricht darf nicht überfordert werden (dies legt eine flexible Pausenregelung innerhalb der Unterrichtsstunden bzw. einen Tätigkeitswechsel zum Zwecke der Stützung der Lernbereitschaft nahe).
4. Die Störungen durch andere Lernende der Lerngruppe müssen so gering wie möglich gehalten werden (hierzu dienen weniger Disziplinarmaßnahmen als eine geschickte Steuerung der Zusammenarbeit über die Adressatenvariable: z. B. Regelung der Abfolge von Beiträgen, gleichzeitige Einzelarbeit aller, Fixierung des eigenen Resultats durch jeden Lernenden und sorgfältige Aufnahme der Resultate aller anderen Lernenden). (Grundlegend hierfür ist eine relativ geringe Zahl von Lernenden in jeder Gruppe. Die optimale Größe läßt sich nicht allgemein, sondern nur von Fall zu Fall nach der Art des Kommunikationsprozesses bestimmen. Entweder richtet man die Zahl der Schüler wenigstens annäherungsweise nach den Kommunikationsprozessen oder die Kommunikationsprozesse nach der Zahl, was sich zwangsläufig auf den Lernertrag auswirkt.)
5. Ist eine Störung eingetreten, so muß man nach ihrer Beendigung besondere Sorgfalt auf den Abschluß begonnener Lernsequenzen bzw. auf den Anschluß von Lernprozessen an die vorausgehenden legen.
6. Durch einen Wechsel der Intention kann man die bei einer Unterbrechung des Unterrichts aufgetretenen Handlungen in den Unterricht integrieren (vorübergehende Thematisierung der in ihnen liegenden Lernmöglichkeiten; Verknüpfung der unerwarteten Handlungen mit den angestrebten).
7. Nach einer längeren Unterbrechung müssen die Anreize für die Lernmotivation verstärkt werden.
8. Aufgetretene Interferenzen müssen sorgfältig bereinigt werden.

V. Kapitel: Die Synthese einzelner Steuerungs- und Beeinflussungsmöglichkeiten von Lernprozessen zu Verlaufsformen des Unterrichts

1. Die Möglichkeit der Analyse und des Entwurfs von Verlaufsformen des Unterrichts

Die von uns unterschiedenen Steuerungs- und Beeinflussungsmöglichkeiten eignen sich für eine recht diffizile Analyse des faktischen Unterrichtsgeschehens, insbesondere wenn es durch Fernsehkameras aufgezeichnet und auf Videobändern gespeichert ist. Dabei kann nicht nur das Auftreten einzelner Faktoren im effektiven Handeln des Lehrenden und die Erfüllung ihrer Funktionen im effektiven Handeln der Lernenden beobachtet werden, sondern auch deren Kombination im faktischen Verlauf der einzelnen Unterrichtseinheit.

Diese Beobachtungsergebnisse können jedoch nicht unmittelbar für den Entwurf der Verlaufsform einer neuen Unterrichtseinheit verwendet werden, weil es mit einer bloßen Wiederholung nicht getan ist. Auf diese Weise würden Fehler wiederkehren und wäre nur immer wieder derselbe Entwurf für eine einzige konkrete Unterrichtseinheit zu leisten. Will man Ergebnisse erhalten, die für die Unterrichtsplanung geeignet sind, dann müssen auf jeden Fall zahlreiche faktische Unterrichtsverläufe so ausgewertet werden, daß man Verlaufsformen erhält, die für den Entwurf einer größeren Zahl von unterschiedlichen konkreten Unterrichtseinheiten geeignet sind. Sie müssen eine bereinigte (im Hinblick auf Steuerungsmängel idealisierte) allgemeine Form haben. Mit anderen Worten: Es muß sich um ideale Typen von unterschiedlicher Abstraktionshöhe und dem damit verbundenen unterschiedlich großen Geltungs- bzw. Verwendungsbereich handeln. Dadurch wird einmal die Übertragung der beobachteten Steuerungsfehler vermieden und zum anderen der Entwurf einer großen Zahl konkreter Verläufe mit Hilfe einer typischen Verlaufsform möglich.

Wenn wir im folgenden eine Reihe typischer Verlaufsformen darstellen, dann gehen wir von einer größeren Zahl von Fallanalysen aus. Diese empirische Grundlage erlaubt aber nur falsifizierbare *allgemeine Aussagen über funktionale Strukturgesetzlichkeiten* im Unterrichtsgeschehen und *Hypothesen über die Eignung genauer bestimmter typischer Verlaufsformen* für die Erreichung bestimmter Unterrichtsziele. Über die gesetzmäßigen Beziehungen zwischen einer Belegung der externen Variablen mit bestimmten Kategorien, Materialqualitäten etc. und der Belegung entsprechender interner Variablen beim Lernenden stehen experimentelle Untersuchungen noch aus. Erst durch solche Untersuchungen kann festgestellt werden, unter welchen Randbedingungen eine bestimmte Belegung der externen Variablen in einem bestimmten Maße deren Funktionen erfüllt. Erst durch sie ist daher zu ermitteln, welche Formen der Steuerung für die Erreichung bestimmter Unterrichtsziele in einem höheren oder einem geringeren Maße geeignet sind. Voraussetzung für solche Untersuchungen ist aber die Aufstellung empirisch überprüfbarer Hypothesen [1].

Nicht nur für die Aufstellung solcher Hypothesen, sondern auch für Aussagen über funktionale Strukturgesetzlichkeiten im Unterrichtsgeschehen ist außer dem empirischen Material faktischer Unterrichtseinheiten eine theoretische Konzeption erforderlich. Während wir die Analyse der einzelnen Steuerungs- und Beeinflussungsmöglichkeiten auf der Grundlage einer funktionalen Theorie des *Zusammenhanges zwischen der äußeren Situation und dem Handeln des Lernenden* im Unterricht vorgenommen haben, muß jetzt eine theoretische Grundlage für die Verknüpfung der von uns unterschiedenen Faktoren und ihrer Funktionen zu *Verlaufsformen des Unterrichts* geliefert werden, ehe wir eine Reihe solcher typischen Formen darstellen können. Man kann dies bildlich als den Übergang von einer Querschnitts- zu einer Längsschnittbetrachtung bezeichnen. Eine derartige theoretische Grundlegung ist nichts anderes als ein Lösungsversuch für die von jeder Verlaufsplanung des Unterrichts zu bewältigenden Probleme. Zweck und Anlage dieser Untersuchung erlauben es aber nicht, die Problematik einer Planungstheorie für Verlaufsformen des Unterrichts ausführlich zu erörtern (s. Kapitel I) [2].

Wir stellen zuerst zwei Grundprobleme für den Entwurf von Verlaufsformen des Unterrichts heraus und entwickeln dann ein Konzept für ihre Lösung.

1.1 Die Komplexität der externen Faktoren und ihrer Funktionen

Der Beginn einer jeden Phase des Unterrichts ist gekennzeichnet durch eine große Zahl externer Faktoren und eine Vielzahl gleichzeitig oder erst später sich einstellender Funktionen. Dies gilt für jede, auch die kleinste Unterrichtsphase, die z. B. aus einer kurzen verbalen Instruktion und ihrer Aufnahme oder aus der puren Vorgabe eines Unterrichtsgegenstandes besteht [3]. Jede Phase des Unterrichts wird durch eine bestimmte Belegung von externen Faktoren eingeleitet und entwickelt sich von ihr aus. Für den Entwurf von Verlaufsformen ergibt sich hieraus als erste Problematik, welche Funktionen man in einer *Ausgangssituation* beim Lernenden ausüben will und in welcher Weise hierfür die externen Variablen belegt werden sollen. Bisher spricht man über diese Problematik meist unter der Metapher des „Einstiegs", wobei man allerdings gewöhnlich an den Beginn von Unterrichtsstunden denkt.

Bei näherer Betrachtung handelt es sich hier um ein ganzes Bündel von Teilfragen: Was soll bei den Lernenden zuerst erreicht werden? Über welche internen Bedingungen hierfür verfügen die Lernenden wahrscheinlich schon? Welche externen Variablen sind bekannt, durch die ein Einfluß darauf ausgeübt werden kann, daß das Intendierte auch eintritt? Wie müßten sie zweckmäßigerweise hierfür belegt werden? Wieviel Zeit und Kraft steht zur Verfügung für eine sorgfältige Wahl der Belegung? Gibt es gleichsinnig wirkende Faktoren? Welche funktional äquivalenten Faktoren mit günstigeren Nebenwirkungen gibt es? Kann man schon störende oder begünstigende Bedingungen der weiteren Situation voraussehen? Kann man das Verfahren der Belegung aller manipulierbaren externen Faktoren vereinfachen?

Diese Fragen sind sicher nicht vollständig. Trotzdem verweist ihre Zahl und ihr nicht leicht zu durchschauender Zusammenhang darauf, daß bei der Planung der Ausgangssituation für einen kürzeren oder längeren Unterrichtsverlauf ein hochkomplexer Wirkungszusammenhang in einer meist sehr begrenzten Zeit mit einem geringen Maß an einschlägigen Kenntnissen und einem sehr unterschiedlichen, aber immer nur endlichen Maß an geistiger Kraft bewältigt werden muß.

Hieraus erklärt sich zu einem guten Teil die besondere Unsicherheit und Angst des Anfängers vor jedem Beginn einer neuen Unterrichtsphase, die auch der problembewußte erfahrene Lehrer nie ganz überwindet. In der Unterrichtspraxis wird diese Problematik andererseits meist durch die Aneignung eines Repertoires von kompletten Lehrhandlungen, für die über die Belegung der einzelnen Faktoren nicht mehr entschieden werden muß, verdeckt. Wer aus dieser Unterrichtspraxis den Schluß zieht, daß die Probleme der Ausgangssituation durch den gewohnheitsmäßigen Vollzug bestimmter Lehrhandlungen, d. h. ihre stereotype Wiederholung in bestimmten Standardsituationen, gelöst werden kann, fällt in einen starren Schematismus. Ein solcher Schematismus paßt nur noch sehr begrenzt auf die jeweilige Situation und ist entsprechend wenig effektiv für den Lernenden.

Die seit Herbart vorwiegend unter dem Gesichtspunkt der Psychologie ausgearbeiteten Verlaufsformen kennzeichnen in zwei- bis sechsstufigen Phasenmodellen die einzelnen Phasen durch einen sehr allgemeinen Begriff und einige zusätzliche Hinweise. Dabei wird der

Ausgangssituation für die erste und jede weitere der relativ umfangreichen Phasen kaum Rechnung getragen. So wird z. B. bei H. Roth der erste von sechs Lernschritten als „Stufe der Motivation" bezeichnet und für das schulische Lernen hinzugefügt: „Ein Lernprozeß wird angestoßen. Eine Aufgabe wird gestellt. Ein Lernmotiv wird geweckt" [4]. Wie wenig sachhaltig eine solche Bezeichnung ist, zeigt sich daran, daß über die Art und Weise der für die Aktualisierung von Lernmotiven geeigneten Aufgabenstellung, das „Anstoßen" von Lernprozessen und das „Erwecken" von Lernmotiven nur noch wenige, sehr allgemeine Auskünfte gegeben werden (S. 227: Kind und Sache in eine handelnde Auseinandersetzung bringen als Anstoß des Lernprozesses; S. 232: Die Bemühung um eine altersspezifisch richtige und reifeadäquate Begegnung zwischen den Bedürfnissen des Kindes und den Anforderungen der Schule als Methode der Erweckung von Interessen). Entsprechendes gilt für die Stufe der Schwierigkeit nach Kerschensteiner im Anschluß an Dewey [5], für die Stufe der Klarheit nach Herbart [6], für die weitverbreiteten Bezeichnungen des entwickelnden Unterrichtsgespräches, der Spontanphase usw. Ein wenig genauer ist demgegenüber Comenius, wenn er u. a. als Verlaufsform fordert: „Alles, was der Erkenntnis dargeboten wird, werde zuerst im allgemeinen, dann in seinen Teilen dargeboten" und die erste Phase in der folgenden Weise kennzeichnet: „Ein Ding im allgemeinen der Kenntnis darbieten heißt: das Wesen (essentia) und die Erscheinungsform (accidentia) des ganzen Dinges erläutern. Das Wesen wird entfaltet durch die Fragen Was? Wie? und Warum? Die Frage ‚Was' bezieht sich auf Benennung, Gattung, Aufgabe und Zweck des Dings. Das ‚Wie' bezieht sich auf die Form oder die Beschaffenheit, kraft derer es für seinen Zweck tauglich ist. Das ‚Warum' fragt nach der Ursache (efficiens) oder der Kraft, die das Ding zu seinem Zweck geeignet macht." [7] Hier gibt es freilich andere Probleme, u. a. ob die angeführten Fragepronomen nur für diese Fragen geeignet sind (s. u. S. 237). In allen diesen Konzeptionen wird über die tatsächliche komplexe Ausgangssituation der jeweiligen Phase herzlich wenig gesagt. Diese Situation aber muß der Lehrer gestalten. Deshalb bieten ihm Phasenkennzeichnungen dieser Art nur wenig Hilfe für seine Arbeit.

Dagegen werden in den Experimentalanordnungen der Lernpsychologie die externen und auch die internen Bedingungen der Ausgangssituation oft sehr genau festgelegt. Hierfür kann jedes sorgfältig angelegte lernpsychologische Experiment als Beispiel dienen. Die von uns unterschiedenen Faktoren eignen sich auch als ein kritisches Instrument für die Beurteilung der für lernpsychologische Experimente gewählten Ausgangssituationen mit ihren Instruktionen, Materialqualitäten etc. Die von den Lernpsychologen beschriebenen Experimentalanordnungen können aber nur bedingt als Muster für den Entwurf von Verlaufsformen des Unterrichtens dienen, weil sie meist für sehr spezielle und möglichst einfache Lernresultate konzipiert sind und der Aufwand für Eingangstests und für die Ausschaltung möglichst vieler Variablen der externen Situation sehr groß ist. Im Unterricht müssen viel komplexere Verläufe konstruiert werden, wenn er hinreichend effektiv sein soll. Nur im Unterrichtsexperiment kann man einen mit der experimentellen Psychologie vergleichbaren Aufwand treiben, nicht aber unter den durchschnittlichen Arbeitsbedingungen des einzelnen Lehrers und ganzer Planungskommissionen. Deshalb können auch die Methoden der experimentellen Lernpsychologie nicht unmittelbar für die Konstruktion von Verlaufsformen von Unterrichtsexperimenten oder gar des alltäglichen Unterrichts übernommen werden.

Da die vorliegenden Versuche, die Komplexität der Ausgangssituation für einen Unterrichtsverlauf zu bewältigen, entweder zu grob oder zu speziell sind, verwenden wir die von uns unterschiedenen externen Faktoren und ihre Funktion beim Lernenden für eine Strukturierung der Ausgangssituation. Wir erwarten von diesem Instrument eine höhere Brauchbarkeit für den Entwurf von Ausgangssituationen des Unterrichts. Die folgende Übersicht dient dem Zweck, die funktionalen Äquivalenzen und Polyvalenzen der von uns unterschiedenen externen Faktoren hervorzuheben. Diese Mittel stehen dem Lehrer für den Entwurf von Ausgangssituationen zur Verfügung.

1. Informative Funktion

Durch verbale und nichtverbale Instruktionen sowie die Vorgabe von Unterrichtsgegenständen bzw. ihrer Repräsentanten werden Informationen vermittelt über: den Gegenstand der Zuwendung, Gegenstandsaspekte, Verfahrensweisen und den Adressaten. Wenn diese Faktoren auftreten, variieren sie nach Art, Umfang und Prägnanz. Außerdem wird die Information vermittelt, daß die einzelnen Kategorien nicht nur zur Kenntnis genommen, sondern angewendet werden sollen.

Durch Gegenstands-, Sach- und Verfahrenskategorien werden jeweils bestimmte Teilinformationen über die beiden anderen Kategorien mitgeliefert. – Durch verbale und nichtverbale Instruktion sowie die Vorgabe von Unterrichtsgegenständen können in bestimmten Grenzen gleiche, ergänzende oder gegensinnige Informationen vermittelt werden. – Es gibt unterschiedliche sprachliche Mittel für ein- und dieselbe Information.

2. Operative Funktion

Informationen über den Gegenstand der Zuwendung, einen Sachaspekt, ein Verfahren und den Aufforderungscharakter dieser Mitteilungen können die Funktion haben, den Lernenden zum Vollzug von Operationen zu veranlassen. Die operative Funktion kann von verbalen Instruktionen, nichtverbalen Instruktionen und/oder durch die Vorgabe von Unterrichtsgegenständen bzw. ihrer Repräsentanten ausgeübt werden. – Zu diesen funktionalen Äquivalenzen kommt die Polyfunktionalität, daß die operative Funktion von denselben Faktoren ausgeübt werden kann, die auch informative Funktionen haben.

3. Kognitive Funktion

Materialfaktoren der kritischen und unkritischen Merkmale des Unterrichtsgegenstandes sowie Faktoren der weiteren dinglichen und personalen Unterrichtssituation können die Bedingung dafür sein, daß die operative Funktion entweder erfüllt oder aber blockiert wird.

Die hier noch einmal zusammengestellten Faktoren und Funktionen sind entweder alle oder zum Teil an der Bildung des Strukturzusammenhanges einer jeden komplexen Ausgangssituation des Unterrichts beteiligt. Obwohl sich damit die Struktur der jeweiligen Ausgangssituation eines Unterrichtsverlaufes schon als recht kompliziert erweist, muß mit Sicherheit angenommen werden, daß von ihrer allgemeinen Gesamtstruktur erst ein Teil sichtbar gemacht werden konnte.

4. Motivationale Funktion

Anreize für die Aktualisierung oder die Bildung von Sachmotiven können die Gegenstands-, Sach- und Verfahrenskategorien der verbalen und der nichtverbalen Instruktion enthalten. Sie können auch den kritischen und den unkritischen Merkmalen der Unterrichtsgegenstände zu eigen sein.

Anreize für den Vollzug von Lernhandlungen können außerdem vom Schwierigkeitsgrad der Instruktion, von der Anredeform der Adressatenvariablen, von der leichter oder schwerer verständlichen sprachlichen Fassung, von den erleichternden oder erschwerenden Materialfaktoren der kritischen und unkritischen Merkmale der Unterrichtsgegenstände und der Medien sowie von den dinglichen und personalen Faktoren der weiteren Unterrichtssituation ausgehen. In zweiter Hinsicht können sie auch zur Bildung von Sachmotiven beitragen.

Alle angeführten Anreize können auch negativ sein, sie können sich deshalb gegenseitig verstärken oder aufheben, sie können insgesamt dazu beitragen, daß eine übermäßige, eine starke, eine hinreichende oder eine unzureichende Motivation aktualisiert wird.

Alle Faktoren mit informativer und operativer Funktion können auch eine positive oder negative motivationale Funktion erfüllen, sind daher zunächst in diesem dreifachen Sinne polyfunktional.

1.2. Der Verlauf des Unterrichts als Veränderung der Belegung von externen Variablen und ihrer Funktionen

Eine zusätzliche Problematik ergibt sich daraus, daß zu einer Verlaufsform des Unterrichts nicht nur die statische Komplexität der Ausgangssituation gehört, sondern daß von Verlauf erst gesprochen werden kann, wenn eine Veränderung im Auftreten und in der Belegung ihrer Faktoren eintritt. Eine solche Veränderung findet schon dann statt, wenn nur ein einziger Faktor variiert, alle anderen aber konstant gehalten werden. Dies ist ein denkbarer, faktisch aber nicht feststellbarer Extremfall, weil selbst in den kleinsten beobachtbaren Zeiteinheiten immer schon mehrere Faktoren wechseln oder ihre Belegung ändern. Die Veränderungen können sehr geringfügig sein oder sich sogar nur subjektiv bei den einzelnen Lernenden im Verlauf des Auffassungsprozesses externer Faktoren einstellen. Diesen Prozeß kann der Lehrende nur „von einer Seite her" mitbestimmen, indem er die Faktoren der äußeren Situation des Lernenden mitsamt ihrer Belegung zu bestimmen sucht.

Wer eine Verlaufsform entwerfen will, steht deshalb vor einer Reihe von Fragen: Welche externen Faktoren der Ausgangssituation soll er gleichzeitig auswechseln oder verändern? Welche neue Belegung soll er wählen? Wann soll er die Änderung einer oder mehrerer Variablen vornehmen? Wie oft soll er wechseln? Wonach soll er sich bei seinen Entscheidungen für oder gegen einen Wechsel richten? Gibt es Möglichkeiten der Vereinfachung dieser Vielfalt von Entscheidungen?

Überblickt man die vorliegenden Versuche, diese Frage zu beantworten, dann findet man analog zur Lage bei der Ausgangssituation in den allgemeinen Theorien des Unterrichtsverlaufs nur gering differenzierte Kennzeichnungen für die aufeinanderfolgenden „Schritte“ oder „Stufen“, dagegen in der Lernpsychologie recht genaue Beschreibungen einzelner Experimentalphasen. Entweder wird die Vielfalt möglicher Verläufe sehr stark schematisiert oder nur ein sehr spezieller Ablauf erfaßt.

Die allgemeinen Stufenschemata sind außerdem in der Regel deshalb problematisch, weil sie *eine Möglichkeit des Unterrichtsverlaufs* auf den gesamten Unterricht übertragen. Die Suche nach einer *Universalmethode* verleitet immer wieder zu vorschnellen und dann meist unhaltbaren Generalisierungen. Die Vertreter der Mäeutik nehmen sich z. B. den Verlauf der Platonischen Dialoge zum Vorbild; Herbart geht vom Prozeß der wissenschaftlichen geistigen Arbeit aus; Copei orientiert sich hauptsächlich am genialen Entdecken; Dewey, Roth, Correll halten sich an den Prozeß des Problemlösens; Kerschensteiner beschränkt sich auf die selbständige Anwendung von bereits erworbenem Wissen usw.[8]

All diese Konzepte berücksichtigen nur Verläufe *in einer Dimension,* insbesondere der Dimension kognitiver Operationen des Lernenden. Sie werden dadurch der Tatsache nicht gerecht, daß im konkreten Geschehen ein Spiel von Konstanz und Veränderung in mehreren Dimensionen gleichzeitig stattfindet. Um eine Dimension der komplexen Lehr- und Lernhandlungen handelt es sich schon dann, wenn ein Faktor gegenüber anderen Faktoren konstant gehalten oder verändert werden kann. Hieraus ergibt sich gegenüber den eindimensionalen Modellen eine große Vielfalt von Phasen und Phasenverknüpfungen. Da man ganz verschiedene externe Variablen samt den von ihnen abhängigen Variablen beim Lernenden in Anspruch nehmen und verändern kann, läßt sich eine neue Unterrichtsphase an ganz verschiedene Stellen der vorhergehenden Phase anknüpfen. So kann man z. B. auf die in einer bestimmten Einstellung vollzogenen kognitiven Operationen der Lernenden eine Kritik dieser Einstellung folgen lassen, auf das Erfassen einer Struktur die Einübung eines dabei verwendeten Wortes, auf die Vorgabe einer Problemstellung an Stelle ihrer Ausführung erst einmal eine Beschäftigung mit dem subjektiven Bewußtsein von ihrer Schwierigkeit, an Stelle des Einübens eines erzielten Resultats die Klärung einer beobachteten Spannung zwischen zwei Lernenden, und all dies außerdem noch mit verschiedenen Lehrhandlungen bewerkstelligen. Mit anderen Worten: statt eines zwingenden Anschlusses gibt es in jedem Augenblick des Unterrichts eine Vielzahl von möglichen und auch begründbaren Verzweigungen. Man braucht keineswegs immer an die Hauptintention einer

Phase anzuknüpfen, sondern kann die nächste Phase auch an Nebenintentionen oder an ein während des Unterrichts erst beobachtetes Handlungsmoment anschließen.

Durch die Verzweigungen wird einmal die Möglichkeit eröffnet, eine Zeitlang einer anderen Intention zu folgen, was man sich bei der Konstruktion von verzweigten Lernprogrammen zunutze macht [9]. Zum anderen ist die Verzweigung aber auch die Bedingung für die Möglichkeit einer Verschachtelung von Phasen. In eine größere Phase, für die bestimmte Instruktionen etc. konstant gehalten werden, können kleinere Phasen mit anderen externen Bedingungen eingebettet werden und in diese nochmals usf. Eine solche Verschachtelung hatte Herbart schon im Blick, wenn er Unterscheidung und Verknüpfung, Unterscheidung des Verknüpften von anderem und Verknüpfung des so Geklärten zu größeren Einheiten aufeinander folgen ließ [10]. Hier steht der Planende vor dem Problem, in welchem Maße er die Möglichkeiten der Verzweigung und Verschachtelung wahrnehmen soll, wenn er das jeweilige Unterrichtsziel erreichen will.

Auf Grund dieser Möglichkeit, eine große Zahl voneinander relativ unabhängiger Faktoren entweder konstant zu halten oder zu variieren, ergibt sich eine Vielzahl von unterschiedlichen Phasen, die zu Verlaufsformen mit zahlreichen Gliedern verknüpft werden können. Die geringe Zahl von „Schritten" oder „Stufen" in den bisher aufgestellten Schemata hat diese Vielgestaltigkeit des konkreten Geschehens verdeckt. In der geringen Kapazität für konkrete Unterrichtsverläufe liegt ihre geringe Brauchbarkeit für Analyse und Planung von Unterricht begründet.

1.3. *Die Bildung von Verlaufsformen des Unterrichts durch einfache und kombinierte Variation von Faktoren der externen Situation des Lernenden*

Um die Komplexität einer jeden Ausgangssituation des Unterrichts und die Vielzahl möglicher Veränderungen ihrer Variablen besser zu bewältigen, als dies durch die bisherigen Konzepte für den Entwurf von Unterrichtsmethoden geschieht, bedarf es eines neuen Ansatzes. Wenn man weiß, wie sich die externen Faktoren zu Gruppen mit gleicher Funktion zusammenfassen lassen und welche Formen der Veränderung dieser Gruppierungen es gibt, kann man die Vielfalt des faktischen Geschehens in hohem Maße berücksichtigen, ohne sich in ihr zu verlieren. Auf diese Weise wird eine wesentlich sachhaltigere Konstruktion der Unterrichtsmethode möglich als bisher.

Die Praxis des Unterrichts nötigt die Lehrenden schon immer, sich solcher Möglichkeiten zu bedienen – vor einer theoretischen Aufhellung und entgegen anderslautenden Theorien. Solange die Möglichkeiten der Variation von ihnen aber nicht bewußt und kontrolliert eingesetzt werden, kommt es häufig zu Inkonsequenzen oder unzweckmäßigem Vorgehen. Soweit man gegen Strukturgesetzmäßigkeiten verstößt, können solche Mängel durch deren Kenntnis und Berücksichtigung völlig behoben werden. Soweit wir es nur mit statistischen Gesetzen zu tun haben, müssen die von uns aufgestellten Hypothesen erst einmal experimentell erhärtet werden und garantiert deren Kenntnis und Berücksichtigung eben nur in den jeweiligen Grenzen und mit der nachgewiesenen Wahrscheinlichkeit den erwarteten Effekt. Auf diese doppelte Weise ist durch theoretische Aufklärung unseres Gegenstandes eine Verbesserung der Planung und Ausführung des Unterrichts möglich.

Wir versuchen eine Annäherung an die Vielfalt der faktisch möglichen Verläufe mit Rücksicht auf die praktische Verwendbarkeit begrifflich erfaßter Verlaufsformen auf folgendem Weg: Zunächst untersuchen wir, welche Verläufe sich grundsätzlich durch die Variation im Bereich einer Gruppe von funktional äquivalenten Faktoren der externen Lernsituation ergeben können. Diese Verläufe nennen wir *einfache Verlaufsformen.* Wir sind auf solche Verlaufsformen durch Unterrichtsanalysen aufmerksam geworden. Da es sich bei ihnen um strukturelle Zusammenhänge handelt, können sie über die einzelnen Beobachtungsbefunde hinaus weiter durchdacht werden. Die Zahl der sinnvollen Veränderungen in so begrenztem Bereich ist gering. Deshalb bestimmen solche Verlaufsformen nur verhältnismäßig selten und für kurze Zeit das Unterrichtsgeschehen, selbst wenn man die Fälle hinzunimmt, in denen sie zum Nachteil der Lernenden übermäßig lange das Unterrichtsgeschehen bestimmen.

Längere Unterrichtsprozesse ergeben sich erst aus der gleichzeitigen oder kurz aufeinanderfolgenden Veränderung mehrerer Faktoren. Die entsprechenden Verlaufsformen sind deshalb nichts anderes als Kombinationen von einfachen Verlaufsformen. Wir nennen sie *komplexe Verlaufsformen.* Aus der unübersehbaren Vielzahl möglicher Kombinationen stellen wir nur diejenigen dar, für die wir Anhaltspunkte bei Unterrichtsanalysen gefunden haben und die für die Realisierung *einiger allgemeiner Intentionen* geeignet sind.

Die von uns beschriebenen einfachen und komplexen Verlaufsformen sollen nur die Möglichkeiten einer neuen Methodik des Unterrichts demonstrieren, ohne schon das von ihr zu entwickelnde Instrument von Verlaufsformen voll entfalten zu können. Eine weitere Grenze liegt darin, daß über geeignete Verlaufsformen für genauer definierte Ziele, z. B. die Erreichung einer bestimmten Art von Lernresultaten in einem Unterrichtsfach, erst einige Hypothesen gewagt werden können.

Im Gegenzug zu der nahezu ausschließlichen Diskussion der Zielbestimmtheit des Unterrichts während der letzten Jahre wird hier der Versuch gemacht, das Unterrichtsgeschehen von seinen Bedingungen her durchsichtig zu machen. Mit der Zwecksteuerung soll die konditionale Steuerung des Unterrichtsgeschehens in Beziehung gebracht werden [11].

2. Einfache Verlaufsformen

Verlaufsformen, die durch die Veränderung in einer Gruppe von äquivalenten Variablen entstehen, nennen wir einfache Verlaufsformen. Bei solchen Verlaufsformen werden die übrigen Variablen der externen Situation konstant gehalten. Es ist jedoch nicht auszuschließen, daß unkontrolliert oder für das subjektive Bewußtsein des Lernenden auch hier Veränderungen stattfinden. Diese einfachen Verlaufsformen können zu Verlaufsformen mit höherer Komplexität kombiniert werden. Derartige Abläufe erörtern wir im nächsten Abschnitt.

2.1 Die Beeinflussung der Informationsaufnahme durch die Variation von Informationsmitteln

Man kann die Gesamtinformation einer verbalen und/oder nichtverbalen Instruktion und alle übrigen Faktoren der externen Lernsituation konstant halten, aber die Ausdrucksmittel verändern. Geändert werden können das semantische Material (die verwendeten Wörter), die Syntax (die Satzformen und der Satzbau) sowie die nichtsprachlichen Ausdrucksmittel. Die dadurch herstellbaren Verlaufsformen sind vom gleichzeitigen Gebrauch synonymer Ausdrucksmittel in der Ausgangssituation zu unterscheiden (vgl. hierzu die Abschnitte 1.12 und 1.2).

Je nach Intention kann man verschiedene Verläufe wählen. – Will man eine möglichst schnelle Verständigung, dann kann man z. B. auf eine erste verbale Fassung sofort nichtverbale Hinweise und dann eine modifizierte verbale Fassung folgen lassen. Man kann verbale und nichtverbale Ausdrucksmittel hierfür auch in andere, u. U. mehrgliedrige Reihenfolgen bringen. Welche Medien man einsetzt, das kann man auch von den Rückmeldungen der Lernenden auf den ersten, zweiten oder weiteren Versuch der Verständigung abhängig machen. Die größere Sicherheit der Informationsaufnahme wird dann aber schon durch einen höheren Zeitaufwand erkauft. – Man kann sich zum Ziel setzen, daß die Schüler mit einer möglichst genauen und knappen Fachterminologie zu arbeiten lernen. Hierfür eignet sich z. B. der Ausgang von einer möglichst strengen (schriftlich fixierten) Formulierung und ihre zunehmende Verdeutlichung mit Mitteln aus dem Sprachgebrauch der Lernenden oder dem Bereich des nichtsprachlichen Ausdrucks. Man kann aber auch umgekehrt verfahren, indem man erst bekannte Ausdrucksmittel wählt und dann unbekannte Fachtermini an ihre Stelle setzt. Im ersten Fall kann man sich an den Verständnisschwierigkeiten der Lernenden gegenüber der exakten Formulierung orientieren. Im zweiten Fall wird man sich von Stufe zu Stufe vergewissern müssen, ob die Information aufgenommen worden ist. – Für die Einleitung umfangreicher eigenständiger Lernprozesse ist das explizite Verständnis der Problemstellung (des Themas, der Aufgabe) besonders wichtig. Für diesen Zweck eignet sich die ausführliche Diskussion der jeweiligen Instruktion. Sie kann einseitig durch den Lehrenden oder mit intensiver Beteiligung der Lernenden geführt werden, indem Lehrer oder Schüler mit „eigenen Worten" formulieren, Wortbedeutungen erklären, Begriffe definieren, auf den Umfang des Gegenstandsbereiches aufmerksam machen, Beziehungen hervorheben etc. Bei einer solchen Form der Diskussion bleibt es meist nicht beim Gebrauch synonymer Ausdrucksmittel, sondern wird der Übergang zur Lösung der Aufgabe bereits vollzogen, was dem Lehrenden entweder willkommen oder z. B. im Vorgespräch für eine Klausur unlieb sein kann [12].

Solche Verlaufsformen haben hauptsächlich am Beginn von Unterrichtseinheiten ihren Platz. Es kann sich aber auch während einer längeren Unterrichtsphase plötzlich herausstellen, daß die leitende Instruktion von allen Lernenden oder einem einzelnen noch nicht hinreichend verstanden worden ist. Dann kann ein derartiger Teilverlauf eingeschoben werden.

Der *Vorzug* dieser Verlaufsform besteht vor allem darin, daß vor der Ausführung der angestrebten Operationen erst einmal eine Beschäftigung mit den erforderlichen Informationen erfolgt. Anderenfalls geschieht die Informationsaufnahme oft so flüchtig, daß mit ihr nicht gearbeitet werden kann. – In vielen Fällen bemerkt der Lehrende in einem solchen Verlauf auch Mängel seiner eigenen Formulierungen. – Unterschiedliche Verständnisbedingungen bei den Lernenden können durch solch ein Vorgehen ausgeglichen werden. – Alle Lernenden erhalten Zeit für die zur gründlichen Informationsaufnahme erforderlichen schwierigen Operationen, ihre Kenntnis von Ausdrucksmitteln wird erweitert, sie können die gleiche Bedeutung verschiedener Ausdrucksmittel erkennen, und ihre Beweglichkeit im selbständigen Ausdruck wird erhöht.

Nachteile können sich aus folgenden Umständen ergeben: Da alle verwendeten Ausdrucksmittel dekodiert werden müssen, kostet die mehrfache Aufnahme ein und derselben Information nicht nur Zeit, sondern auch Energie. – Ein extensiver Gebrauch unterschiedlicher Ausdrucksmittel kann auch zur Verwirrung statt zur Klärung führen, da es keine völlig bedeutungsgleichen Medien gibt (Konnotationen neben den in Anspruch genommenen Denotationen). Wenn dem Lernenden nicht bewußt wird, daß es sich um verschiedene Fassungen derselben Information handelt, kann sein Versuch, die Informationen der einzelnen Fassungen auseinanderzuhalten, ebenfalls in die Irre führen. – Die Art des Mediums kann u. U. die Aufmerksamkeit auf das Mittel der Verständigung ziehen (eigentümliche Schrift, komischer Tonfall, überschwengliche Gestik, Einsatz von technischem Gerät), weshalb ihr Gebrauch sorgfältig bedacht und nicht übermäßig sein darf. – Sobald eine Instruktion verstanden worden ist und der Lernende sich mit ihr identifiziert, stört jede nochmalige Fassung die bereits angelaufenen Lernprozesse.

Nach meiner Erfahrung wird diese Möglichkeit der Unterrichtsgestaltung erstaunlich wenig in Anspruch genommen. Wahrscheinlich sind sich die Lehrer nicht der großen Schwierigkeit bewußt, die der Schüler überwinden muß, um ein präzises Verständnis solcher Informationen zu gewinnen.

Es ist zu vermuten, daß bestimmte Formen dieser Steuerung entweder generell oder aber für bestimmte Unterrichtsziele und bei einem bestimmten Entwicklungsstand der Lernenden die Effektivität des Unterrichts wesentlich erhöhen. Dies bedarf jedoch der experimentellen Überprüfung.

2.2 *Die Steuerung von Lernprozessen über die Gegenstandsvariablen*

Aus einer Variation der Art und des Umfangs des Gegenstands der Zuwendung ergeben sich strukturgesetzlich einige Verlaufsformen.

Erfolgt in der Ausgangssituation eine Steuerung allein über die Gegenstandsvariable von verbalen und nichtverbalen Lerninstruktionen und/oder durch die Vorgabe eines Gegenstandes, sind dem Lernenden prinzipiell alle auf den Unterrichtsgegenstand anzuwendenden Operationen gestattet (s. o. S. 93). Die Breite der zugelassenen Operationen kann aber auch durch Sach- und/oder Verfahrenskategorien eingeschränkt sein.

Verändert man nur den Gegenstand der Zuwendung, dann entsteht folgende Situation: Nun sind *alle auf den neuen Gegenstand anwendbaren Operationen* zugelassen. Steuert man gleichzeitig auch über Sach- und Verfahrenskategorien, die man konstant hält, dann müssen auf den neuen Gegenstand *die gleichen Operationen* anwendbar sein wie auf den vorhergehenden.

Im ersten Fall eröffnet man mit jedem Wechsel ein neues Spektrum von möglichen Operationen. Das Ausmaß der Übereinstimmung eines solchen Spektrums mit den vorausgehenden Operationen ist von Mal zu Mal verschieden und kann nur durch die Auswahl der neuen Gegenstände beeinflußt werden. Diese Form der Steuerung eignet sich für die Beschäftigung mit einer Reihe von individuellen Gegenständen, auf die der Lernende alle ihm zur Verfügung stehenden und ihm als geeignet erscheinenden Operationen (unterscheiden, verknüpfen, werten, bearbeiten, nachahmen etc.) anwenden kann. Die bei der Zuwendung zum jeweiligen Gegenstand gewonnenen Lernresultate folgen dann unverbunden oder gemäß einer bereits gelernten Methode aufeinander. Wenn man allerdings die individuellen Gegenstände so auswählt, daß einige ihrer Merkmale gleich oder zumindest ähnlich sind, dann eignet sich diese Form der Steuerung auch für eine Klassifikation, die der Lernende von sich aus vornimmt oder zu der er später aufgefordert werden kann.

Wenn keine zusätzlichen Instruktionen gegeben werden, dann kann man durch die Steuerung über die Gegenstandsvariable den Lernenden nur zu solchen Operationen veranlassen, die er auf Grund des bereits Gelernten von sich aus auf den Gegenstand anwenden kann. Mit anderen Worten: Über das Maximum der richtigen Reaktion entscheidet nicht die Menge der für den Gegenstand geeigneten, sondern das Repertoire der dem Lernenden in diesem Bereich aktiv zur Verfügung stehenden Operationen. Innerhalb dieses Maximums hat er noch die Wahl, welche Operationen er vollziehen und welche er vermeiden will.

Bei dieser Form der Steuerung kann der Lehrende nicht auf die Verbesserung von Fehlleistungen hinwirken. Fehler können nur überwunden werden, wenn der Lernende von sich aus bei der weiteren Beschäftigung mit dem Gegenstand eine Korrektur vornimmt, da anderenfalls der Lehrende oder andere Lernende eine Kritik vornehmen oder ihn zu einer Überprüfung seiner bisherigen Reaktion veranlassen müßten. Sachstrukturen können nur Anlaß für eine Selbstkorrektur sein, während der Lernende durch eine Instruktion dazu aufgefordert werden kann.

Als *Vorteile* einer solchen Form der Steuerung kann man ansehen, daß die Freiheit des Lernenden nur durch den Gegenstand eingeschränkt wird. Der personale Einfluß durch den Lehrer kann dann am weitesten zurücktreten, wenn er eine Sammlung von Gegenständen vorgibt, aus denen der Lernende selbst einzelne Gegenstände wählen kann (Montessori), oder wenn der Lernende von sich aus zufällig auf einen Gegenstand stößt (eine Naturerscheinung, einen sozialen Konflikt, eine Romanfigur) und der Lehrende die Beschäftigung mit ihm nicht stört (Idealvorstellung Rousseaus). – Eng verbunden ist hiermit der Vorteil, daß der Lernende durch den Gegenstand eine gewisse Nötigung erfährt, das bereits Gelernte zu aktivieren, neu zu verbinden und eventuell auch noch nicht vollzogene, d. h. für ihn neue, Handgriffe, Meßtechniken, Vergleichsoperationen etc. zu versuchen. Mit dem Ruf nach Freiheit und schöpferischer Selbständigkeit des Lernenden, d. h. seiner Unabhängigkeit von Erziehern und Lehrern, und der Wendung gegen die Rezeption von tradierten Wissensbeständen ist daher meist die Forderung nach der Konfrontation mit der Sache verbunden, deren objektiven Gegebenheiten sich niemand entziehen könne (Rousseau, Montessori, Litt). Dabei übersieht man gern, daß dem Lernenden die Wahl des Gegenstandes nicht vollständig überlassen bleibt, wenn es sich um eine vom Erzieher aufgesuchte Situation (Rousseau), um ein Angebot von ausgeklügeltem Arbeitsmaterial (Montessori) oder um die vom Lehrer aus der Fülle der Tradition ausgewählten klassischen Werke handelt (Litt). Mit der Wahl von Gegenständen vollzieht man aber bereits eine Einschränkung von Operationen und Lernresultaten. In eben diesem Maße ist dann der Lernende heteronom bestimmt.

Eine solche Verlaufsform hat auch *Nachteile.* Zunächst gibt es keinerlei Regulativ dafür, daß der Lernende sachgerecht reagiert und daß er die ihm zu Gebote stehenden Möglichkeiten einer sachgerechten Beschäftigung mit dem Gegenstand nutzt. Es gibt viele Möglichkeiten, sich dem zu entziehen, ohne daß der Lehrende dem entgegenwirken könnte. – Außerdem ist keineswegs gewährleistet, daß der Lernende Operationen vollzieht, die zu Ergebnissen von Belang führen. Wird er Resultate gewinnen, die nicht durch den gewohnten „natürlichen" Umgang mit Gegenständen, sondern nur durch kunstvolle Erkenntnismethoden ihnen abgewonnen werden können? Kann der einzelne Lernende all die Resultate selbständig gewinnen, die im Verlaufe einer langen Tradition durch die äußerste Anstrengung der besten Köpfe erzielt worden sind? Oder unter dem Gesichtspunkt des Unterrichts: Worin unterscheidet sich der Effekt eines solchen Unterrichts noch vom Umgang mit Gegenständen vor und außerhalb eines jeden Unterrichts? Kann auf diese Weise das bisher von der Menschheit Gelernte noch in einem hinreichenden Maße tradiert werden? Bei einer ausschließlichen oder auch nur übermäßigen Steuerung durch Gegenstände müssen diese Fragen verneint werden. – Auch folgendes ist zu bedenken: Schon bei der völlig selbständigen Beschäftigung mit nur einem Gegenstand besteht die Gefahr einer zusammenhanglosen Aufeinanderfolge ganz unterschiedlicher Reaktionen. Durch den Wechsel des Gegenstandes der Zuwendung wird diese Gefahr wesentlich größer. – Alle diese Nachteile potenzieren sich mit der Zahl und der Schnelligkeit des Wechsels von Unterrichtsgegenständen, falls sie nicht nur sehr wenige Operationen zulassen, wie z. B. die Unterrichtsgegenstände „16 x 12", „Rauminhalt", „Reimform", „Satzform". Bei komplexeren Gegenständen, wie z. B. Bildern, Texten, einem Schleusenmodell etc., werden die Operationen weitgehend auf längst automatisierte Reaktionen reduziert. – Bei einem schnellen Wechsel des Gegenstandes der Zuwendung ergibt sich noch die besondere Gefahr, daß der Lernende diesen Wechsel nicht schnell genug mitvollzieht, wodurch es zu Mißverständnissen kommt, weil seine Reaktion noch auf einen früheren Unterrichtsgegenstand bezogen ist, oder aber zu Fehlleistungen, weil dem Lernenden der Gegenstand nicht mehr klar vor Augen steht. Wir haben immer wieder beobachten können, wie hartnäckig ein früherer Gegenstand der Zuwendung zum Bezugspunkt für Operationen der Lernenden wird, wenn der Gegenstandswechsel nicht mit aller Deutlichkeit bewußt gemacht worden ist (z. B. der Wechsel von einem durch die Lernenden beobachteten außertextlichen Phänomen, etwa einem Verkehrsunfall, zu einem literarisch dargestellten Verkehrsunfall, dann zu der Erzählerperspektive und schließlich zum Verhältnis einer dargestellten Reaktion zu den selbst erfahrenen Reaktionen auf einen Verkehrsunfall).

Wird die Menge der zugelassenen Operationen *durch konstant gehaltene Sach- und/oder Verfahrenskategorien begrenzt,* dann ergibt sich aus dem Wechsel des Unterrichtsgegenstandes eine andere Verlaufsform. Zunächst dürfen für diesen Wechsel nur solche Gegenstände herangezogen werden, auf die diejenigen Operationen, die durch Instruktion umgrenzt worden sind, auch angewendet werden können. Insofern ist die Gegenstandswahl abhängig von den konstanten Sach- und/oder Verfahrenskategorien. Es kann sich deshalb hier nicht mehr um beliebige individuelle Gegenstände handeln, sondern nur noch um eine Klasse von Gegenständen. – Der Lernende wird durch eine solche Steuerung dazu veranlaßt, die gleichen Operationen auf verschiedene Gegenstände anzuwenden. Er kann dadurch z. B. die Diskrimination zwischen nicht thematisierten (unkritischen) und thematisierten (kritischen) Merkmalen, ein Begriffsverhalten, ein methodisches Vorgehen und den Transfer von Begriffen, Regeln und Methoden lernen.

Als *Vorteil* einer solchen Verlaufsform kann man die Eignung für die Steuerung von Lernprozessen ansehen, die zu allgemeinen und in hohem Maße zu übertragenden Lernresultaten führen. Ein weiterer Vorteil besteht darin, daß der Lernende zusätzlich zum jeweiligen Unterrichtsgegenstand einen Anhaltspunkt für den Vollzug und auch die Kontrolle von Operationen erhält. Dies schließt freilich auch nicht aus, daß der ihm gesteckte Rahmen nicht voll genutzt und daß nicht gefragte oder gar unsachgemäße Operationen vollzogen werden.

Ein *Nachteil* kann in der Einschränkung der Freiheit und Selbständigkeit des Lernenden durch eine Anweisung des Lehrenden gesehen werden, obwohl sie ihm immer noch einen größeren oder kleineren Spielraum lassen muß. Da der Lernende es nicht mit den individuellen Merkmalen von Gegenständen, sondern lediglich mit ihren klassenbildenden zu tun hat, wird die Geschwindigkeit des Gegenstandswechsels nur dann bedenklich, wenn er die notwendigen diskriminierenden Operationen nicht sorgfältig vollziehen kann. In diesem Fall können unkritische Merkmale mit kritischen verwechselt oder nicht alle definierenden Momente erfaßt sein, was zu einer fehlerhaften Begriffs- oder Regelbildung führen kann. Entsprechendes gilt für den unvollständigen oder nur flüchtigen Vollzug bestimmter Methoden.

Im Bereich der Variation des Unterrichtsgegenstandes muß eine größere Zahl von experimentellen Untersuchungen ausgeführt werden. Einige Fragestellungen für solche Untersuchungen und ihre vermutlichen Ergebnisse seien angeführt. Unsere bisherigen Unterrichtsanalysen ergaben eine erstaunliche Bevorzugung der Steuerung über die Variation des Unterrichtsgegenstandes. Es ist deshalb der experimentellen Untersuchung wert, welche Lernresultate bei unterschiedlichem Entwicklungsstand durch diese Methode des Unterrichtens erzielt werden, worin der Lerneffekt gegenüber Kontrollgruppen mit einer anderen Steuerung besteht und für welche Lernresultate ein bestimmtes Ausmaß dieser Steuerung optimal ist. Es ist zu vermuten, daß die Lernenden durch diese Steuerung hauptsächlich zu reproduktiven Leistungen veranlaßt werden, daß darüber hinausführende Lerneffekte von den bereits erworbenen Kenntnissen und methodischen Fähigkeiten abhängen, daß die Lernenden nur verhältnismäßig wenig an neuen Lernresultaten hinzugewinnen und daß nur in begrenztem Maße bei einem relativ hohen Entwicklungsstand und im Verbund mit anderen Beeinflussungsmöglichkeiten diese Form des

Unterrichtens einen hohen Lerneffekt in Gestalt der sicheren Anwendung und des Neuerwerbs von Lernresultaten erbringt. Außerdem muß untersucht werden, in welcher Form der Wechsel von Unterrichtsgegenständen am besten vollzogen wird, damit Interferenzen zwischen den verschiedenen Unterrichtsgegenständen möglichst vermieden werden. Hier wird sich wahrscheinlich zeigen, daß der Wechsel je nach Entwicklungsstand einen unterschiedlich hohen Aufwand an Steuerungsmitteln erfordert, wenn keine Verwechslungen und Vermischungen auftreten sollen.

2.3 Die Steuerung von Lernprozessen durch Methodenvariablen

Man kann die Handlungen des Lernenden allein durch die Veränderung von Sach- und/oder Verfahrenskategorien zu steuern suchen oder zusätzlich durch gleichzeitige konstante Belegung anderer Variablen.

Im ersten Fall dürfte man die Lernenden nur in der folgenden Weise informieren: „Größe!“, „Zahl!“, „Farbe!“, „Material?“ oder: „Meßt den Flächeninhalt!“, „Sucht nach Gründen!“, „Vergleicht die Vegetation!, „Spielt.“, Lauft!“, „Zeichnet!“, „Rechnet!“. Wie die Information über den Gegenstand Informationen über Sachaspekte und Verfahren impliziert, so enthalten die Informationen über Sachaspekte und Verfahren fraglos auch Informationen über Gegenstände. Denn alle diese Kategorien sind nicht für jeden beliebigen Gegenstand geeignet bzw. passen nicht auf jede gegenständlich bestimmte äußere Situation. Nicht alle Sachverhalte sind farbig und nicht unter allen äußeren Voraussetzungen kann man spielen, laufen etc. Im Gegensatz zur Steuerung über Gegenstandsvariablen bleibt aber das Gegenständliche selbst unbestimmt. Der Lernende muß die Wahl der Gegenstände in den von den Kategorien gezogenen Grenzen selbst vornehmen. Diese Grenzen sind aber sehr weit, falls nicht vorher oder nachher durch zusätzliche Instruktionen festgelegt wird, welches Material z. B. bestimmt und was z. B. gezeichnet werden soll.

Die *Brauchbarkeit* solcher Verlaufsformen ist offensichtlich *eingeschränkter und problematischer* als die der Steuerung über die Gegenstandsvariablen. Die Abfolge unterschiedlicher Sachkategorien führt überhaupt nicht zu brauchbaren Verläufen, weil die Klassen von Gegenständen, auf die sie passen, viel zu groß sind. Der Lernende müßte schon raten, welcher Gegenstand gemeint sein könnte. Die Abfolge von Verfahrenskategorien scheint dagegen auf den ersten Blick brauchbar zu sein, denn warum sollen nicht Anweisungen wie „Äußert euch!“, „Diskutiert!“, „Faßt zusammen!“ aufeinander als einzige Instruktionen folgen können. In Wirklichkeit aber setzt deren sinnvoller Gebrauch auch ein Einverständnis über den Gegenstand voraus, z. B. darüber, *wozu* man sich äußern oder *was* diskutiert und zusammengefaßt werden soll. Eine bestimmte Abfolge von Tätigkeiten kann ohne einen solchen Bezug überhaupt nicht hergestellt werden.

Für das zweite Verfahren gibt es allerdings einen Fall, in dem es *sinnvoll eingesetzt* werden kann. Wenn der Lehrende sich zum Ziel setzt, daß der Lernende völlig selbständig den Inhalt jeder einzelnen Beschäftigung wählen soll, dann kann er so verfahren. *Was* er malen, lesen, suchen, schreiben etc. will, bestimmt der Lernende allein. Da in den Grenzen einer so allgemein bestimmten Tätigkeit ihm keine Schranken gesetzt sind, ist dies noch einmal eine Form der größtmöglichen Freiheit für den Lernenden. Er ist in diesen Grenzen auch frei zu subjektiv originellem, d. h. schöpferischem, Arbeiten. Wie gering hier der Einfluß des Lehrers sein kann, zeigen die allgemeinsten Formen: „Tut etwas!“, „Schafft!“, „Werdet aktiver!“, „Laßt euch etwas einfallen!“ etc. Man sollte aber nicht außer acht lassen, daß die Lernenden nur in begrenztem Maße dazu in der Lage sind, aufgrund solcher „Impulse“ Handlungen zu vollziehen, die in nennenswertem Umfang Lernresultate enthalten. Außerdem werden alle diese Handlungen davon abhängig sein, was in dem jeweiligen Tätigkeitsbereich schon gelernt worden ist.

Eine *Verlaufsform mit einer Veränderung der Methodenvariablen, aber konstantem Unterrichtsgegenstand* eignet sich dazu, die Lernenden nacheinander unterschiedliche Operationen auf ein und denselben Gegenstand anwenden zu lassen. Je nach Art des Unterrichtszieles handelt es sich dabei nicht nur um unterschiedliche Einzeloperationen, sondern auch um verschiedenartige Zusammenhänge zwischen ihnen. Die einzelnen Operationen können konjunktiv miteinander verknüpft sein. Dann soll der Lernende nacheinander z. B. verschiedene Aspekte eines Gegenstandes erfassen und sich einprägen: einen Wortlaut, eine Wortbedeutung, das Genus eines Wortes oder das Volumen, das Gewicht, die Härte, den Nutzwert eines Materials u. a. m. Es besteht aber auch die Möglichkeit, daß die Sach- und Verfahrenskategorien hierarchisch geordnet sind. Dann informieren sie den Lernenden über Operationen, die aufeinander folgen müssen (z. B. Erfassen von Charaktereigenschaften einer dargestellten Person, Erfassen von Charaktereigenschaften einer anderen Figur und vergleichende Bewertung ihres Charakters oder: Feststellung einiger Prämissen in beliebiger Reihenfolge und Folgerungen aus ihnen). Die Art dieser Anordnung richtet sich sowohl nach der Struktur des zu erfassenden Sachverhalts als auch nach den Erfordernissen einer für den Lerneffekt günstigen Abfolge von Operationen.

Eine solche Form der Steuerung hat eine Reihe von *Vorteilen.* Die Art der vom Lernenden zu vollziehenden Operationen kann bis zur höchstmöglichen Genauigkeit umgrenzt und der Schüler kann systematisch zu einem Endresultat geführt werden. – Der Lernende braucht die Abfolge der Operationen nicht selbst zu bestimmen. Dies wird vom Lehrenden geleistet, der den Weg kennt, auf dem man zu einem bestimmten Ergebnis kommt. Der Schüler braucht nur einzelne oder kleinere Gruppen von Teiloperationen zu vollziehen. – Der Lehrende hat es in der Hand, die dem Lernenden zugemuteten Leistungen verschieden zu bemessen, so daß er einen umfangreichen Lernprozeß in kleinste Operationen zerlegen (s. die Skinnerschen Techniken des programmierten Lernens) oder Instruktionen für umfangreiche Handlungszusammenhänge abfassen kann. – Werden die erwarteten Operationen nicht vollzogen, kann er durch den Rückgang auf Teiloperationen das angestrebte Resultat doch noch zu erreichen suchen. – Der Lernende wird bei einer richtigen Bemessung des Umfangs der Kategorien voll gefordert, profitiert aber von den Leistungen dessen, der diesen Weg als erster ausgearbeitet hat, und den Leistungen des Lehrers, der ihm auf dem tradierten Weg jeweils die Richtung der nächsten Wegstrecke angibt. Auf diese Weise können durch Unterricht Lernresultate der Menschheit tradiert werden, die der einzelne Lernende u. U. nie, sicher aber nicht in so kurzer Zeit erlangt hätte. – Die Erfahrung eines eindrucksvollen und vielleicht auch überraschenden Resultats der Zusammenarbeit zwischen Lehrer und Schülern kann ein großes Erfolgserlebnis sein, zumal der Lernende die ihm geleisteten Hilfestellungen in der Regel kaum bemerkt. Dieses Erfolgserlebnis muß mit dem Effekt eines viel bescheideneren oder gar unbedeutenden Resultats verglichen werden, das mit ebensolcher Mühe, aber völlig selbständig gewonnen worden ist. – Falls der Lernende die ihm zugemuteten und vielleicht noch nie vollzogenen Teiloperationen nicht vollziehen kann, hat der Lehrende die Möglichkeit, durch eine Veränderung der Sach- und/oder Verfahrenskategorie die von ihm erwartete Leistung zu reduzieren. Im umgekehrten Fall einer überraschend schnellen Bewältigung der Aufgabe kann er dem Lernenden Zusätzliches zumuten. – Außerdem kann der Lernende auf diesem Wege den sicheren Gebrauch spezifischer Sach- und Verfahrenskategorien einüben. – Die Steuerung über Sach- und/oder Verfahrenskategorien ist das Hauptmittel eines gut aufgebauten Arbeitsunterrichts, wie er bei uns im Unterschied zu englischen und französischen Schulen eine gewisse Tradition hat. Er kann nur dann seine optimale Form erreichen, wenn an die Stelle einer unreflektierten Kunst des Dialogs mit den Schülern eine klare Kenntnis der Operationen tritt, die der Lernende vollziehen soll, und eine genaue Kenntnis der Steuerungsmittel, durch die man ihn dazu veranlassen kann.

Dieses Verfahren hat freilich auch seine spezifischen *Nachteile,* die in den Ansätzen zur Reform des Unterrichts spätestens seit Rousseau immer wieder erörtert worden sind. Sie bestehen darin, daß der Lernende nicht völlig selbständig seine Operationen wählt, daß der Lehrende ihm die freie Wahl von Operationen oft stärker als unbedingt notwendig einschränkt, daß der Schüler nur Teiloperationen zu vollziehen lernt, nicht aber deren Verknüpfung, daß er trotzdem den ganzen jeweiligen Zusammenhang von Operationen zu beherrschen meint und er deshalb ohne die Hilfe des Lehrers in außerschulischen Situationen scheitert. – Es sind dies unbestreitbare strukturgesetzliche Nachteile einer alleinigen, überwiegenden oder unsachgemäßen Verwendung dieser Verlaufsform.

Auch hier fehlt es an empirischen Untersuchungen. Es muß untersucht werden, was eine sorgfältig auf die selbständige Leistungsfähigkeit abgestimmte und an Sachzusammenhängen orientierte Steuerung über Sach- und Verfahrenskategorien an Lernresultaten erbringt gegenüber einer Steuerung nur über den Gegenstand. Von Interesse wäre auch die Frage, durch welche Steuerungsformen der Nachteil einer Blindheit für die Verknüpfung von Teiloperationen *kompensiert* werden kann. Die nachträgliche Reflexion auf das Vorgehen und vor allem der selbständige Versuch der Übertragung eines Vorgehens mit den hierbei auftretenden unerwarteten Schwierigkeiten bieten sich u. a. an. Es könnte auch eine günstige Korrelation zwischen dieser Steuerungsform und einigen sachspezifischen Lernprozessen bestehen. Wahrscheinlich ist sie auch für bestimmte Situationen im Verlauf eines jeden Lerngeschehens besser geeignet als für andere. – Durch solche Untersuchungen muß ermittelt werden, unter welchen Bedingungen und in welchem Maße diese Verlaufsform für bestimmte Unterrichtsziele effektiver ist als andere. – Es ist zu vermuten, daß sie für bestimmte Lernresultate, für bestimmte Situationen der Lernenden und in manchen Lernbereichen optimal ist. Dann müßte die heute weitverbreitete Abneigung gegen sie in eben diesem Maße überwunden werden.

2.4 Die Steuerung von Lernprozessen über Adressatenvariablen

Sowohl die verbale als auch die nichtverbale Instruktion besitzen eine Adressatenvariable. Die Steuerung über eine Veränderung dieser

Variablen setzt eine Information über den Unterrichtsgegenstand und/oder eine Methode seiner Behandlung voraus. Sie kommt außerdem nicht bei einem einzelnen Schüler, sondern nur bei einer Gruppe von Lernenden in Betracht. Die durch den Wechsel des Adressaten bedingten Verlaufsformen werden sichtbar, wenn man die übrigen Variablen konstant belegt. Dann wird die durch die Gegenstands-, Sach- und/oder Verfahrenskategorie abgegrenzte Menge an Operationen von verschiedenen Lernenden gefordert. Als Adressaten gibt es hierfür die ganze Lerngruppe, unterschiedlich große Teilgruppen und die einzelnen Lernenden. Die folgende Verlaufsform kann man häufig beobachten: Zuerst wird an die ganze Lerngruppe eine Aufgabe gestellt, und dann werden einzelne Schüler aufgerufen. Dieser Verlauf eignet sich nur für Aufgaben, die mehrere unterschiedliche Beiträge zulassen oder vom ersten aufgerufenen Schüler nicht hinreichend gelöst werden oder bei denen die einzige richtige Lösung möglichst von jedem Schüler vorgebracht werden muß, weil gerade diese Äußerung gelernt werden soll.

Im ersten Fall kann es sich um additiv verknüpfbare Teilleistungen handeln (Feststellung unterschiedlicher Merkmale, Wiederholung verschiedener Fakten oder Methoden). Es ist aber auch möglich, daß die zunächst vorgetragenen nebengeordneten Teilleistungen zur Synthese gebracht werden, ohne daß der Lehrende dies gesondert veranlaßt. Ja, es kann sogar in der Abfolge der einzelnen Beiträge zu einem methodisch geregelten Aufbau komplexer Leistungen aus Teilleistungen kommen. Da der Lehrer nur durch das Aufrufen einzelner Schüler steuert, wird die Art der aufeinanderfolgenden Beiträge durch andere Momente bestimmt: durch die Art der von einer Instruktion zugelassenen Operationen, durch vorher eingeübte Verfahrensweisen, durch die Leistungsfähigkeit der einzelnen Schüler und die vom Lehrenden gewählte Reihenfolge der Schüler.

Vorteile dieses Vorgehens bestehen darin, daß alle Mitglieder einer Lerngruppe die gleiche Aufgabe erhalten, daß in den Grenzen der jeweiligen Instruktion verschiedene und unterschiedlich schwere Leistungen erbracht werden können, daß die Freiheit des Lernenden nicht weiter als durch die für alle geltende Instruktion eingeschränkt wird, daß Übertragungen auftreten und Formen der Zusammenarbeit zwischen den Lernenden eingeübt werden können.

Eine grundlegende *Schwierigkeit* für diese Verlaufsform liegt darin, möglichst alle Mitglieder der Lerngruppe am Unterricht zu beteiligen.

Bei unterschiedlichen Teilleistungen muß hierfür die konstantgehaltene Instruktion mindestens so viele unterschiedliche Beiträge erlauben, wie es Mitglieder der Lerngruppe gibt. Erlaubt sie weniger Beiträge, dann gibt es entweder Wiederholungen, oder einige Schüler können zu den bereits vorliegenden keinen neuen Beitrag mehr leisten. Wenn auch diese negativen Auswirkungen nie ganz ausgeschaltet werden können, weil sich die Beiträge nicht scharf voneinander sondern lassen und die subjektive Leistungsfähigkeit nicht genau vorausgesagt werden kann, so vergrößern sie sich doch erheblich mit der Zahl der Lernenden. Die größere Zahl der Lernenden wirkt sich auch noch deshalb negativ aus, weil mit der größeren Zahl von Beiträgen die Schwierigkeit wächst, sie zu überblicken und miteinander in Beziehung zu setzen. Eine pure Anhäufung sehr unterschiedlicher Beiträge, das bloße Herausschleudern des eigenen Ergebnisses ohne Rücksicht auf die vorausgehenden Beiträge und ein sehr geringer Ertrag für die ganze Lerngruppe können die Folge sein. – Ein weiterer Nachteil besteht darin, daß der Lehrende jede Möglichkeit aus der Hand gibt, auf die Überprüfung von Beiträgen und die Herstellung von Zusammenhängen zwischen ihnen hinzuwirken. Aus diesem Grund führt der extensive Gebrauch dieser Verlaufsform oft zu einem chaotischen Unterrichtsverlauf: falsche und richtige, enge und weite Beiträge verschiedenster Art folgen willkürlich aufeinander. – Eine Variante dieser Verlaufsformen besteht darin, daß man jeden einzelnen Schüler seinen Beitrag schriftlich fixieren läßt. Dann gewinnt er mehr Zeit und kann u. U. mehr leisten. Es muß danach aber auch der mündliche Vortrag der einzelnen Beiträge erfolgen, oder die schriftlichen Notizen müssen an der Tafel bzw. durch Lichtschreiber allen sichtbar gemacht werden, damit sie für alle Mitglieder der Gruppe zum Bestandteil ihres Lernens werden.

Geht es um die richtige Lautung eines Phonems, die Ausführung einer Handfertigkeit, das Vorlesen eines fremdsprachigen Textes u. a. m., dann muß jeder Schüler diese Handlung vollziehen, wenn er sie sicher beherrschen soll. Schaltet man kein sekundäres Medium wie das Sprachlabor ein, dann kann dies in sinnvoller Weise nur nacheinander geschehen. Gleichzeitigkeit würde die Überprüfung der einzelnen Leistung sehr erschweren oder bei Überlagerungen im akustischen Bereich sogar unmöglich machen. Je größer die Lerngruppe wird, um so länger wird die Reihe gleicher Beiträge. Während einige Wiederholungen für die zuhörenden und zusehenden Schüler noch von Gewinn sein können, nehmen die negativen Auswirkungen bei weiteren Wiederholungen schnell zu.

Die *Vorteile* dieser Verlaufsform sind daher beschränkt auf wenige Lernhandlungen und eine relativ kleine Lerngruppe oder setzen eine intensive methodische Schulung für die gemeinsame Erarbeitung eines bestimmten Sachbereichs voraus. Wo es nicht primär um den Vollzug einer äußeren Handlung geht, überwiegen meist schon nach wenigen Wiederholungen die *Nachteile.*

Ein besonders kritischer Punkt dieser Verlaufsform ist noch die Reihenfolge, in der die einzelnen zu Wort kommen. Sie wirkt sich nicht nur auf die Art der Beiträge, sondern auch in vielfältiger Weise auf die Motivation aus. Sie kann vom Lehrenden nach sehr unterschiedlichen Gesichtspunkten vorgenommen werden: strikt nach der Aufeinanderfolge von Wortmeldungen (neutrale Diskussionssteuerung), nach der erwarteten niedrigeren oder höheren Leistung (zielbestimmte dynamische Steuerung) und nach dem Gesichtspunkt der Bevorzugung einer bestimmten Gruppe von Lernenden (sozial motivierende Steuerung).

Die übrigen Spielarten einer Steuerung über die Adressatenvariablen bei konstanten übrigen Faktoren scheinen nur geringe Bedeutung zu haben.

Man kann eine Instruktion erst für alle formulieren und danach nicht einzelne Schüler, sondern Gruppen auffordern, diese Aufgabe zu lösen. Bei diesem Vorgehen müssen die Beiträge von mehreren Schülern gemeinsam erarbeitet und von einem Sprecher der Gruppe vorgetragen werden. Diese Form ergibt u. U. reichhaltigere und zusammenhängendere Beiträge sowie günstige Nebenwirkungen im Bereich des sozialen Lernens. Sie kann diese Vorteile aber nur entfalten, wenn die ganze Lerngruppe lediglich in zwei bis drei Gruppen aufgeteilt wird, weil sonst die Zahl der von den Gruppen produzierten relativ komplexen Beiträge wieder zu groß wird. Entsprechendes gilt für die Größe der einzelnen Gruppen. Bei mehr als drei Mitgliedern wird für die Verständigung schon die Reihenfolge zu einem Problem.

Geht man nicht von einer Instruktion an alle aus, sondern übergibt man die Aufgabe zuerst einem einzelnen oder einer Gruppe, ohne daß die anderen sie mithören oder mitlesen, dann entsteht sofort das Problem einer sinnvollen Beschäftigung der übrigen Schüler während dieser Zeit. Deshalb wird eine solche Form des Vorgehens nur dann am Platze sein, wenn mehrere Lernende oder Lerngruppen an verschiedenen Aufgaben arbeiten und ein Lernender oder eine Lerngruppe die Hilfe der anderen braucht. Auf diese Weise kann z. B. die von einem Schüler nicht zu bewältigende Schwierigkeit von anderen Schülern überwunden werden. Das ist aber keine einfache Verlaufsform mehr.

Obwohl die ausschließliche Steuerung über die Adressatenvariablen bei konstanten übrigen Bedingungen sehr problematisch ist, tritt die zuerst erörterte Form des Wechsels von der gesamten Lerngruppe zu einzelnen Lernenden erstaunlich oft auf. Um ihren Gebrauch auf ein vertretbares Maß zu beschränken, bedarf der Lehrende möglichst genauer Informationen über ihre optimale Verwendung. Hierfür sind empirische Untersuchungen erforderlich. Unsere Beobachtungen und Überlegungen führten dazu, daß sich diese Verlaufsformen wahrscheinlich für eine additive Abfolge von Operationen besser eignet als für eine hierarchische, daß kompliziertere Leistungen in höherem Maße mit Hilfe übertragungsfähiger Kategorien und Methoden erbracht werden können als durch spontane Reaktionen und daß die Größe der Gesamtgruppe für ihre Effektivität eine große Rolle spielt. Diese Annahmen und entsprechende Hypothesen für die simultane Gruppenarbeit bedürfen einer genauen Überprüfung.

Es hat sich hier noch einmal gezeigt, daß die Adressatenvariable keine Informationen über die zu vollziehenden Operationen enthält, sondern die schwierige Beziehung zwischen der durch andere Faktoren umgrenzten Menge von möglichen Operationen und den Lernenden stiftet (s. o. S. 105).

Durch diese Leistung übt sie auch *motivationale Funktionen* aus. Aus der Abfolge verschiedener Adressaten ergeben sich anscheinend besondere Affinitäten zu bestimmten Operationen und den verfügbaren Lernresultaten der Schüler sowie besondere Möglichkeiten der Beeinflussung von Lernmotiven, die einer eingehenden Untersuchung bedürfen.

2.5 Die Beeinflussung von Lernprozessen durch Materialfaktoren der Unterrichtsgegenstände sowie ergänzende dingliche und personale Faktoren der weiteren externen Unterrichtssituation

Es ist ein Charakteristikum des Unterrichts, daß er dem Lernenden durch besondere Hilfen und auch durch erschwerende Bedingungen zu Lernresultaten verhilft, die er ohne sie überhaupt nicht, nicht so schnell oder nicht so gut erzielen könnte. Durch solche Maßnahmen unterscheidet sich der Unterricht nicht nur vom alltäglichen Umgang mit Gegenständen und Personen, sondern auch von den mehr oder weniger perfekten berufsmäßigen Tätigkeiten, zu denen auch die wissenschaftlichen gehören.

Ob eine Operation für den Lernenden leicht oder schwer ist, hängt freilich primär von denjenigen Merkmalen des Unterrichtsgegenstandes ab, die notwendig für die Erreichung des Unterrichtszieles erfaßt werden müssen. In unserem Zusammenhang beachten wir jedoch nur, was bei konstanten kritischen Merkmalen den Vollzug der erforderlichen Operationen zunehmend erleichtern oder erschweren kann. Es kann dies durch eine Variation einiger Faktoren der Lernsituation geschehen. Hierfür kommen in Betracht: Abschwächen oder Verstärken der unkritischen Gegenstandsmerkmale [Reduzieren der unkritischen Merkmale im Originalgegenstand oder einem Repräsentanten; Wahl von Unterrichtsgegenständen mit unkritischen Merkmalen, die sich möglichst stark von den kritischen unterscheiden, keine engen Beziehungen zu ihnen haben und selbst geringes Interesse auf sich ziehen, oder das Unterlassen solcher Maßnahmen (s. S. 124 ff.); Markieren der kritischen Merkmale; Verändern der Gegebenheitsweise der kritischen Merkmale (sinnlich präsent – vorstellungsmäßig präsent; vollständig – unvollständig; markant, d. h. intensiv, in großer Ausdehnung oder häufig – nicht markant; mehrere und verschiedenartige kennzeichnende Merkmale aus dem Bereich der alltäglichen Dingwahrnehmung, die für eine Identifizierung in Frage kommen – ein einzelnes oder wenige gleichartige kennzeichnende Merkmale nicht aus dem Bereich der alltäglichen Dingwahrnehmungen) (s. S. 131 ff.); starke oder abgestufte Variationen der unkritischen Merkmale bei aufeinanderfolgenden Gegenständen, d. h. mehrere Veranschaulichungen, bzw. Verzicht hierauf; möglichst große Heteronomität der kritischen Merkmale bei aufeinanderfolgenden Unterrichtsgegenständen oder geringe (S. 139 ff.); mediale Verkleinerung, Vergrößerung und Wiederholung der kritischen Merkmale sowie ihre multimediale Wiedergabe oder Verzicht hierauf (s. S. 146 ff.); ergänzende oder störende Leistungen dinglicher und personaler Faktoren der weiteren Unterrichtssituation (s. S. 157 ff.)].

Diese große und keineswegs vollständige Zahl an erleichternden oder erschwerenden Mitteln dokumentiert, über welche Fülle von Möglichkeiten der Lehrende für diese Zwecke verfügen kann. Viele dieser Mittel kann er bereits in der Ausgangssituation und in jeder weiteren Situation gleichzeitig einsetzen. Die Vielfalt der Mittel und ihre Verteilung über Gegenstände und Personen der externen Lernsituation erschwert es außerordentlich, nur einen Faktor oder eine Gruppe von äquivalenten Faktoren kontinuierlich zu variieren. Wenn sich mit einer solchen Veränderung des Unterrichtsgegenstandes oder der weiteren Unterrichtssituation zugleich auch andere Faktoren zwangsläufig ändern, hat man es schon innerhalb dieses Sektors mit komplexen Verlaufsformen zu tun. Hierzu kommt noch, daß es starke individuelle Unterschiede dafür gibt, ob eine bestimmte Belegung dieser Variablen zu einer Erleichterung oder einer Erschwerung für den Lernenden führt. Es passiert deshalb leicht, daß die Belegung verschiedener Faktoren sich gegensinnig auswirkt, so daß sich Erleichterung und Erschwerung gegenseitig aufheben, oder statt einer Erleichterung sogar eine Erschwerung oder Blockierung der angestrebten Operationen eintritt. Die hieraus resultierende Unsicherheit der Lehrer wird man nur mit Hilfe ausgedehnter und scharfsinniger wissenschaftlicher Untersuchungen allmählich verringern können.

Eine zur Erleichterung der Operationen führende Verlaufsform kommt in Betracht, wenn der für die Ausgangssituation gewählte Schwierigkeitsgrad zu groß ist. Dies kann daraus geschlossen werden, daß die erwarteten Leistungen ausbleiben oder an ihrer Stelle Fehlleistungen auftreten. Wir haben es deshalb mit einer Steuerung zu tun, die als Reaktion auf das Verhalten der Schüler gewählt werden kann.

Man kann sie natürlich für einen solchen Fall auch schon vorsorglich planen. Die zunehmenden Erleichterungen haben den Zweck, den Vollzug der angestrebten Operationen doch noch zu ermöglichen, ohne dies garantieren zu können, weil er auch unter den günstigsten Bedingungen für den Lernenden noch zu schwer sein kann.

Die zu einer Erschwerung führenden Verläufe kommen in Betracht, wenn der Lernende bestimmte Operationen bereits unter günstigeren Bedingungen vollzogen hat und sie ihm nun unter zunehmend schwereren Bedingungen zugemutet werden können.

Einzelne solcher Verläufe sind oben schon für das Memorieren, die Begriffsbildung und den Transfer erörtert worden (S. 139 ff.). Hieraus ergibt sich, daß man für das Ziel der Erleichterung oder Erschwerung wahrscheinlich keine allgemeinen Verlaufsformen ausarbeiten kann, sondern nur sachspezifische Verläufe des Lernens oder gar spezielle Unterrichtsverläufe für ein bestimmtes Ziel und eine bestimmte Ausgangssituation. Wahrscheinlich ist erst dann das Unterrichtsgeschehen soweit festgelegt, daß man weiß, welche erleichternden oder erschwerenden Faktoren in den zur Verfügung stehenden Unterrichtsgegenständen und den Umständen, unter denen sie erfaßt werden sollen, auftreten und welche Variation diese Gegebenheiten erlauben. Der Lehrende wird deshalb am besten so vorgehen, daß er zum Zweck der Erleichterung oder Erschwerung versuchsweise nacheinander diejenigen Faktoren der Ausgangssituation variiert, die er kennt und deren Veränderung er in der jeweiligen Situation auch bewerkstelligen kann. Er kann diesen Weg solange beschreiten, bis er seine Mittel erschöpft hat oder ihm ihr weiterer Einsatz als unökonomisch erscheint.

Es ist ein *Vorteil* solcher Verlaufsformen, daß man durch sie den Zugang zu einem neuen, für den Lernenden relativ schwer zugänglichen Lernbereich eröffnen kann. Auch eine entwicklungsmäßige Vorverlegung von Lernprozessen mit dem entsprechenden Zeitgewinn wird auf diese Weise ermöglicht. Das Maß und die Art der Hilfen kann auf den oder die jeweiligen Lernenden abgestimmt werden. Besonders wichtig und offensichtlich ist die Notwendigkeit für solche Lernhilfen bei Lernbehinderten. In geringerem Maße sind sie auch noch bei den fortgeschrittensten Lernenden förderlich. Umgekehrt kann durch eine zunehmende Erschwerung die Sondersituation des Unterrichts wieder abgebaut und eine Annäherung an die Situation der völlig selbständigen Bewältigung von Aufgaben aller Art erreicht werden, z. B. die Beurteilung einer neuen politischen Situation, die Lösung eines einfachen technischen Problems, die Planung eines Arbeitsganges, den zeichnerischen Entwurf eines Hauses und vieles andere mehr. In all dem zeigt sich ihre wichtige Rolle für das Zustandekommen von Operationen, d. h. ihre kognitive Funktion.

Nachteilig ist sicher gegenüber zufälligen Lernsituationen die unvermeidliche Künstlichkeit solcher erleichternden oder erschwerenden Maßnahmen. Dieser Tribut muß den Vorteilen einer elementaren pädagogischen Beeinflussung gezollt werden. Schmerzlicher ist, daß wir noch so wenig über die genaue Wirkung besonders der Abfolge unterschiedlicher Veranschaulichungen wissen. Hier wird man darauf achten müssen, daß jede Veranschaulichung selbst einen Teil der geistigen Energie des Lernenden in Anspruch nimmt, weil die verschiedenen Veranschaulichungen von den Lernenden auseinandergehalten und als Repräsentanten ein und desselben Sachverhaltes erkannt werden müssen.

Experimentelle Untersuchungen werden daher vor allem so angesetzt werden müssen, daß man Anhaltspunkte für die Bedingungen erhält, unter denen bei bestimmten Verläufen dieser Art eine mehr oder weniger große Erleichterung bzw. Erschwerung eintritt. Vermutlich wird man zunächst für ganz bestimmte Lernprozesse und begrenzte Lerngruppen mit einem bestimmten sachspezifischen Entwicklungsstand zu Ergebnissen kommen. Erst dann wird sich zeigen, ob generalisierende Aussagen möglich sind.

Erste Hypothesen für solche experimentellen Untersuchungen können sein: Wenn man Varianten wählt, die selbst sehr anspruchslos sind, wird man einen größeren Effekt erzielen als durch komplizierte Varianten eines Mittels. – Für die Ausstattung und Variation der unkritischen Merkmale gibt es einen Punkt, von dem an der angestrebte Abstraktionsprozeß auch bei niedrigem Entwicklungsstand nicht mehr erleichtert, sondern wieder erschwert wird. – Die geringfügige Variation mehrerer Möglichkeiten der Erleichterung oder Erschwerung hat einen größeren Effekt als die mehrfache Variation eines Mittels, wie zum Beispiel des Repräsentanten eines Unterrichtsgegenstandes, des technischen Mediums oder des Mittels zur Hervorhebung von kritischen Merkmalen.

2.6 *Die Aktualisierung und Bildung von Lernmotiven durch motivationale Anreize*

Es gibt auch Verlaufsformen, die primär dem Zweck dienen, bereits ausgebildete Lernmotive zu mobilisieren oder die Bildung neuer Lernmotive zu begünstigen. Es müssen dann unterschiedliche motivationale Anreize aufeinanderfolgen, während die übrigen Faktoren konstant gehalten werden.

Ein solches Vorgehen ist unmöglich, wenn die motivationalen Anreize von den Faktoren ausgehen, die konstant gehalten werden sollen, insbesondere den Kategorien der Lerninstruktion und den kritischen Merkmalen des Unterrichtsgegenstandes. Wenn man sie variiert, dann ändert man zugleich mit den von ihnen ausgehenden motivationalen Anreizen die möglichen Lernhandlungen und die durch sie zu erreichenden Ziele. Sobald unkritische Gegenstandsmerkmale mit ihren Materialfaktoren variiert werden, können Sachinteressen aktuell werden und kann über die Änderung des Bewußtseins vom Schwierigkeitsgrad der Aufgabe (s. den vorausgehenden Abschnitt) die Leistungsmotivation verstärkt werden [13]. Beides stellt sich eher als Begleiterscheinung einer solchen Variation ein, als daß man durch eine größere Zahl dieser Veränderungen bewußt eine Erhöhung der Lernmotivation anstreben und erreichen könnte. Wer allerdings die Sachinteressen und die Leistungsfähigkeit seiner Schüler recht genau kennt, kann durch einige Veränderungen der unkritischen Merkmale (s. o. S. 128 f.) die Bereitschaft zur Identifikation mit einer Aufgabe zunehmend erhöhen.

Durch das wiederholte Auftreten solcher Gegenstandsqualitäten kann auch das Interesse an ihnen selbst erst geweckt werden, weil sie dem Lernenden willkommen sind (positive Bewertung) [14] und sich das für die thematisierten Gegenstandsqualitäten entwickelte Sachinteresse auch auf sie ausdehnen kann (Verzweigung oder Generalisierung von Interessen), ohne daß dies vom Lehrenden angestrebt würde. Hier können sich Wirkungen einstellen, die bei der Variation von unkritischen Merkmalen zum Zwecke einer Verstärkung der aktuellen Lernmotivation bedacht werden müssen.

Man kann versuchen, nur solche Faktoren der externen Ausgangssituation zu variieren, die mit dem Unterrichtsgegenstand nichts zu tun haben. Man versucht dann die Lernbereitschaft durch Formen der direkten Einflußnahme erst zu wecken oder zu verstärken. Hierfür stehen Anredeformen der verbalen Instruktion oder der weiteren Unterrichtssituation zur Verfügung. Solche Mittel sind z. B. sprachliche Höflichkeitswendungen, die Wiederholung einer Instruktion in einem anderen Ton, ein aufmunternder Blick, die Bestätigung der Richtigkeit einer Teillösung mit einem Kopfnicken, die Beseitigung einer Störquelle, die persönliche Mitarbeit des Lehrers an einer gemeinsamen Aufgabe und ein teilnehmendes Beobachten eines Schülers. Mehrere dieser Mittel können freilich nur dann nacheinander eingesetzt werden, wenn die Aufgaben für bestimmte Adressaten für einige Zeit konstant gehalten werden. Dies ist sicher beim Gruppenunterricht der Fall, kann aber auch auftreten, wenn sich die gesamte Lerngruppe darum bemüht, ein Resultat mündlich oder schriftlich zum Ausdruck zu bringen.

Die *Vorteile* der zuletzt angeführten Verlaufsform liegen auf der Hand. Der Lehrende kann durch zusätzliche geringfügige Mittel seinen persönlichen Einfluß auf die einzelnen Lernenden ausüben. Er wirkt durch sein Verhalten als Vorbild oder beeinflußt durch kurze Kontaktaufnahmen direkt. Auf diese Weise kann er die Lernbereitschaft des Schülers über das von ihm selbst aufgebrachte Maß hinaus steigern.

Diesen Vorteilen entsprechen unmittelbar die *Nachteile* einer heteronomen Beeinflussung der Lernbereitschaft: die Abhängigkeit des Lernenden vom Lehrenden, die Gefahr einer Gewöhnung an Unselbständigkeit, die Verwöhnung durch ein besonders angenehmes Lernklima und die hieraus sich ergebende Problematik, ob die Lernbereitschaft ohne diese Hilfen außerhalb des Unterrichts ausreicht.

Durch diese Faktoren kommen Einstellungen zum Ausdruck, die unter dem Titel von Unterrichtsstilen schon verhältnismäßig gut untersucht worden sind. Verständnis, Freundlichkeit, Höflichkeit, Optimismus, emotionale Wärme, Wertschätzung, Entspanntheit sowie deren Gegenteil kommen in diesen Faktoren des Lehrerverhaltens unmittelbarer und überzeugender zum Ausdruck als in verbalen Bekenntnissen. Sie werden von den Schülern auf Grund ihrer sinnenhaften medialen Vermittlung leicht erfaßt und wirken sich nachweislich positiv oder negativ auf ihre Lernmotivation aus [15].

Will man durch einen größeren methodischen Aufwand auf die Lernmotivation einwirken, dann muß man komplexe Verlaufsformen einschieben, in denen auch Gegenstands- und Methodenkategorien geändert werden. Man macht z. B. Ziele, die im Unterricht selbst erreicht werden sollen oder über ihn hinausgreifen, zum Gegenstand des Unterrichts. Demselben Zweck kann die Erörterung von

Schwierigkeiten dienen, die im oder außerhalb des Unterrichts auftreten.

3. Komplexe Verlaufsformen

Aus der Kombination einfacher Verlaufsformen ergeben sich komplexe Verlaufsformen des Unterrichts. Wenn sich jeweils mehrere der von uns unterschiedenen Faktoren der äußeren Situation des Lernenden in ihren unterschiedlichen Dimensionen (Art, Umfang etc.) gleichzeitig verändern lassen und erst die mehrfache Veränderung mehrerer Faktoren komplexe Verlaufsformen ergibt, dann kann mit Hilfe dieses Begriffssystems eine unübersehbar große Zahl von unterschiedlichen Unterrichtsverläufen erfaßt oder entworfen werden. Da wir keineswegs eine vollständige Analyse der externen Situation leisten konnten, ist die Vielgestaltigkeit des tatsächlichen Unterrichtsgeschehens in Vergangenheit und Zukunft noch größer.

Eine solche weitgehende begriffliche Annäherung an die Vielfalt des konkreten Unterrichtsgeschehens ist für die Analyse und Planung von Unterrichtsmethoden in mehrerer Hinsicht vorteilhaft.

An die Stelle eines starren universellen Schemas vom Unterrichtsverlauf tritt eine Kombinatorik von Faktoren der externen Lernsituation und ihrer Funktionen im Unterricht, durch die faktisches Unterrichtsgeschehen in einem hohen Grade durchsichtig gemacht werden kann und sich für die verschiedensten Zwecke Unterrichtsverläufe entwerfen lassen[16]. Die Kapazität eines solchen Begriffssystems für die Analyse und Planung unterschiedlichster komplexer Unterrichtsverläufe ist beträchtlich.

Mit Hilfe dieser Begriffe wird der Blick für die Vielzahl der dem Lehrer zur Verfügung stehenden Veränderungsmöglichkeiten geschärft. Da es keine starren „Stufen“ oder „Schritte“ mehr gibt, sondern bei jeder einfachen oder multiplen Veränderung der von uns unterschiedenen Faktoren vom Beginn einer neuen Phase des Unterrichts gesprochen werden kann, lassen sich beliebig lange Ketten von unterschiedlich großen Teilphasen bilden. Es hängt von den thematisierten Teilzielen (den bereits faktisch intendierten oder erst zum Ziel gesetzten Lernresultaten) sowie von den Analyse- und Planungszwecken ab, wie man den Umfang der einzelnen Phasen bemißt und wie groß die Zahl solcher Phasen ist, mit denen man sich befaßt. Dieses Instrument eignet sich ebenso zu einer minutiösen wie zu einer grobmaschigen, nur auf wenige Veränderungen achtenden, Analyse und Planung des Unterrichtsverlaufs.

Die von uns vorgenommenen Begriffsbestimmungen lassen dem Lehrenden die größtmögliche Freiheit, das Unterrichtsgeschehen den jeweiligen Zielen, den sachlichen Belangen und den Leistungsmöglichkeiten der Schüler anzupassen. Sie legen aber auch den Schüler nicht fest, sondern ermöglichen es dem Lehrer, ihm die größtmögliche Freiheit des Handelns einzuräumen.

Ein flexibles Instrument gibt allerdings dem Lehrer nicht eine so hohe Handlungssicherheit wie ein Handlungsschema mit wenigen „Stufen“ für jeden Unterrichtsverlauf. Wie fragwürdig ist aber die auf diese Weise erkaufte Sicherheit? Will man trotz der mit dem flexiblen Instrument verbundenen Vorteile den einzelnen Lehrer gegenüber der Fülle von Gestaltungsmöglichkeiten nicht im Stich lassen, dann kann man die von ihm zu bewältigende Planungsarbeit durch die Ausarbeitung von typischen Verlaufsformen (für Intentionen von einer gewissen Allgemeinheit) entlasten. Für solche Intentionen kann man sehr verschiedene Formen der Abstraktion wählen. Man vergleiche z. B. die folgenden Abstraktionsebenen: das allgemeine Ziel des Erwerbs eines Begriffsverhaltens, das speziellere des Erwerbs eines Relationsbegriffes und das noch engere des Erwerbs des mathematischen Äquivalenzbegriffes. Für solche Unterrichtsziele kann man auf demselben Abstraktionsniveau zwei oder mehr alternative typische Verläufe ausarbeiten. Für die einzelnen Lehrer, die ein solches Ziel anstreben, bleiben dann als Aufgaben: eine Alternative des Unterrichtsverlaufs zu wählen, sie im Blick auf die jeweilige konkrete Situation genauer zu bestimmen (konkreter auszuarbeiten) und/oder sie selbst abzuändern. Die schwierige Wahl zwischen den ausgearbeiteten Alternativen sowie die Subsumtion des faktischen Unterrichtsgeschehens unter eine typische Verlaufsform bzw. eine an ihr orientierte Konstruktion konkreter Verläufe bleiben der jeweiligen Analyse- und Planungspraxis überlassen. Auf diese Weise kann ein Kompromiß zwischen den beiden extremen Möglichkeiten hergestellt werden, dem einzelnen Lehrer entweder die Ausarbeitung des jeweiligen besonderen Unterrichtsverlaufs ganz zu überlassen oder ihn an strenge, rezeptartige Vorschriften bis hin zur Programmierung eines Unterrichtsverlaufs zu binden.

Da die Form der Abstraktion für die Ziele von typischen Verläufen sehr verschieden sein kann (z. B. auch Verläufe für einen bestimmten Fachunterricht, für ein bestimmtes Anspruchsniveau in einem Lernbereich, für eine bestimmte Kombination von Lernresultaten), ist auch die Zahl typischer Verläufe prinzipiell nicht zu begrenzen. Die soweit wie möglich mit wissenschaftlichen Mitteln zu leistende Ausarbeitung einer großen Zahl von typischen Unterrichtsverläufen ist die Aufgabe der Methodiken für die verschiedensten Teilbereiche des Unterrichts. Sie müßten auch Bestandteil entsprechender Curricula sein, falls sich ein Curriculum nicht in der Aneinanderreihung von Zielen und Aufgaben für deren Überprüfung erschöpfen soll.

Wenn wir in den folgenden Abschnitten einige typische Verlaufsformen darstellen, dann geschieht dies nur, um die Möglichkeit ihrer Ausarbeitung zu demonstrieren. Im Rahmen dieser Untersuchung können nur noch einige, fast zufällig ausgewählte Beispiele dieser Art skizziert werden: Wir wählen die Abstraktionsform von überfachlichen, aus allgemeinen Klassen von Lernresultaten bestehenden Zielen. Zum besseren Verständnis deuten wir manchmal einige Beispiele aus sachspezifischen Lernbereichen an. Die Darstellung mehrerer alternativer Verlaufsformen wäre zu aufwendig. Auf eine ausführliche Darstellung und Erörterung der einzelnen Steuerungsmittel verzichten wir, weil hierzu der vorausgehenden Untersuchung vieles entnommen werden kann. Effektivitätskontrollen können erst für Ziele und Verlaufsformen auf wesentlich niedrigerem Abstraktionsniveau durchgeführt werden [17].

So werden die folgenden Abschnitte stärker auf die noch zu leistende Arbeit verweisen, als daß sie schon das Bedürfnis nach sorgfältig ausgearbeiteten Verlaufsformen befriedigen könnten.

3.1 Steuerung des systematischen Aufbaus komplexer Lernresultate

Strebt der Lehrende ein komplexes Lernresultat an, für dessen Erreichung der Lernende noch nicht über ein hinreichend sicher gehandhabtes methodisches Instrumentarium verfügt, dann kann er durch seine Steuerung die systematische Verknüpfung von solchen Teilleistungen, für die bereits methodische Fähigkeiten ausgebildet sind, erzielen. In der erstmaligen oder wiederholten (geleiteten) Verknüpfung besteht hier der Lernschritt für alle Lernenden der jeweiligen Lerngruppe.

Der Lehrende geht so vor, daß er die Lernenden mit Hilfe von Gegenstands- und Methodenkategorien, die sich auf einen vorliegenden (vorgefundenen oder vorgegebenen) Unterrichtsgegenstand oder seinen Repräsentanten beziehen, über die Teiloperationen informiert, die sie vollziehen sollen. Die Abfolge seiner Instruktionen legt er so an, daß schließlich das von ihm ins Auge gefaßte Endergebnis erzielt werden kann.

Bei der Zehnerüberschreitung müssen dann z. B. die folgenden bekannten Operationen nacheinander vollzogen und eingeübt werden:

Zerlegen einer Zahl zwischen 2 und 9 in zwei Summanden ($9 = 3 + 6$, $9 = 2 + 7$ etc.), das Ausfüllen einer Zahl unter 10 auf 10 ($3 + 7 = 10$, $5 + 5 = 10$ etc.) und das Addieren einer Zahl unter 10 mit 10 ($10 + 2 = 12$, $10 + 6 = 16$ etc.). Hierauf kann die noch nicht vollzogene Zehnerüberschreitung mit verschiedenen Aufgaben versucht werden ($5 + 7 = ?$, $8 + 8 = ?$ etc.). Sofern die Lernenden nicht selbständig die erforderliche Synthese von Teiloperationen zustandebringen, können sie zum sukzessiven Vollzug der Teiloperationen aufgefordert werden [18].

Soll ein Begriff gelernt werden, so können z. B. aufeinanderfolgen: die Erfassung der bestimmenden Momente des Begriffs an einem Exempel (z. B. für den literaturwissenschaftlichen Begriff „Parabel" an der von Lessings Nathan erzählten Geschichte), die Erfassung der definierenden Momente an anderen möglichst repräsentativen Exemplaren für die jeweilige Klasse von Fällen (z. B. für „Parabel" an einem Text des Neuen Testaments, an einem Kafka-Text und an einem Brecht-Text), die Unterscheidung von Begriffen, mit denen Verwechslungen möglich sind (z. B. die Begriffe des Gleichnisses, der Fabel, des Bildes), die selbständige Anwendung des gelernten Begriffs auf unbekannte, zunehmend problematische und in ungewohnten Zusammenhängen auftretende Fälle (z. B. selbständiger Gebrauch bei der Analyse eines vorgelegten Textes, Übertragung bei der Klassifizierung mehrerer Texte, das Auffinden in unterschiedlich umfangreichen Texten). Diese Verlaufsform ist eine vereinfachende Verbindung der lernpsychologisch erforschten Sequenzen für das Lernen eines Begriffsverhaltens (Identifizierung von Exemplaren ohne Verbalisierung der definierenden Momente) und dem Lernen einer Begriffsdefinition [19].

Geht es um die Erzielung methodischer Fähigkeiten, dann kann wiederholt der Vollzug einzelner Operationen gefordert werden (z. B. das Unterscheiden von Farbnuancen, das Erfassen von Beziehungen zwischen Aussagen, die Suche nach Gründen für ein Werturteil). Der Lehrende kann dann eine bestimmte Abfolge solcher Operationen fordern (z. B. das Abstrahieren von einzelnen Merkmalen einer Siedlungsform, Ordnen dieser Merkmale unter Oberbegriffen, Suche nach Gründen für die Entstehung dieser Siedlungsform, Ordnen der Gründe unter Oberbegriffen). Hierauf kann das Vorgehen selbst zum Unterrichtsgegenstand gemacht werden, damit auch die Abfolge voll bewußt wird. Die Übertragung des Vorgehens auf eine andere Siedlung der gleichen oder einer anderen Art wird folgen müssen. Schließlich kann die neuartige Anordnung bereits gelernter Operationen versucht werden.

Diese Form der Steuerung eignet sich dazu, alle Lernenden einer Gruppe die gleiche, vom Lehrer nach sachlichen und lernpsychologischen Gesichtspunkten angeordnete Abfolge von Operationen vollziehen zu lassen. Solche Abfolgen lassen sich in fast allen Lernbereichen herstellen.

3.2 Steuerung der Verknüpfung unterschiedlicher Teilleistungen der einzelnen Lernenden einer Gruppe

Wenn der Lehrende sich zum Ziel setzt, daß ein bestimmtes Ergebnis durch die Zusammenarbeit aller Lernenden einer Gruppe erreicht werden soll, dann darf dieses Ergebnis nicht mit den von jedem einzelnen Gruppenmitglied erzielten Lernresultaten gleichgesetzt werden. Da der Anteil der einzelnen an seinem Zustandekommen unterschiedlich ist, ist auch der Lernertrag eines solchen Unterrichts für jeden einzelnen sehr verschieden. Das auf Lernresultate abgestellte Unterrichtsziel muß deshalb vom Arbeitsergebnis der Lerngruppe unterschieden werden. Dies kann auf die schwer zu realisierende Weise geschehen, daß man für jeden einzelnen Lernenden oder zumindest für einzelne Gruppen von Lernenden genau definiert, was man an Lernresultaten anstrebt, oder durch die formale Zielsetzung, bei jedem einzelnen Lernenden den höchstmöglichen Anteil am Gesamtergebnis zu erreichen.

Im Unterschied zur eben dargestellten Verlaufsform muß jetzt auch die Adressatenvariable verändert werden. Die Zielsetzung verbietet es, die Gesamtarbeit in lauter Einzelaufträge aufzuteilen, weil dann die übrigen Lernenden an der Bewältigung des jeweiligen Einzelauftrages überhaupt keinen Anteil hätten und bei einer hierarchischen Ordnung der Teilleistungen sogar einige Lernende erst auf den Abschluß von Vorarbeiten warten müßten. Man wird deshalb die Anrede an die ganze Lerngruppe mit der Anrede an einzelne kombinieren müssen. Das ist auf verschiedene Weisen möglich. Wir stellen zwei Hauptformen heraus.

Die auf das gemeinsame Arbeitsergebnis abgestellte Instruktion, die man auch Problemstellung, Aufgabe oder Arbeitsauftrag nennen kann, kann zu Beginn der Unterrichtseinheit oder erst zur Einleitung ihrer Abschlußphase an alle Lernenden gerichtet werden. Im ersten Falle bildet sie den konstantgehaltenen und allen Lernenden bekannten Rahmen für alle Teilaktivitäten, im zweiten Falle leitet sie die vorher von den Lernenden noch nicht in den Blick gefaßte Synthese von bereits erzielten Teilleistungen ein. In beiden Fällen kann die Steuerung allein durch den Lehrenden erfolgen, kann er eine Aufgabe aber auch mit den Lernenden besprechen oder eine Problemstellung von den Lernenden selbst ausarbeiten lassen. Im ersten Fall muß man die Hauptinstruktion (das Hauptthema, das Hauptproblem) von den während ihrer Geltungsdauer wirksam werdenden untergeordneten Instruktionen, die man als Hilfs- oder Teilinstruktionen (Unterthemen, Teilprobleme) bezeichnen kann, unterscheiden. Da eine Hilfsinstruktion für die ihr untergeordneten Instruktionen wieder zur Hauptinstruktion werden kann, handelt es sich bei diesen beiden Ebenen der Steuerung um eine relative, u. U. mehrfach auftretende Unterscheidung. Im zweiten Fall haben wir es mit der abschließenden Instruktion gegenüber den vorausgehenden zu tun.

Die Hauptinstruktion kann für die ganze Unterrichtseinheit ausreichen, so daß die übrige Steuerung nur noch durch die Änderung der einzelnen Adressaten erfolgt (s. o. S. 194 ff.). Wenn eine solche Diskussionssteuerung nicht bei einem beliebigen Beitrag enden soll, muß gegen Ende der zur Verfügung stehenden Zeit zumindest eine Aufforderung zur Zusammenfassung der (im Rahmen der Hauptinstruktion) erzielten Ergebnisse erfolgen. – Werden darüber hinaus Teilinstruktionen an verschiedene Lerngruppen erteilt, haben wir es mit der allgemeinen Form des Gruppenunterrichts zu tun [20]. Hier werden die Gegenstands-, Methoden- und Adressatenvariablen für dieselbe Zeitspanne unterschiedlich belegt. Diese Teilinstruktionen können in sehr verschiedenen Beziehungen zueinander stehen, müssen aber auf jeden Fall zu Ergebnissen führen können, die sich der Hauptinstruktion unterordnen lassen. – Entsprechendes gilt für die Teilinstruktionen, die nach der Hauptinstruktion oder aber nach der Aufgabenstellung für Teilgruppen an einzelne Lernende gegeben werden.

Beginnt eine Unterrichtseinheit nicht mit einer Hauptinstruktion an alle Lernenden, dann ist die Möglichkeit ausgeschlossen, durch eine pure Reihung von Beiträgen, d. h. allein über die Adressatenvariable zum angestrebten Endergebnis zu kommen. Die unterschiedlichen Beiträge der einzelnen Lernenden müssen dann von Anfang an durch unterschiedliche Instruktionen an die einzelnen Lernenden oder Teilgruppen angestrebt werden.

In der derzeitigen Unterrichtspraxis kann oft eine problematische Mischform zwischen dem Vollzug gleicher Operationen und ungleicher Operationen durch die einzelnen Lernenden der ganzen Lerngruppe beobachtet werden. Die Instruktionen für den systematischen Aufbau komplexer Lernresultate oder im Rahmen einer Hauptinstruktion werden zwar an alle Lernenden gerichtet. Es ist aber fraglich, ob die entsprechenden Operationen auch von allen vollzogen werden, weil sich nur wenige zu Wort melden und von ihnen wiederum nur ein Schüler aufgerufen wird. Da auf andere Instruktionen hin sich andere zu Wort melden, entsteht das Gesamtergebnis nur als Produkt ungleicher Ergebnisse einiger weniger. Es ist der grundlegende Mangel des sogenannten Unterrichtsgesprächs, daß in ihm weder der Vollzug gleicher Operationen durch alle noch der Vollzug unterschiedlicher Operationen durch verschiedene Lernende in hinreichender Form sichergestellt werden kann, weil es an der Form des Dialogs mit einem einzelnen Partner und nicht der Kommunikation des Lehrers mit einer Lerngruppe orientiert ist. Es bleibt dann nicht aus, daß die Mehrzahl oft nur Zuhörer ist, eine fragwürdige Konkurrenz um die Teilnahme an dem Gespräch entsteht, der Wechsel des Adressaten von Teilinstruktion zu Teilinstruktion zu einer Reihe sehr ungleicher Beiträge führt, der Lehrer als stärkerer Gesprächspartner nach seinem Belieben das Gespräch fortführt, d. h. Teilleistungen verbindet, und am Ende kein einziger Lernender den Gesamtzusammenhang von Operationen zuverlässig vollzogen und nur wenige in unterschiedlichen Bereichen hinreichende Teilresultate erzielt haben.

Es ist etwas ganz anderes, wenn die beiden bisher dargestellten typischen Verlaufsformen miteinander verschachtelt werden. Dann kann die zweite Form innerhalb eines systematischen Aufbaus zu einem Teilergebnis führen, das nicht von allen Lernenden in gleicher Weise erzielt werden soll, und die eine oder andere Operation kann innerhalb des differenzierenden Konzeptes von allen gefordert werden (z. B. die Aufteilung des Hauptthemas in Teilthemen oder die Verknüpfung der Ergebnisse der Gruppenarbeit in Einzelarbeit).

3.3 Steuerung zum Zweck der höchstmöglichen Selbständigkeit des Lernens

Die Hauptintention des Lehrenden kann sich auf eine erhöhte Selbständigkeit des Lernenden richten. Dann richten sich nur noch Nebenintentionen auf dasjenige, was in einer Unterrichtseinheit sonst noch, z. B. an sachspezifischen Lernresultaten, erzielt werden kann.

Für diesen Zweck kann der Lehrende seinen Einfluß soweit wie möglich zurücknehmen. Eine solche Form der Steuerung kann folgenden Verlauf nehmen:

Der Lehrer überläßt eine erste Wahl des Unterrichtsgegenstandes, der Behandlungsart und der Sozialform des Vorgehens vollständig den Lernenden. Die Instruktionen hierfür können z. B. lauten: „Womit sollen wir uns beschäftigen?“ „Wie sollen wir vorgehen?“ oder: „Was sollen wir zuerst tun?“ und „Wie sollen wir die Arbeit untereinander aufteilen?" oder „Wie sollen wir das zusammen machen?". Hier entsteht sofort das Problem, wie sichergestellt werden kann, daß alle sich um diese Wahlentscheidung bemühen. Die Aufnahme nur einiger weniger Vorschläge durch den Lehrer, z. B. durch ihre Notierung an der Tafel, kann dies nicht gewährleisten, sondern nur die Einzelarbeit. Die zweite Schwierigkeit besteht darin, daß sich zu allen drei Punkten verschiedene Vorschläge ergeben können, aber jeweils nur ein Vorschlag bzw. Kompromiß aus verschiedenen Vorschlägen von der ganzen Lerngruppe übernommen und realisiert werden kann. Nimmt der Lehrer diese Wahl selbst vor, dann beschränkt er die Selbständigkeit der Lerngruppe auf ein Vorschlagsrecht, läßt er die einfache Mehrheit nach dem Vortrag und der Erörterung von Begründungen entscheiden, dann begrenzt er die Selbständigkeit durch die Festlegung eines bestimmten Entscheidungsverfahrens. Hält sich der Lehrer konsequent zurück, dann kann er sich jetzt nur noch mit dem angenommenen Vorschlag über den Unterrichtsgegenstand, seine Behandlungsart und die Sozialform des Vorgehens identifizieren und während der Ausführung des Vorschlags auf Fragen oder Bitten, die ein Schüler von sich aus an ihn stellt, reagieren.

Daß bei einem solchen Vorgehen viel Zeit und Arbeit für Entscheidungsprozesse verwendet werden, entspricht der Hauptintention. Treibt man die Selbständigkeit auf die Spitze, dann müßte der Lehrer auch einer Diskussion des Wahlmodus stattgeben, ja, sogar die Infragestellung der institutionalisierten Lernbedingungen, wozu u. a. gehört, daß im Beisein eines Lehrers und in einer bestimmten Lerngruppe gelernt werden soll, zulassen. Im äußersten Fall könnte dies zur Verweigerung der durch die Instruktion geforderten Wahlhandlungen, nämlich einer Entscheidung über die einzelnen Vorschläge oder einer Anerkennung des Mehrheitsbeschlusses führen. Es ist dies nichts anderes als der durch die Dominanz einer Intention herausgetriebene Typus eines Unterrichtsverlaufes. Wie schwer schon seine gemäßigte Form, z. B. bis zur Mehrheitsentscheidung, durchzuhalten ist, zeigen die von R. Tausch zur Demonstration des sogenannten demokratischen Unterrichtsstils gedrehten Filme. Daß auch seine extreme Form praktiziert werden kann, ist in den letzten Jahren an Schule und Hochschule in vielen Fällen demonstriert worden.

Dieser Typus der Steuerung des Unterrichtsverlaufs wird daher selten in reiner Form auftreten. Er kann eingeschränkt werden auf *eine* Entscheidung, z. B. über die Behandlungsart bei vorgegebenem Gegenstand oder den ersten Versuch einer selbständigen Bewältigung der selbst gewählten Aufgabe, worauf dann aber der Lehrende die Schüler z. B. veranlaßt, ihre Aufgabe zu begrenzen oder wichtige Voraussetzungen für eine sachgerechtere Aufgabenstellung erst einmal Schritt für Schritt zu erarbeiten.

3.4 Steuerung einer Lerngruppe zur Erreichung eines individuellen Lernfortschritts in einem begrenzten Lernbereich

Der Lehrende kann sich auch zum Ziel setzen, daß die ihm anvertrauten Lernenden in einem bestimmten Lernbereich nicht den gleichen, sondern den ihren individuellen Möglichkeiten entsprechenden Fortschritt machen. Eine solche Intention liegt zwischen den Extremen eines beliebigen Lernfortschrittes durch Handlungen irgendwelcher Art [21] und den operational definierten Lernresultaten, die alle Lernenden einer Lerngruppe in einem Mindestmaß erreichen müssen [22]. Dem Lehrenden kommt es hier darauf an, daß die einzelnen Lernenden in einem bestimmten Teilbereich den höchstmöglichen Lerngewinn erzielen. Seine Aufgabe besteht dann darin, die durch ihn beeinflußbaren externen Lernbedingungen für den einzelnen Lernenden so günstig wie möglich zu stellen.

Da ein begrenzter Lernbereich für die ganze Lerngruppe vorgesehen ist, kann die Aufgabenstellung nicht so stark den individuellen Möglichkeiten angepaßt werden, daß der eine rechnet, der andere einen Bericht schreibt und ein dritter einen Plan zeichnet. Es müssen aber Instruktionen möglich sein, die nicht nur quantitativ unterschiedliche Leistungen, wie z. B. die Lösung einer unterschiedlich großen Zahl von Rechenaufgaben der gleichen Art, zulassen. Die Bewältigung einer solchen Aufgabe muß auf verschiedenem Wege möglich sein, oder ein und derselbe Weg muß unterschiedlich weit beschritten werden können. So kann z. B. manche Aufgabe der angewandten Mathematik auf umständlichere Weise, aber durch relativ einfache Operationen oder in sehr konzentrierter Form, aber durch relativ schwierige Operationen gelöst werden. Sollen Motive, Gründe, Argumente, Charaktereigenschaften, Beispiele, Konflikte, Spannungsmomente etc. festgestellt werden, dann ist die operative Funktion der hierfür erforderlichen Instruktionen durch den Vollzug einer unterschiedlich großen Zahl unterschiedlich schwerer Operationen (unterscheiden, abstrahieren, subsumieren etc.) zu erfüllen. An die Stelle solcher konjunktiv miteinander verbundener Leistungen können auch Leistungen treten, die unterschiedlich weit in einem hierarchischen Aufbau vorgedrungen sind. So kann man z. B. auf die Frage nach der Position zweier Parteien in einem politischen Konflikt nur die von ihnen vertretenen Auffassungen wiedergeben oder zusätzlich verschiedene Argumente nach Gesichtspunkten unterscheiden, das Verhältnis dieser Argumente zueinander untersuchen, die beiden Positionen auf Gemeinsamkeiten hin betrachten etc.

Eine Aufgabenstellung dieser Art erlaubt es dem einzelnen Lernenden, mit den ihm zu Gebote stehenden Möglichkeiten eine Lösung zu versuchen. Damit alle Lernenden diese Möglichkeit nutzen können, muß sie in der Form an alle gerichtet werden, daß jeder sie für sich bearbeitet. Einer solchen Aufforderung zur Einzelarbeit kann u. U. eine gemeinsame Formulierung und Erörterung der Aufgabe vorausgehen. Aus dieser Ausgangssituation wird erst dadurch eine Verlaufsform, daß der Lehrer die Arbeit jedes einzelnen mit einem Optimum an Hilfen fördert. Wenn Fehler oder Schwierigkeiten auftreten, muß er je nach Lernbereich mit Hilfsinstruktionen auf weitere Teilgegenstände, Sachaspekte oder Verfahren verweisen, die aus Materialfaktoren erwachsenden Schwierigkeiten vermindern, Störfaktoren dinglicher oder personaler Natur ausschalten, Hilfsmittel bereitstellen, die Zusammenarbeit von Schülern empfehlen, Beispiele liefern und anderes mehr. Da der Lehrende die Mittel der Erleichterung des Lernens hier auf den einzelnen Lernenden abstimmen kann (vielfache Variation der geeigneten externen Faktoren), können sie den höchstmöglichen Effekt erzielen. Der Lernerfolg kann hier über die selbständig erzielten Resultate so weit hinausgetrieben werden, wie dies durch die dem Lehrenden zu Gebote stehenden Mittel möglich ist.

Ein solches Vorgehen ermöglicht eine Individualisierung wie kein Lernprogramm und kein Gruppenunterricht. Da alles auf die Hauptinstruktion und die dem Lehrer zu Gebote stehenden Hilfen im rechten Augenblick ankommt, setzt es kleine Lerngruppen und eine sorgfältige Vorbereitung der Mittel voraus. Es ist besonders geeignet bei verhältnismäßig heterogenen Gruppen und bei Kindern mit größeren Lernschwierigkeiten. Es eignet sich auch zur intensiven Beobachtung der Lernenden.

Auch diese Verlaufsform wird man in größeren Unterrichtseinheiten, z. B. von mehreren Unterrichtsstunden, nicht ausschließlich praktizieren. Sie kann in andere Verlaufsformen eingeschaltet werden, indem sie z. B. beim systematischen Aufbau komplexer Lernresultate für eine Transferphase eingesetzt wird.

3.5 Steuerung von Verläufen mit wechselnden Hauptintentionen

Bei einem Vergleich der bisher dargestellten Verlaufsformen läßt sich schon erkennen, daß Inhalt und Form der Hauptintentionen sehr unterschiedlich sein können. Man kann sehr verschiedene Momente des komplexen menschlichen Handelns durch Unterricht zu beeinflussen suchen, und man kann den Vorstellungen von solchen Lernresultaten sehr verschiedene Definitionsformen (Zeitbestimmung, Abstraktionsform, Beschreibungsart) geben [23]. Man wird sich deshalb von der weitverbreiteten Vorstellung lösen müssen, Unterrichtsziele seien antizipierte komplette und sukzessiv aufeinanderfolgende Handlungen der Lernenden. In der Regel wird Unterricht von komplizierten Zielgefügen bestimmt, in denen mehrere Hauptintentionen auf verschiedene Weise miteinander verknüpft sind. Es könnten dies z. B. folgende Intentionen sein: Ein gewisser Bestand an Kenntnissen, an Einzelheiten, Begriffen, Regeln und Symbolen zu einem bestimmten Zeitpunkt; ein in bestimmten, außerschulischen Situationen aktuell werdendes Interesse; ein gegenüber der Ausgangslage größerer Bereich, der selbständig bewältigt werden kann; ein gegenüber der Ausgangslage höherer Grad des Selbstvertrauens, das z. B. in einer höheren Anspruchsniveausetzung zum Ausdruck kommen kann; eine ständige Erhöhung der Integration einzelner Lernresultate; die Erhöhung der allgemeinen Fähigkeit zu kontrolliertem Einstellungswechsel; Einfühlung in dargestellte soziale Gefühle des Mitleids, der Empörung über Unrecht, der Hilfsbereitschaft. All diese und eine viel größere Zahl von Lernresultaten unterschiedlicher Art könnten in einem einzigen Zusammenhang von Handlungen aktuell werden. Sie können aber auch in ganz verschiedenen Handlungszusammenhängen auftreten. Außerdem ist die Überprüfung ihrer Realisierung nicht in gleicher Weise möglich. In manchen Fällen kann sie zu einem beliebigen Zeitpunkt und relativ sicher, in anderen Fällen nur zu günstigen Zeiten und über mehrdeutige Indizien geschehen.

Die Kompliziertheit der Zielgefüge muß sich auch auf die Verlaufsform des Unterrichts auswirken. Wenn man mehreren unterschiedlichen Intentionen gerecht werden will, dann kann man sich auf keinen Fall mit einer der einfachen Steuerungsformen oder mit einer einzigen komplexen Verlaufsform begnügen. Man wird mehrere Verlaufsformen aneinander ketten, miteinander verschachteln oder miteinander verzahnen müssen. Auch Mischformen sind möglich. Erst wenn man eine große Zahl von Varianten des Verlaufs kennt und für die Gestaltung des Unterrichtsgeschehens nutzt, wird man die für die jeweiligen Intentionen günstigste Form der Steuerung entwerfen können. Es kann kein Zweifel daran bestehen, daß hierfür von der Unterrichtstheorie noch viel an Vorarbeiten geleistet werden muß, daß es aber letztlich vom Können und dem Planungsaufwand des Lehrers abhängt, in welchem Maße die von der Unterrichtstheorie aufgezeigten Möglichkeiten genutzt werden.

Da man durch keine Folge von Lernhandlungen mehrere Intentionen *gleichzeitig in gleichem Maße* fördern kann [24], wird man nur durch einen Wechsel der Hauptintentionen solchen Zielen gerecht werden können. Hierbei wird man vor allem folgendes beachten müssen: Die einzelnen von einer Hauptintention bestimmten Handlungsfolgen müssen so angelegt sein, daß in ihnen eine bestimmte Gruppe von Lernprozessen einer umfangreichen Lernsequenz sorgfältig vollzogen werden kann (z. B. Diskrimination von Einzelheiten oder der Wechsel von feststellenden zu wertenden Operationen). Ein hastiger Wechsel muß auf jeden Fall vermieden werden (Die Einstellung der Lernenden auf eine neue Intention braucht Zeit. Die für einen Verlauf vorhandene Motivation muß genutzt werden. Nur hinreichend konzentriert, zusammenhängend und kurz hintereinander wiederholt vollzogene Operationen erbringen den höchstmöglichen Ertrag. Interferenzen müssen vermieden werden. Eine durchsichtige Abfolge der Operationen erleichtert Rückgriffe u. a. m.). – Der Wechsel muß dann vollzogen werden, wenn die Lernbedingungen für die Fortsetzung einer anderen Lernsequenz am günstigsten zu sein scheinen (Abschluß einer Gruppe von Lernprozessen; Auftreten eines Fehlers, einer Frage, einer Teilleistung in neuer Richtung; Ermüdungserscheinungen; äußerliche Einschnitte, wie das Ende einer Unterrichtsstunde etc.). Nicht der geplante, sondern der tatsächliche Verlauf des Unterrichtsgeschehens sollte hierfür maßgebend sein. – Man wird sich möglichst illusionslos klarmachen müssen, wieviel von jedem einzelnen Lernenden im Hinblick auf die jeweilige Hauptintention erreicht worden ist, damit man bei einer Fortentwicklung der entsprechenden Lernsequenz zu einem späteren Zeitpunkt nicht zuviel voraussetzt. Hierzu ist eine möglichst zuverlässige Beurteilung der Leistung einer Steuerungsform erforderlich, wozu ausgearbeitete Verlaufstypen herangezogen werden können, bei ihrem Fehlen oder bei Mischformen aber allein die eigene Beobachtung und Analyse weiterhelfen kann. – Die Zahl der Intentionen, die man in einem solchen Wechsel verfolgt, darf nicht zu groß sein, damit man selbst die Übersicht über die angestrebten Ziele, die für sie bereits vollzogenen Handlungen der Lernenden und insbesondere über geeignete Anschlußstellen für die Fortentwicklung von Lernsequenzen behält.

Werden längere komplexe Unterrichtsverläufe auf solche Weise konzipiert, dann kann man im Einzelunterricht und auch für jeden einzelnen Lernenden in einer Lerngruppe eine dynamische Entwicklung seiner Möglichkeiten in den von den Intentionen erfaßten Bereichen erzielen. Vom Gesamtgeschehen wird soviel wie möglich bewußt und damit einer kontrollierten Gestaltung zugänglich.

Zur Verdeutlichung müssen Hinweise auf einige Möglichkeiten des Wechsels von einer Phase zur anderen genügen: von einer Perspektive der Betrachtung eines Gegenstandes zur nächsten wechseln, vom Vollzug eines Verfahrens zur Reflexion auf diesen Vollzug übergehen, von der Bewertung auf die Sachanalyse des Bewerteten zurückgehen, nach der Definition eines Begriffes eine dabei aufgetretene Fehlleistung zu erklären suchen, auf intensive Einzelarbeit einen Vergleich der Arbeitsergebnisse in kleinen Gruppen folgen lassen, an die Erarbeitung eines Teilresultats die Demonstration seiner Verknüpfung durch den Lehrer anschließen, bei Ermüdungserscheinungen nach hervorbringenden Leistungen zu einer leichteren aufnehmenden Tätigkeit übergehen, nach der Erzielung eines Resultats die bestmögliche Form seiner Darstellung erörtern etc.

Wer in diesen stark verkürzenden Hinweisen eine weitverbreitete Unterrichtspraxis wiederzuerkennen meint, ist insofern im Recht, als sich eine Theorie vielgestaltiger komplexer Verläufe den Möglichkeiten des tatsächlichen Unterrichtsgeschehens anzunähern sucht. Dieser Praxis gebricht es aber in hohem Maße an einer sorgfältigen Gestaltung der einzelnen Phasen und ihrer geschickten Verknüpfung, was uns weder die eigene Unterrichtserfahrung noch die zahlreichen beobachteten Unterrichtsstunden, sondern erst die sorgfältige Analyse vieler audio-visueller Unterrichtsaufzeichnungen voll bewußt gemacht hat.

Schluß: Zur praktischen Ausführung der Planung von Verlaufsformen des Unterrichts

Die Ansprüche des Praktikers an die Unterrichtstheorie sind erfahrungsgemäß oft widersprüchlich. So erwarten viele von ihr Hilfe für die Bewältigung möglichst aller Unterrichtssituationen, aber auch Auskünfte für die jeweilige ganz spezielle Konstellation. Oft fordert man von ihr, sie möge dem einzelnen Lehrer möglichst viel Freiheit lassen, aber auch möglichst genau sagen, was er im Unterricht tun oder lassen soll. Eine Unterrichtstheorie kann diesen Ansprüchen nicht gleichzeitig gerecht werden. Entweder sind ihre Aussagen sehr allgemein, dann läßt sie dem Lehrer große Freiheit zu selbständiger Konkretisierung. Oder sie ist verhältnismäßig speziell, dann engt sie zugleich mit der größeren Sachhaltigkeit ihrer Informationen den Spielraum für selbständiges Handeln des einzelnen Lehrers entsprechend ein. Universelle Schemata für das Unterrichtsgeschehen, wie sie von Herbart oder Roth entwickelt worden sind, kommen der Erwartung nach möglichst breiter Verwendbarkeit und möglichst hoher Freiheit des Lehrers entgegen. Nur wenig generalisierte persönliche Erfahrungen mit konkreten Unterrichtsverläufen wie sie oft in der Lehrerbildung und vielen Methodiken tradiert werden, lassen oft nur noch die Freiheit zur Nachahmung. – Wir haben demgegenüber versucht, einen wissenschaftlich vertretbaren und für den Praktiker begehbaren Weg aufzuzeigen, der diesen unterschiedlichen Ansprüchen weitgehend entspricht.

Das von uns entwickelte Begriffssystem für einzelne Möglichkeiten der Beeinflussung des Lernenden im Unterricht und deren Verknüpfung zu Verlaufsformen ist notwendig formal, weil es für jeden Unterricht geeignet sein soll. Es überläßt damit die genauere Analyse und den sachhaltigeren Entwurf des konkreten Unterrichtsgeschehens den Methodiken für einzelne Lernbereiche und dem Praktiker, der Unterricht analysiert oder plant. Die Eigenart dieser Begrifflichkeit liegt jedoch darin, daß funktionale Beziehungen zwischen Faktoren, deren Auftreten und materiale Bestimmtheit variabel ist, von ihr erfaßt werden. Sie kennzeichnet auf diese Weise Spielräume, innerhalb deren man sich bei der Analyse und Planung von Unterricht bewegen kann. Dadurch erhält der Praktiker das bei dieser Allgemeinheit höchstmögliche Maß an Information, ohne bei seiner Arbeit der Analyse oder Planung ganz konkreter Unterrichtsverläufe behindert zu werden. Ihm wird kein starres Schema, sondern ein höchst beweglicher Schematismus hierfür geliefert.

In diesen Schematismus kann der Praktiker alles einbringen, was er an Gegenstandskenntnissen, an lernpsychologischen Kenntnissen, an Zielvorstellungen und an diagnostischen Daten über die einzelnen Lernenden und die jeweilige äußere Lernsituation besitzt. Das Begriffssystem ist demnach offen für die Forschungsergebnisse der einschlägigen wissenschaftlichen Disziplinen und die eigenen Erfahrungen des Praktikers.

Der Schematismus zeigt ihm, welche externen Faktoren mit ihren unterschiedlichen Dimensionen er bei der Unterrichtsanalyse beachten muß, wenn er nicht hinter der analytischen Leistung dieses Begriffssystems zurückbleiben will. Es sind die gleichen Faktoren, über deren Wahl und Bestimmung er bei jeder Unterrichtsplanung unreflektiert oder vollbewußt zu entscheiden hat (s. o. S. 25 ff. und S. 123).

Wenn über die Ziele bis zur Festlegung der einzelnen nacheinander angestrebten Lernresultate schon entschieden ist, dann muß noch entschieden werden, durch welche Belegung der externen Faktoren der Versuch gemacht werden soll, den Lernenden zum Vollzug der für diese Lernresultate erforderlichen Lernprozesse zu bewegen. Das ist nichts anderes als die Entscheidung über die Lehrmethode. Da wir nur die miteinander kombinierten Variablen dieses Entscheidungsbereiches und ihre Funktion gekennzeichnet haben, muß bei der Unterrichtsanalyse und seiner Planung entschieden werden, welche Variablen man beobachten bzw. in Anspruch nehmen und in einer bestimmten Weise belegen will.

Im einzelnen muß entschieden werden über den jeweiligen Gegenstand der Zuwendung, einen bestimmten Gegenstandsaspekt und/oder ein Verfahren, d. h. eine Methode für seine Bearbeitung, über die sprachliche Fassung der verbalen Instruktion, die Form der nichtverbalen Instruktion, die Materialfaktoren des Unterrichtsgegenstandes oder seines Repräsentanten, die Faktoren der weiteren dinglichen und personalen Unterrichtssituation und die motivationalen Anreize aller manipulierbaren externen Faktoren. Und diese Entscheidungen müssen nicht nur einmal, etwa für die Ausgangssituation einer Unterrichtsstunde, gefällt werden, sondern für alle Veränderungen in diesem Entscheidungsbereich. Alle diese Bestimmungen der Lehrmethode ergeben sich keineswegs von selbst aus den Vorstellungen von Unterrichtszielen und von Handlungen, die der Lernende für bestimmte Lernsequenzen vollziehen soll. Diese Vorstellungen sind nur die unentbehrlichen Voraussetzungen für die Suche nach geeigneten Mitteln der Beeinflussung unter allen dem Lehrer zur Verfügung stehenden begrenzten Möglichkeiten. Nur in solchen Fällen kann der

Lehrer von den vorgestellten Lernhandlungen auf die für sie geeigneten Mittel in der äußeren Lernsituation mit unterschiedlicher statistischer Sicherheit zurückschließen, in denen er über ein Gesetzeswissen verfügt, das ihm Auskunft gibt über den Grad der Wahrscheinlichkeit, mit denen bestimmte externe Bedingungen bei einer bestimmten Population von Lernenden bestimmte Funktionen ausüben. In allen anderen Fällen können ihn bei seinen Entscheidungen über die Lehrmethode nur sein Wissen über die allgemeinen Möglichkeiten der funktionalen Abhängigkeit des Schülerhandelns von externen Bedingungen, seine Erfahrungen mit faktisch eingetretenen Abhängigkeiten dieser Art und seine Spekulationen über mögliche Reaktionen der Schüler leiten. Die Sicherheit, mit der er in seinem Repertoire geeignete Mittel für bestimmte Lernprozesse und Ziele finden kann, wird vom Gesetzeswissen über das grundsätzlich Mögliche und über seine eigenen Erfahrungen bis hin zur spekulativen Erwartung zunehmend problematischer. Wo er nichts mehr weiß, und sei das Wissen auch nur bedingt eine Gewähr dafür, daß das Erwartete auch eintritt (begrenzte Prognosefähigkeit verschiedener Arten des Wissens), kann er sein Handeln nur noch mit der blinden Zuversicht auf das Eintreten bestimmter Reaktionen der Lernenden begründen.

Aus diesen Entscheidungen, so fragil ihre Grundlagen auch sind, kann sich eine nicht absehbare Vielfalt von Lehrmethoden ergeben. Die Kombinationsmöglichkeiten einer großen Zahl von Variablen ist die nicht zu bezweifelnde Grundlage für eine solche Methodenvielfalt. Will man der Vielzahl von unterschiedlichen Zielen, Lernsequenzen und Handlungsmöglichkeiten der jeweiligen Lernenden gerecht werden, dann muß man die mögliche Vielfalt auch nutzen. Nur wenn die Lehrmethode als ein anpassungsfähiges Instrument gehandhabt wird, das die jeweiligen Lernenden von den in ihnen bereits ausgebildeten Lernbedingungen zu neuen Lernresultaten zu führen vermag, kann sie die höchstmögliche Effektivität des Unterrichts gewährleisten.

Darf die Einsicht in die Möglichkeit und die Zweckmäßigkeit einer Vielfalt von Lehrmethoden auch nicht preisgegeben werden, so kann die hiermit verbundene Wahlfreiheit für denjenigen, der Unterricht plant, doch beunruhigend sein. Deshalb unterbreiten wir zum Schluß noch einen Verfahrensvorschlag, der eine starke Reduktion der aufgezeigten Vielzahl von Entscheidungen im Bereich der Lehrmethode erlaubt.

In den meisten Fällen der Unterrichtsplanung, selbst bei der sorgfältigen Vorbereitung für eine einzelne Unterrichtsstunde, wird man nicht über jede von uns unterschiedene Variable ausdrücklich eine

Entscheidung fällen können. Der Zeit- und Arbeitsaufwand wäre viel zu groß. Je umfangreicher das zu planende Unterrichtsgeschehen ist, umso aussichtsloser erscheint eine durchgehende minutiöse Planung dieser Art. Eine sinnvolle Arbeitsteilung im Prozeß der Unterrichtsplanung kann darin bestehen, daß in jedem Lernbereich eine hinreichend große Zahl von typischen Verlaufsformen sorgfältig ausgearbeitet wird. Ehe dem einzelnen Lehrer solche Vorleistungen in genügendem Maße zur Verfügung stehen, kann er sich die Arbeit des Entwurfs von Lehrmethoden etwa auf die folgende Weise erleichtern:

1. Man vergewissert sich zunächst, welche Lernresultate hauptsächlich erzielt werden sollen (Hauptintentionen des Lehrers), und bringt sie vorläufig in eine zeitliche Reihenfolge. Die angestrebten Lernresultate (Lehrziele, Unterrichtsziele oder einfach Teilziele) bilden dann das Kriterium für die Abgrenzung der für die Erreichung eines solchen Lernresultats auszuarbeitenden Unterrichtsphasen. Es hängt von der Genauigkeit der Vorstellung vom Lerngeschehen, von dem Arbeitsaufwand und Zweckmäßigkeitserwägungen über die Phasengröße ab, ob man relativ geringfügige Veränderungen beim Lernenden bereits als angestrebtes Lernresultat ansieht oder erst relativ komplexe Ergebnisse. So kann man je nach Art des Lerngeschehens und auch aus anderen Gründen unterschiedlich große Einheiten bilden. Was man an Lernresultaten anstrebt, muß keineswegs immer operational definiert werden, sondern kann auch eine recht genau beschriebene oder nur flüchtige Vorstellung von der Reproduktion einer Einzelkenntnis, von einer Stimmung, einer Werthaltung, einer Arbeitseinstellung, einer methodischen Fähigkeit, einer manuellen Fertigkeit etc. sein.

In Frageform: Welche Hauptintentionen sollen im Unterrichtsgeschehen nacheinander realisiert werden? (Vergegenwärtigung des dominanten Unterrichtszieles für die einzelnen Phasen)

2. Will man der Komplexität des Unterrichtsgeschehens besser gerecht werden, dann kann man sich noch etwas von dem bewußt machen, was in einer solchen Phase gleichzeitig gelernt werden kann. Auf diese Weise kann die Zielvorstellung noch angereichert werden.

In Frageform: Welche Nebenintentionen sollen in den einzelnen Unterrichtsphasen realisiert werden? (Vergegenwärtigung untergeordneter Unterrichtsziele)

3. Ehe man zur Lehrmethode übergeht, müßte noch eine möglichst genaue Vorstellung von den für die Erreichung der Phasenziele er-

forderlichen oder wahrscheinlich am besten geeigneten Handlungen der Lernenden gebildet werden. Es müssen Handlungen sein, in denen Lernprozesse (z. B. diskriminieren, vergleichen, Beziehungen herstellen, Einstellungen wechseln, werten, schließen, die Aufmerksamkeit intensivieren, den Beitrag eines anderen Lernenden berücksichtigen, den selbständigen Gebrauch sprachlicher oder anderer Ausdrucksmittel verstärken) nacheinander oder gleichzeitig auftreten, deren Verknüpfung zur Realisierung der Haupt- und Nebenintentionen führen kann.

In Frageform: Welche Handlungen sollen von den einzelnen Lernenden für die Erreichung der Phasenziele vollzogen werden? (Vergegenwärtigung geeigneter Handlungsfolgen der Lernenden)

4. Für die von den Lernenden zu vollziehenden Handlungen muß nun nach den besten, dem Einfluß des Lehrers zugänglichen externen Bedingungen gesucht werden. Zu dem vorgestellten Weg des Lernens muß nun die bestmögliche Methode des Lehrens entworfen werden. Das war der Gegenstand dieser Untersuchung. Die aus ihr zu entnehmenden Anregungen für die Steuerung von Lernprozessen im Unterricht fassen wir abschließend unter einige Fragen zusammen:

- Was soll nacheinander Gegenstand des Unterrichts werden? (Welche Gegenstände mit den erforderlichen kritischen Merkmalen stehen zur Verfügung? Welche erleichternden oder erschwerenden Materialfaktoren haben sie? Welche isomorphen Repräsentanten stehen zur Verfügung oder können hergestellt werden? Welche erleichternden oder erschwerenden Materialfaktoren haben sie?)
- Welche dinglichen oder personalen Bedingungen der weiteren Unterrichtssituation müssen berücksichtigt oder geschaffen werden?
  (Welche Arbeitsmittel sind erforderlich? Welche anderen dinglichen Gegebenheiten können die Lernprozesse unterstützen? Welche Interaktionen zwischen den Mitgliedern der Lerngruppe sind für die Lernprozesse notwendig oder förderlich? Welche dinglichen oder personalen Gegebenheiten könnten das Lerngeschehen stören?)
- Welche Handlungen soll der Lehrende vollziehen?
  (Auf welche Weise soll er die Unterrichtsgegenstände vorgeben? Welche verbalen und nichtverbalen Instruktionen soll er geben? Welche beobachtenden Handlungen soll er vollziehen?)

Wenn man sich beim Entwurf der Lehrmethode auf die wichtigsten Unterrichtsgegenstände, die wichtigsten dinglichen und personalen Bedingungen der weiteren Unterrichtssituation und die Hauptinstruktionen, z. B. für die Einleitung einer Unterrichtsphase, beschränkt, erreicht man eine gerade noch vertretbare höchstmögliche Reduktion der Planungsarbeit.

Wer sich dieser oder auch einer etwas abgewandelten Reihenfolge von Fragen bedient, kann nicht nur einzelne Phasen so gründlich wie möglich ausarbeiten, sondern Phase an Phase ketten, zugunsten einer keineswegs immer gradlinigen, aber dynamischen Entwicklung der Lernenden [25].

Anmerkungen

Zum I. Kapitel:

[1] In welcher Weise für die unter dem Titel „Unterrichtsmethode" bisher behandelten Probleme unter dem neuen Titel eine Lösung gesucht wird, kann nur im Verlauf der ganzen Untersuchung deutlich gemacht werden. Die Verknüpfung mit dem Terminus „Unterrichtsmethode" soll nur darauf hinweisen, daß wir uns mit demjenigen Bereich von Verfahrensweisen befassen werden, für den sowohl die soziale Beziehung der Einwirkung des Lehrenden auf den Lernenden als auch die Abfolge von bestimmten Lehr- und Lernhandlungen in der Zeit spezifisch sind. Der Gebrauch des Terminus „Steuerung" bedarf deshalb erst einer genauen Bestimmung und kann nicht schon jetzt als Indiz für eine bestimmte Auffassung des Unterrichtsgeschehens, etwa die kybernetische, angesehen werden.

[2] Es zählen hierzu phänomenologische bzw. systemtheoretische Analysen der Unterrichtssituation als eines Systems von Lehr- und Lernhandlungen (vgl. u. a. Luhmann 1968, Maier/Pfistner 1971, Schröter 1972) sowie lernpsychologische Untersuchungen über die externen Bedingungen des Lernens (u. a. Aebli 1963, Gagné 1969, van Parreren 1972).

[3] Z. B. Augustinus 1969, Herbart 1963, Pestalozzi 1961, Kerschensteiner 1963, Makarenko 1972.

[4] Pestalozzi 1961, S. 193.

[5] Makarenko 1972, S. 569.

[6] Pestalozzi 1961, S. 176: „Wenn ich unterdessen sage, es gibt einen Mechanismus, so sage ich um deswillen nicht, ich habe die Gesetze desselben in ihrem ganzen Umfange entwickelt; und wenn ich sage, es gibt im Unterricht einen reinen Verstandesgang, so sage ich um deswillen nicht, ich habe die Gesetze in ihrer hohen Vollendung dargelegt."

[7] Makarenko 1972, S. 569: „Eben deshalb fehlen bei uns einfach alle wichtigen Elemente der Produktion: der technologische Prozeß, die Berechnung der Operationen, die Konstruktion, die Verwendung von Bohrlehren und Vorrichtungen, die Normung und die Gütekontrolle.

Als ich am Fuß des ‚Olymp' solche Gedanken zaghaft äußerte, warfen die Götter mit Ziegelsteinen nach mir und schrien, das sei eine mechanistische Theorie.

Doch je mehr ich nachdachte, desto mehr Ähnlichkeit fand ich zwischen dem Erziehungsprozeß und dem Produktionsprozeß materieller Güter, und in dieser Ähnlichkeit gab es nichts Schreckliches, was besonders mechanisch gewesen wäre. Der Mensch blieb für mich Mensch mit all seiner Kompliziertheit, seinem ganzen Reichtum und seiner Schönheit. Aber mir schien, gerade deshalb müsse man an ihn genauere Maßstäbe anlegen und sich zu ihm mit größerem Verantwortungsgefühl und größerem Wissen verhalten und nicht mit primitiven, hysterischen Methoden an die Erziehung gehen. Diese tiefgreifende Analogie zwischen Produktion und Erziehung war in meiner Vorstellung vom Menschen durchaus nicht eine Entwürdigung, im Gegenteil, sie erfüllte mich mit besonderer Achtung vor dem Menschen; denn auch eine gute komplizierte Maschine nötigt Achtung ab."

[8] S. hierzu neben philosophiegeschichtlichen Abhandlungen und Lexikonartikeln z. B. Dessauer 1927, Heidegger 1962.

[9] Marcuse 1967, S. 173: „Heute verewigt und erweitert sich die Herrschaft nicht nur vermittels der Technologie, sondern *als* Technologie, und diese liefert der expansiven politischen Macht, die alle Kulturbereiche in sich aufnimmt, die große Legitimation. In diesem Universum liefert die Technologie auch die große Rationalisierung der Unfreiheit des Menschen und beweist die ‚technische' Unmöglichkeit, autonom zu sein, sein Leben selbst zu bestimmen. Denn diese Unfreiheit erscheint weder als irrational noch als politisch, sondern vielmehr als Unterwerfung unter den technischen Apparat, der die Bequemlichkeiten des Lebens erweitert und die Arbeitsproduktivität erhöht. Technologische Rationalität schützt auf diese Weise eher die Rechtmäßigkeit von Herrschaft, als daß sie sie abschafft, und der instrumentalistische Horizont der Vernunft eröffnet sich zu einer auf rationale Art totalitären Gesellschaft." – Habermas 1968, S. 96: „Marx hatte gewiß das Problem, die Geschichte mit Willen und Bewußtsein zu machen, als die Aufgabe einer *praktischen* Beherrschung bisher unkontrollierter Prozesse der gesellschaftlichen Entwicklung angesehen. Andere haben es aber als eine *technische* Aufgabe verstanden: sie wollen die Gesellschaft dadurch, daß sie sie neben dem Muster selbstgeregelter Systeme zwecktrationalen Handelns und adaptiven Verhaltens rekonstruieren, *in derselben Weise* unter Kontrolle bringen wie die Natur. Diese Intention findet sich nicht nur unter Technokraten der kapitalistischen Planung, sondern auch unter denen eines bürokratischen Sozialismus. Allein, das technokratische Bewußtsein vernebelt die Tatsache, daß der institutionelle Rahmen nach dem Muster von Systemen zweckrationalen Handelns nur um den Preis der Schließung der allein wesentlichen, weil der Humanisierung zugänglichen Dimension, *als* ein Zusammenhang umgangssprachlich vermittelter Interaktion aufgelöst werden könnte.

In Zukunft wird sich das Repertoire der Steuerungstechniken erheblich erweitern. Auf Hermann Kahns Liste der in den nächsten 33 Jahren wahrscheinlichen technischen Erfindungen entdecke ich unter den ersten 50 Titeln eine große Zahl von Techniken der Verhaltenskontrolle und der Persönlichkeitsveränderung: 33 new and more reliable ‚educational' and propaganda techniques effecting human behavior – public and private; 34. practical use of direct electronic communication with and stimulation of the brain; 37. new and relatively affective counterinsurgency techniques; 39. new and more varied drugs for control of fatigue, relaxation, alertness, mood, personality, perceptions and fantasies; 41. improved capability to ‚change' sex; 42. other genetic control or influence over the basic constitution of an individual. – Eine Prognose dieser Art ist äußerst kontrovers. Immerhin deutet sie einen Bereich künftiger Chancen an, das menschliche Verhalten von einem an die Grammatik von Sprachspielen gebundenen Normensystem abzuhängen und statt dessen durch unmittelbar physische oder psychologische Beeinflussung in selbstregulierte Sub-Systeme des Mensch-Maschine-Typus zu integrieren. Psychotechnische Verhaltensmanipulationen können heute schon den altmodischen Umweg über verinnerlichte, aber reflexionsfähige Normen ausschalten."

10 Heidegger 1962, S. 22 f. und S. 27 f.

11 Für Adorno, Horkheimer und Marcuse läßt sich dies vielfach belegen. Man vergleiche aber auch die von Habermas entwickelte Konzeption des idealen Diskurses, wonach die Humanisierung des Menschen allein im herrschaftsfreien Dialog über Wahrheits- und Wertansprüche stattfindet (s. auch Anm. 9) mit Heideggers Wesensbestimmung des Menschen als „Innestehen in der Wahrheit des Seins" (s. z. B. Martin Heidegger: „Über den Humanismus", 2. A. Bern 1954). Vergleichbar sind u. a. die scharfe Dichotomie zwischen zweckrationalem Handeln und dem „Denken der Wahrheit des Seins" bzw. dem Diskurs als einer Form des kommunikativen Handelns, die Idealisierung des eigentlich humanen Handelns, die ausschließliche Bindung der Freiheit bzw. Emanzipation an diesen Akt, die übermäßige Bedeutung der Sprache für den Vollzug, das Transzendieren der herrschenden Wahrheits- und Geltungsansprüche auf die eigentlichen hin, d. h. die Aufhebung der Entfremdung des Menschen durch die Legitimation von Wahrheits- und Geltungsansprüchen aus dem „Denken des Seins" bzw. der menschlichen „Vernunft".

12 Zum Begriff der Erziehung und des Unterrichtens als Kunst vgl. u. a. Schleiermacher, 1959, in der Einleitung seiner „Theorie der Erziehung" von 1835, S. 40: „Großes Gewicht also wurde bei diesen Völkern auf die äußeren Einwirkungen gelegt, und wenn die Theorie auch erst später entstand: so fehlte der erziehenden Tätigkeit doch nicht der Charakter der Kunst. Ist doch überhaupt auf jedem Gebiete, das Kunst heißt im engeren Sinne, die Praxis viel älter als die Theorie, so daß man nicht einmal sagen kann, die Praxis bekomme ihren bestimmten Charakter erst mit der Theorie. Die Dignität der Praxis ist unabhängig von der Theorie; die Praxis wird nur mit der Theorie eine bewußtere." – Herbart in seiner Rede bei Eröffnung der Vorlesungen über Pädagogik von 1802, 1957, S. 146: „Unterscheiden Sie zuvörderst die *Pädagogik,* als *Wissenschaft,* von der *Kunst der Erziehung.* Was ist der Inhalt einer Wissenschaft? Eine Zusammenordnung von Lehrsätzen, die ein Gedankenganzes ausmachen, die wo möglich auseinander, als Folgen aus Grundsätzen, und als Grundsätze aus Prinzipien hervorgehen. – Was ist eine Kunst? Eine Summe von Fertigkeiten, die sich vereinigen müssen, um einen gewissen Zweck hervorzubringen. Die Wissenschaft also erfordert Ableitung von Lehrsätzen aus ihren Gründen, – philosophisches Denken; – die Kunst erfordert stetes Handeln, nur den Resultaten jener gemäß; sie darf während der Ausübung sich in keine Spekulationen verlieren; der Augenblick ruft ihre Hilfe, tausend widrige Begebnisse fordern ihren Widerstand herbei.

Unterscheiden Sie weiter die Kunst des ausgelernten Erziehers von der einzelnen Ausübung dieser Kunst. Zu jener gehört, daß man jedes Naturell und Alter zu behandeln wisse; diese kann gelingen durch Zufall, durch Sympathie, durch Elternliebe." – Flitner 1965, S. 8: „Die Reaktion auf jenen Überdruß am Methodischen war eine zeitlang, daß die gesamte Kunst des Unterrichtens und der Jugendführung auf Improvisation gestellt wurde. Der Inhalt, so meinte man, sei alles; wer eine Sache beherrsche, könne sie auch lehren, zumal wer zugleich eine imposante Persönlichkeit sei; und im Bereich der Charakterbildung vollends gebe es keine Regel." – Zur Kritik am Verständnis der Erziehung als Kunst s. Litt 1964. – vgl. a. Hausmann 1959.

[13] Hier stehen pädagogische Milieutheorien nativistischen und personalistischen Theorien gegenüber. Die einen schreiben den Umweltbedingungen (peristatischen Bedingungen), insbesondere den ökonomischen und gesellschaftlichen, den Hauptanteil an der Entwicklung des einzelnen Menschen zu und verbinden mit der Bemühung um die Verbesserung dieser Bedingungen die Hoffnung auf eine „höhere" Entwicklung oder gar die Entstehung eines neuen Menschen. Die anderen betonen die genetischen oder personalen Bedingungen und sind deshalb skeptisch im Hinblick auf die Beeinflußbarkeit des Menschen von außen. Sie erhoffen meist durch eine weitgehende Enthaltung von Beeinflussungsversuchen die günstigste Entwicklung oder gar die Entstehung des „guten" Menschen.

[14] Gagné 1969, S. 197.

[15] Vgl. u. a. Wilhelm Diltheys Theorie des Verstehens anderer Personen (s. Gesammelte Schriften, Bd. V, 4. A Göttingen 1964, S. 198 f. und S. 250), Edmund Husserls Theorie der Einfühlung in andere Menschen (Ideen zu einer Phänomenologie und phänomenologischen Philosophie, Zweites Buch, Haag 1952, S. 162 ff.) und Otto M. Ewert: Sematologie des Ausdrucks, in: Robert Kirchhoff (Hg.) Ausdruckspsychologie, Göttingen 1965, S. 220 ff.

[16] Die bereits mit Dilthey einsetzende Kritik der Introspektion richtet sich vor allem gegen die schwere Zugänglichkeit vieler innerer Phänomene, gegen ihre subjektive Verfälschung und das Fehlen eines unmittelbaren Zugangs ihrer Befunde für andere (fehlende Intersubjektivität). Aus diesen Gründen schließen streng positivistische Erkenntnismethoden die Introspektion aus und beschränken sie sich auf die Beobachtung und Messung des äußeren Verhaltens (behavior).

[17] Wer im Unterschied zu streng behavioristischen Methoden außer dem beobachtbaren input und output auch die Befragung von Vpn über ihr Vorgehen, ihre Hilfsvorstellungen etc. während eines Experiments zuläßt, bedient sich introspektiver Befunde der Vpn. Wer Aussagen über die zwischen input und output eingeschalteten Variablen (intervenierende Variablen) macht, z. B. über Motive oder ein Begriffsbewußtsein, bedient sich ebenfalls eigener und fremder introspektiver Befunde. Es fällt nicht schwer, solche Methoden und Aussagen bei den meisten experimentell arbeitenden Psychologen nachzuweisen (z. B. bei Piaget, Ach, van Parreren, Heckhausen).

[18] S. z. B. Renate Mayntz, Kurt Holm, Peter Hübner: Einführung in die Methoden der empirischen Soziologie, 3. A. Opladen 1972; Karl-Dieter Opp: Methodologie der Sozialwissenschaften, Reinbek bei Hamburg 1970.

[19] Peter und Else Petersen 1965; Peter Petersen/Else Petersen 1954; Winnefeld 1967; Ryans 1960; Flanders 1962; Schultze/Schleifer 1965; Koskenniemi 1971; Biddle 1970.

[20] Schultze/Schleifer 1965.

[21] Winnefeld 1967, 2. 60.

[22] Tausch und Tausch 1965, S. 143; Nickel 1973.

[23] Koskenniemi 1971, S. 106/107.

[24] Tausch und Tausch 1965, S. 143 und S. 173. Wenn die Freundlichkeit für beide Formen des Lehrerverhaltens Indiz sein soll, dann kann nur noch der Grad an Freundlichkeit als Unterscheidungsmerkmal dienen. Es ist aber fraglich, ob die nach Tausch von den Beobachtern festgestellte geringe Differenz im Grad der Freundlichkeit dazu hinreicht, dieses Indiz für die Unterscheidung zweier Stile des Lehrerverhaltens beizubehalten.

[25] Vgl. z. B. die Beurteilung der Forschungslage durch Koskenniemi.

[26] Zum Begriff der Funktion seien hier nur zwei Definitionen angeführt, eine allgemeine und eine bereits auf den Unterricht bezogene. Luhmann 1962, S. 623: „Eine Funktion ist mithin – ganz im Sinne der Definition *Kants* (22) – ‚die Einheit der Handlung, verschiedene Vorstellungen unter einer gemeinschaftlichen zu ordnen' ... Die Klasse aller funktional äquivalenten Möglichkeiten wird gemeinhin als Variable bezeichnet. Variablen sind Begriffe, die planmäßig unbestimmt bleiben; sie sind Leerstellen, die aber nicht beliebig, sondern nur in bestimmter Weise, durch begrenzte Möglichkeiten ausgefüllt werden können. Die Variable ist durch einen funktionalen Bezugsgesichtspunkt definiert, an Hand dessen sich entscheiden läßt, welche Möglichkeiten der Ausfüllung in Betracht kommen, und der als Leitfaden zum Auffinden anderer Möglichkeiten führt. Der Äquivalenzbereich einer Funktion hängt von der Definition des funktionalen Gesichtspunktes ab, und umgekehrt hat diese Definition die Funktion, einen solchen Äquivalenzbereich zu konstituieren und ist allein durch diese Ordnungsleistungen zu rechtfertigen." – Schröter 1971, S. 18: „Vergleicht man die beiden Auffassungen über den Begriff der Funktion, die im umgangssprachlichen und die im mathematischen Sinne, so lassen sich – wenn auch nicht auf den ersten Blick – Gemeinsamkeiten erkennen, die schließlich der gemeinsamen Verwendung des Wortes ‚Funktion' in beiden Bereichen eine gewisse Berechtigung verleihen. Zentralpunkt des umgangssprachlichen Verständnisses für Funktion ist der Begriff der Zuordnung. Nun kann man bei Erfüllung einer Aufgabe jeweils einer bestimmten Ursache eine bestimmte Wirkung zuordnen, einer bestimmten Tätigkeit eine bestimmte Veränderung, einem bestimmten Zustande in einem Bereich einen darauf zurückzuführenden im anderen Bereich; d. h. es lassen sich Paare bilden, die räumlich, zeitlich, physikalisch-kausal oder informativ zusammenhängen, so daß das Auftreten des einen Paargliedes das Auftreten des anderen vorhersehen läßt. Ein Subjekt oder

Objekt erfüllt gerade dann eine Funktion, wenn diese Paarbildung vollzogen wird. Ein Wasserhahn erfüllt z. B. seine Funktion der Steuerung des Wasserflusses, wenn einer bestimmten Stellung des Hahngriffs ein bestimmter Wasserfluß entspricht. Die Funktion, d. h. die Erfüllung seiner Aufgabe, ist gestört, wenn Wasserfluß und Stellung des Hahngriffes keine Zuordnung erkennen lassen, z. B. beim Versagen der Dichtung. Eine Regierung erfüllt ihre Funktion, wenn sie es versteht, Maßnahmen zu ergreifen, die, entsprechend einer Zielvorstellung, gewisse Ordnungen in der Gesellschaft herbeiführen. Und schließlich – um unser spezielles Thema anzusprechen – Lehrfunktionen werden erfüllt, wenn das Lehrsystem diejenigen Handlungen ausführt und diejenigen Zustände durchläuft, die das Lernsystem zum Lernen im weitesten Sinne des Wortes bringen.
An diesem Beispiel erkennt man, daß der umgangssprachlichen Bedeutung, welche sich mit der Sinngebung durch die traditionelle Didaktik deckt, die mathematische Definition des Begriffs der Lehrfunktion ohne wesentliche Schwierigkeiten zur Seite gestellt werden kann: Die traditionelle Didaktik definiert Lehren als Lernenmachen; im mathematischen Sinne bedeutet das, das Lehrsystem habe bestimmte Zustände zu durchlaufen, denen gewisse Zustände des Lernsystems entsprechen, also zugeordnet sind, oder umgekehrt." – s. a. Frege 1969.

27 Vgl. insbesondere die Untersuchungen Luhmanns zum Funktionsbegriff: Luhmann 1962, 1964, 1968 und den Aufsatz Steinbeck 1964. – Luhmann 1962, S. 624: „Aus diesem Ansatz läßt sich eine Abstraktions- und Vergleichstechnik entwickeln, die beweglicher und zugleich komplizierter ist, als die alten ontologischen Konzeptionen der Gleichheit, der Idee und des Gattungsbegriffs es zuließen. Gewiß mußte auch die ontologisch konzipierte Ideenlehre Allgemeinbegriffe durch Unbestimmtheiten erkaufen. Aber sie suchte alle Unbestimmtheit aus dem Wesen der Idee selbst auszuschließen, um die Idee in ihrem absoluten Sein unter Ausschluß anderer Möglichkeiten zu sichern. Sie abstrahierte die konkrete Welt auf konstante Züge hin – und nicht auf Variationsregeln. Sie nahm in die Idee nur Konstanten, nicht auch Variablen auf. So gab es zwar Generalisierungen; sie hatten jedoch nur klassifikatorischen Sinn und dienten nicht als strategische Konzeption für Veränderungen in der Welt, für die Entdeckung anderer Möglichkeiten und die Erschließung von Ersatzlösungen und kompensatorischen Leistungszusammenhängen. Der funktionalistischen Analyse geht es nicht um die Feststellung des Seins in Form von Wesenskonstanten, sondern um die Variation von Variablen im Rahmen komplexer Systeme. Die Konstanten fungieren nur noch als Variationsbedingungen und sind als solche unter dem Gesichtspunkt ihrer Eignung für diese spezifische Funktion variabel."

28 Funktionsbegriffe ermöglichen eine genauere Planung der für den Unterrichtserfolg maßgeblichen Beziehungen zwischen Lehrer und Schüler.

29 Vgl. Luhmann 1968, S. 26, S. 136 und S. 183 ff.; s. a. Gunnar Myrdal: Das Zweck-Mittel-Denken in der Nationalökonomie, in: Zschr. f. Nationalökonomie 4/1933, S. 310.

[30] Durch die funktionale Analyse des Lehrens und Lernens kann die für allen Unterricht konstitutive Beziehung zwischen zwei Rollen aufgezeigt werden. Eine Soziologie der Schule hätte die Aufgabe, diejenigen Bedingungen aufzuzeigen, unter denen es in der Schule zu Variationen dieser Rollen, zur Ausbildung anderer Rollen und zu bestimmten Formen des Rollenwechsels und der Beziehungen zwischen ihnen kommt. Vgl. z. B. M. D. Shipman: Soziologie der Schule, Düsseldorf 1974.

[31] Max Weber und Luhmann betonen die Zweck-, d. h. Sinngerichtetheit des menschlichen Handelns. Weber 1964, S. 187: „Jede denkende Besinnung auf die letzten Elemente sinnvollen menschlichen Handelns ist zunächst gebunden an die Kategorien ‚Zweck' und ‚Mittel'. Wir wollen etwas in concreto entweder ‚um seines eigenen Wertes willen' oder als Mittel im Dienste des in letzter Linie Gewollten." – Luhmann 1968, S. 1: „Unter Handlung soll jedes sinnhaft orientierte, außenwirksame menschliche Verhalten verstanden werden ..." – Van Parreren betont die Differenz zwischen Endleistung als objektiv beobachtbarem output und der ihr zugrundeliegenden Handlungsstruktur, die bei gleicher Endleistung sehr unterschiedlich sein kann, z. B. bei der Zahl 169 als Endleistung: eine pure Reproduktion des gewußten Produkts von 13 x 13 oder der Vollzug mehrerer Rechenoperationen. Als Psychologe untersucht er dann die Veränderung von Handlungsstrukturen. Van Parreren 1972, S. 27: „In beiden Fällen vollzieht sich während des Lernens also eine *qualitative Veränderung* der Handlungsstruktur. Aus der Anfangs-Handlungsstruktur entwickelt sich auf die eine oder andere Art diejenige Handlungsstruktur, auf der die Endleistung beruht. Aus dieser qualitativen Entwicklung ist die quantitative Steigerung der Leistungen im Lernprozeß (in diesem Falle: das Anwachsen der Zahl der vorgelesenen richtigen Wörter) zu verstehen. Mein Grundsatz lautet daher, *daß ein Lernprozeß in der psychologischen Untersuchung als eine qualitative Entwicklung von Handlungsstrukturen angesehen werden muß.*"

[32] Gagné 1969, S. 27 – s. in der Definition des Handlungsbegriffs durch Luhmann (Anm. 31) den Begriff der „Außenwirksamkeit".

[33] Die nicht beabsichtigte Einwirkung wird gern als „funktionale" Erziehung im Unterschied zur „intentionalen" bezeichnet (Dolch 1963, S. 65), das ihr entsprechende Lernen kann man als „zufällig" oder „als Rückwirkung von Handlungen" bezeichnen, weil es „ohne Lernintention" (van Parreren 1972, S. 103), d. h. ohne „bewußte Lerneinstellung" (Roth 1966, S. 223), zustandekommt.

[34] Rousseau 1963, S. 213.

[35] Die Problematik der multiplen Bedingtheit des menschlichen Handelns wird eingehend von Luhmann erörtert (1962, 1968, S. 13 ff.) – Einige Probleme der Erforschung des multiple bedingten psychischen Geschehens werden von Kurt Lewin einer aufschlußreichen Analyse unterzogen (Gesetz und Experiment in der Psychologie, Darmstadt 1967).

Zum II. Kapitel:

[1] Schöffler-Weis: Wörterbuch der englischen und deutschen Sprache, Stuttgart 1967: „Unterricht, Erziehung, Schulung, Ein-, Unterweisung, Belehrung, Ausbildung" und weitere Bedeutungen; Funk & Wagnalls: Standard Dictionary, New York 1970: „The act of Instructing; teaching. 2 Imparted knowledge; precept" und weitere Bedeutungen.

[2] Nur in „instruktiv" (lehrreich) und dem gebräuchlichen Wort „Instruktor" (Lehrer; Erzieher) klingt eine pädagogische Bedeutung an, ohne daß diese Wörter Eingang in die Fachsprache der Unterrichtstheorie gefunden hätten oder wenigstens im Alltag für den Bereich des Unterrichts verwendet würden.

[3] Oerter 1971 verwendet auf S. 118 in unserem Sinne die Termini „Instruktion" und „Instruktionsverständnis" und bezeichnet den Lehrer sogar als „Instrukteur". – s. a. Gagné 1969, S. 121.

[4] Loeser 1968, S. 27 f.; Duncker 1966, S. 96.

[5] Duncker 1966, S. 95.

[6] Vgl. Aebli 1963, s. die Abwandlung eines Experiments von Piaget auf den Seiten 99 ff. Es geht hier allerdings um die Identifikation von sinnlich wahrnehmbaren Objekten und nicht um den analogen Fall der Identifikation eines durch Instruktion bezeichneten Gegenstandes.

[7] Hier und auch bei den vorausgehenden Kriterien der Prägnanz der Gegenstandskategorie kommt es darauf an, daß die in der Instruktion verwendeten Begriffe dem Lernenden helfen, eine möglichst genaue Vorstellung vom Gegenstand der Zuwendung zu bilden.

[8] Die Methodenkategorie enthält die Information über das, was der Lernende tun soll. Sie begrenzt den Bereich seiner Tätigkeit und öffnet ihm zugleich einen Bereich von Tätigkeiten. Hierin besteht die vielberufene Offenheit von Fragen und jeder Art der Instruktion, über die wir im Zusammenhang mit ihrer operativen Funktion noch ausführlich sprechen werden. – Vgl. u. a. Gadamer 1960, S. 346: „Fragestellung setzt Offenheit voraus, aber zugleich eine Begrenzung. Sie impliziert die ausdrückliche Fixierung der Voraussetzungen, die feststehen und von denen aus sich das Fragliche, das, was noch offen ist, zeigt."

[9] Vgl. Ladanyi 1965, S. 50–54.

[10] Platon, Werke, Zweiter Band, S. 541, Darmstadt 1973.

[11] Descartes 1962, S. 73.

[12] Zitiert von Loeser 1968, S. 22.

[13] Vgl. Descartes 1962, S. 77: „Wenngleich nun bei jedem Problem etwas Unbekanntes vorhanden sein muß – denn sonst hätte es keinen Sinn, zu fragen – so muß doch eben dies durch bestimmte Bedingungen derart bezeichnet sein, daß man sich unausweichlich angewiesen sieht, eins eher als etwas anderes zu erforschen. Diese Bedingungen sind es, mit deren Untersuchung man sich, wie gesagt, sogleich von Anfang an beschäftigen muß. Und das geschieht, wenn wir den Geist darauf richten, das einzelne in distinkter Intuition zu erfassen und sorgfältig zu untersuchen, inwie-

weit deren jede das von uns gesuchte Unbekannte einschränkt. In doppelter Weise nämlich pflegt sich hier der menschliche Geist zu täuschen: entweder er nimmt etwas mehr, als gegeben ist, an, um das Problem zu bestimmen, oder er läßt im Gegenteil etwas aus.

11. Man muß sich hüten, nicht mehr und nichts Bestimmteres, als gegeben ist, vorauszusetzen, vorzüglich bei den Rätseln und den anderen kunstvoll erfundenen Fragen, die den Geist verwirren sollen; bisweilen aber auch bei den anderen Problemen, wenn man, um sie zu lösen, etwas als gewiß anzunehmen scheint, wovon uns kein sicherer Grund, sondern nur eine althergebrachte Meinung überzeugt hat."

Vgl. Petzelt 1927, S. 188: *„Es liegt demnach im Frageakt Wissen und Nichtwissen um den identischen Gegenstand zugleich vor.* Es handelt sich um Wissen, daß er ist; zugleich um das Nichtwissen, wie er ist. Dieses Nichtwissen ist kein οὐκ ὄν, sondern bedingt, also ein μή ὄν. Die Verneinung verweist daher auf mögliches Wissen, also auf Wißbarkeit. Wissen und Nichtwissen scheinen unvereinbare Gegensätze zu sein, aber sie koinzidieren hier doch. Und das ist möglich einmal mit Bezug auf denselben Gegenstand, auf den beide Motive bezogen sind, dann aber auch durch die Wißbarkeit des Nichtwissens. So wird das letztere zum ‚Noch-nicht-Wissen'. Dadurch drückt sich seine Prozeßbezogenheit aus, die auf Ausfüllung der Lücke, auf Bewältigung des Nichtwissens zielt. So entscheidet sich das Verhältnis zwischen Wissen und Nichtwissen, das hier statthat: Es ist das Zeitmotiv des Prozesses, das die beiden scheinbaren Gegensätze vereint und beide harmonieren läßt. *In der Einheit zwischen Wissen und Nichtwissen scheint jenes konstitutive Moment gefunden zu sein, das den Frageakt kennzeichnet und ihn von anderen Akten unterscheidet."*

Vgl. Frege 1966, S. 35: „Anders ist es bei den Satzfragen. Wir erwarten ‚ja' zu hören oder ‚nein'. Die Antwort ‚ja' besagt dasselbe wie ein Behauptungssatz; denn durch sie wird der Gedanke als wahr hingestellt, der im Fragesatz schon vollständig enthalten ist. So kann man zu jedem Behauptungssatz eine Satzfrage bilden. Ein Ausruf ist deshalb nicht als Mitteilung anzusehen, weil keine entsprechende Satzfrage gebildet werden kann. Fragesatz und Behauptungssatz enthalten denselben Gedanken; aber der Behauptungssatz enthält noch etwas mehr, nämlich eben die Behauptung. Auch der Fragesatz enthält etwas mehr, nämlich eine Aufforderung. In einem Behauptungssatz ist also zweierlei zu unterscheiden: der Inhalt, den er mit der entsprechenden Satzfrage gemein hat, und die Behauptung. Jener ist der Gedanke oder enthält wenigstens einen Gedanken. Es ist also möglich, einen Gedanken auszudrücken, ohne ihn als wahr hinzustellen. In einem Behauptungssatze ist beides so verbunden, daß man die Zerlegbarkeit leicht übersieht. Wir unterscheiden demnach

1. das Fassen des Gedankens – das Denken,
2. die Anerkennung der Wahrheit eines Gedankens – das Urteilen,
3. die Kundgebung dieses Urteils – das Behaupten.

Indem wir eine Satzfrage bilden, haben wir die erste Tat schon vollbracht. Ein Fortschritt in der Wissenschaft geschieht gewöhnlich so, daß zuerst ein Gedanke gefaßt wird, wie er etwa in einer Satzfrage ausgedrückt werden kann, worauf dann nach angestellten Untersuchungen dieser Gedanke zuletzt als wahr erkannt wird. In der Form des Behauptungssatzes sprechen wir die Anerkennung der Wahrheit aus." – Frege bezieht sich hier auf den Grenzfall, daß im Fragesatz bereits der ganze Aussagegehalt eines Behauptungssatzes enthalten ist. In diesem Falle braucht nur der Aufforderungsmodus in den Behauptungsmodus umgewandelt zu werden. Ist aber der Umfang von Gegenstands- und Methodenkategorien in einer Frage relativ groß, dann können ihr viele Behauptungssätze entsprechen. In diesem Fall ist das Verhältnis zwischen Lerninstruktion und den auf Grund einer solchen Instruktion erzielten Resultaten, z. B. in der Form von Aussagen, komplizierter, wie wir noch sehen werden. Durch die Orientierung an dem Grenzfall einer Entscheidungsfrage (Instruktion mit Kategorien niedrigster spezifischer Differenz) entgeht es aber Frege, daß auch eine Frage schon Behauptungen enthält, d. h. etwas als wahr voraussetzt, auf Grund dessen erst nach der Wahrheit des noch Offenbleibenden, d. h. Unbestimmten, gesucht werden kann.

14 In mehreren Untersuchungen über verbale Lehrhandlungen wird nicht zwischen den von einem Lehrer verwendeten Begriffen und ihrer sprachlichen Fassung unterschieden (Flanders 1962, Priesemann 1971, Spanhel 1971, Aebli 1961). Wir machen dagegen geltend, daß sowohl in phänomenologischen und logischen Untersuchungen als auch in lernpsychologischen sehr sorgfältig zwischen Begriff und sprachlicher Bedeutung unterschieden wird (s. z. B. Julius Stenzel: Philosophie der Sprache, Darmstadt 1964, S. 64, Kamlah/Lorenzen 1967, Ingarden 1968, van Parreren 1972, Oerter 1971).

15 Vgl. von Cube 1965, S. 57.

16 Vgl. die Darstellung von Untersuchungsergebnissen über den Einfluß der Satzstruktur auf die Verständlichkeit von Texten durch Groeben 1972, S. 18–23.

17 Vgl. Aebli 1961, S. 143: „Jede Frage kann unmittelbar in eine Aufforderung umgesetzt werden, und umgekehrt. Statt zu fragen ‚Wie viele Kelchblätter weist die Tollkirsche auf?' kann der Lehrer die Schüler auch auffordern: ‚Zählt die Blätter der Tollkirsche'. Statt zu fragen ‚Warum?' kann der Lehrer auffordern ‚Sucht Gründe'. Die Einladungen ‚Bestimmt die Lage!', ‚Meßt die Länge!' ersetzen die Frage ‚Wo?' und ‚Wie lange?' usw. Die Hilfe, die wir dem Schüler anbieten, indem wir ihm eine Frage statt einer Aufforderung oder umgekehrt, geben, ist also, sachlich gesehen, genau die gleiche. Anders sieht es allerdings aus, wenn wir die sprachliche Situation betrachten."

18 Vgl. Christian Winkler: Deutsche Sprechkunde und Sprecherziehung, Düsseldorf 1954.

19 Siegfried Schmidt: Texttheorie, München 1973; Dieter Breuer: Einführung in die pragmatische Texttheorie, München 1974; Siegfried J. Schmidt (Hg.): Pragmatik I, München 1974.

[20] S. o. Anm. 13; s. a. Ingarden 1968, S. 151 ff. Kamlah/Lorenzen 1967.

[21] Vgl. Grzesik 1976.

[22] Vgl. Oerter 1971, S. 118 ff.

[23] Vgl. z. B. die folgenden Buchkapitel: van Parreren 1972: „Die Entstehung von Wortbedeutungen"; Gagné 1969: „Sprachliche Assoziation" und „Begriffslernen"; Oerter 1971: „Sprache und Denken".

[24] Zur Bedingtheit des Sprachverständnisses durch die Sozialstruktur s. u. a. Basil Bernstein: Studien zur sprachlichen Sozialisation, Düsseldorf 1972; zum Dialekt s. u. a. Rudolf Hildebrand: Vom deutschen Sprachunterricht, Bad Heilbrunn/OBB 1954; zur Altersmundart s. u. a. Aebli 1961, S. 41 f.

[25] Die außerordentlich hohe synthetische Leistung bei der Produktion und der Rezeption von gesprochener oder geschriebener Sprache aus elementaren Bestandteilen wird schon von Bühler (1969) betont und von der generativen Grammatik aufgrund einer viel genaueren Analyse behauptet (Noam Chomsky: Aspekte der Syntax-Theorie, Ffm 1970).

[26] Zur genetischen Bedingtheit der Informationsverarbeitungskapazität vgl. Eric H. Lenneberg, Biologische Grundlagen der Sprache, Ffm 1972 und Kurt Gottschaldt: Begabung und Vererbung, Phänogenetische Befunde zum Begabungsproblem, in: Begabung und Lernen, Stuttgart 1969, S. 137 f.; zur Synthesisleistung als psychischem Faktor s. Aebli 1963, S. 53 ff.; zu Störungen bei der Aufnahme von Texten s. Hörmann 1970, S. 73 ff.; zur Informationsaufnahmekapazität s. von Cube 1965.

[27] Grzesik 1968, S. 69 ff.

[28] Makarenko 1971, S. 571.

[29] S. o. Anm. 23.

[30] Vgl. z. B. Arnold Fricke: Didaktik der Flächenberechnung und das Experiment von Aebli, in: Westermanns Pädagogischen Beiträgen 1959, S. 505: „Die Kinder sollen in eine echte Problemsituation gestellt werden, die für sie einsichtig und nach Möglichkeit auch mit eigenen Kräften lösbar ist. Die Aufforderung aber, ‚wir wollen die Größe dieses Rechtecks messen', ist, ganz abgesehen von der fehlenden inneren Notwendigkeit, kein einsichtiges Ausgangsproblem, denn sie bedeutet doch genauer: ‚Wir wollen den Flächeninhalt dieses Rechtecks ermitteln.' Wie aber kann man die Aufgabe stellen, den Flächeninhalt zu bestimmen, wenn noch gar nicht geklärt ist, was mit ‚Flächeninhalt' oder ‚Größe der Fläche' überhaupt gemeint ist?"

[31] Gaudig 1923; vgl. die Erörterung bei Bloch 1969.

[32] S. o. Anm. 13 zur Frage der in einer Instruktion bereits enthaltenen Sachurteile.

[33] S. Stern 1965, S. 44, S. 77 f.; Piaget 1972, S. 37 ff., S. 191 ff.

[34] Heckhausen 1969, S. 205 ff.

[35] Zum Sachinteresse s. z. B. Roth 1966, S. 227 ff., Lewin 1964, S. 6 ff., Heckhausen 1969, S. 205 ff.; zum Funktionsinteresse s. z. B. Graumann 1969, S. 114; zur Neugier s. z. B. Heckhausen 1969, S. 196, Roth 1966, S. 229; s. a. Anm. 40.

[36] S. die von M. Montessori beobachtete dreiundvierzigfache Wiederholung der Handlung, Holzzylinder in einen Holzblock zu stecken, bei seinem dreijährigen Mädchen (M. Montessori: Kinder sind anders, Stuttgart 1964, S. 165).

[37] Zum Schwierigkeitsgrad vgl. Heckhausen 1969, S. 195 f.; zum motivationalen Funktion der sprachlichen Fassung vgl. Groeben 1972, S. 132.

[38] Spricht man von der Identifikation des Schülers mit einer Instruktion des Lehrers, dann geht man davon aus, daß der Schüler nicht alle Instruktionen für seine Lernhandlungen selbst ausarbeiten kann, ohne daß dadurch die besondere Bedeutung der Selbstinstruktion in Frage gestellt würde. Wenn der Lehrer aber nicht nur Selbstinstruktionen der Schüler, d. h. Fragen und spontane Handlungsanweisungen an sich selbst, zum Ausgangspunkt des Lernens machen kann, sondern auch von ihm abgefaßte Instruktionen vorgeben muß, dann bedarf es einer sorgfältigen Beobachtung der Bedingungen, unter denen sich der Lernende mit ihnen so identifizieren kann, daß er sie sich ganz zu eigen macht. Wenn der Lehrer diese Bedingungen beachtet, kann die intensive Identifizierung mit den Instruktionen des Lehrers beim Schüler zur Ausbildung einer eigenen Fragehaltung führen. S. hierzu: Kerschensteiner 1963, S. 75: „Es ist völlig ausgeschlossen, die Schüler diesen Weg der Aufsuchung der Gesetze ohne jede Anweisung gehen zu lassen; die meisten würden nicht einmal die uralten Gesetze der Mechanik, geschweige jene der Wärmelehre, Elektrizität, Optik und Akustik entdecken. Aber jede Anweisung schließt eine frei aufsteigende Vermutung aus, und jede ausfallende Vermutung verringert die Mannigfaltigkeit der Analyse und Verifikation und schwächt damit den Erziehungsprozeß im Denkverfahren." – Copei 1966, S. 37: „Jede kleine *wissenschaftliche Arbeit* hat etwas von dem Glanz der großen Entdeckung, wenn auch oft genug nur für den, der in ihr begeistert seine ersten wissenschaftlichen Versuche macht. – Eine solche Arbeit entsteht etwa so: Das Thema zu einer wissenschaftlichen Untersuchung ist entweder erwachsen aus bestimmten Schwierigkeiten, die bei anderen Untersuchungen an einer Stelle auftauchten, und aus der Beobachtung irgendwelcher eigenartiger Phänomene, welche die Aufmerksamkeit reizten, weil sie sich einer gewohnten Deutung nicht ohne weiteres einfügen ließen, etwa bestimmte historische Daten, die sich durchaus nicht einer allgemein behaupteten historischen Entwicklung einpassen wollen; oder das Thema ist als Aufgabe von einem anderen gestellt, die Frage ist da, aber es dauert dann oft noch eine Weile, bis nach der ersten Fühlungnahme mit dem Stoff die Frage auch meine eigene Frage geworden ist." – Dewey 1964, S. 206: „Die Aufstellung von Problemen, das Vorlegen von Fragen, das Aufgabengeben, das Steigern von Schwierigkeiten spielen in der Schularbeit eine große Rolle. Es ist jedoch unerläßlich, daß wir zwischen echten oder wirklichen und vorgetäuschten oder angeblichen Problemen deutlich unterscheiden. Dabei können die folgenden Fragen Hilfe leisten: a) Ist außer dem eigentlichen Problem noch irgend etwas anderes gegeben? Drängt sich das Problem innerhalb des Ganzen einer persönlichen, lebendigen Er-

fahrung auf? Oder hat es lediglich den Zweck, dem Unterricht in irgendeinem Schulfach, dem Lernen zu dienen? Liegt bei ihm diejenige Art von Probieren vor, die auch außerhalb der Schule die Aufmerksamkeit des Schülers erregen, ihn zu versuchsweisem Handeln veranlassen würde? b) Empfindet auch *der Schüler* das Problem als ein solches, oder ist es ein Problem lediglich für *den Lehrer* und das Schulbuch? Wird es für den Schüler vielleicht bloß dadurch zum Problem, daß er die erforderliche Zeugnisnote, die Versetzung oder die Zufriedenheit des Lehrers nur erlangen kann, wenn er sich mit ihm beschäftigt? Beide Fragen überschneiden sich natürlich. Sie führen beide zu dem gleichen Punkte: ist die Erfahrung, um die es sich handelt, eine persönliche Angelegenheit des Schülers, die ihrer Natur nach zur Beobachtung der in ihr liegenden Beziehungen anregt, diese Beobachtung leitet und zu gewissen Schlüssen aus ihrer erfahrungsmäßigen Nachprüfung nötigt? Oder ist sie von außen her an den Schüler herangetragen, wird sie ihm selbst nur zum Problem, weil er diesen äußeren Anforderungen entsprechen muß?" –
Copei, 1966, S. 115: „Es bleibt noch übrig, nach diesen Beispielen aus der Schulpraxis kurz auf einige grundsätzliche Fragen der Methodik einzugehen. Wir haben oben die Eigenart der Aufmerksamkeit erörtert – hier bleibt die pädagogische Konsequenz zu ziehen. Dieser besonderen *Aufmerksamkeit* kommt man nicht entscheidend bei durch äußere Mittel, nicht dadurch, daß man durch starken Reiz die Sinne fesselt, daß man für Ausgeruhtsein der Kinder sorgt, daß man ihre Aufmerksamkeit durch den Willen erzwingt (Die Hände auf den Tisch! Aufpassen!). – Das wäre alles so, als wenn man immer von außen mit einem Meißel in das Zahnwerkgetriebe eines Uhrwerks stieße, um es voranzutreiben, statt daß man die Feder durch Aufdrehen spannt. *Diese innere Feder wird aber angespannt durch die echte Frage,* die sich an der Sache entwickelt. Im Leben wird kaum jemand den Menschen wieder so auf Fragen hinstoßen. *Es kommt darauf an, daß er mit einer dauernden, feindifferenzierten Frage- und Beobachtungshaltung allen Dingen gegenübertritt.* Diese offene Haltung zu schaffen, ist eine Aufgabe der Schule. Kerschensteiner hat das für den Bereich naturwissenschaftlicher Schulung so ausgedrückt, daß die Schule zwar keine Forscher zu erziehen hat, wohl aber den Geist des Forschers, ‚jenen nachdenklichen Geist, dem so vieles angeblich Selbstverständliche immer neue Rätsel aufgibt'."

39 Copei 1966, S. 36: „Es ist derselbe Prozeß der Entwicklung eines ‚dynamischen Schemas', der allmählichen Konkretisierung einer abstraktformalen Antizipation, welcher schon mit dem Aufspringen eines Problems, mit dem Fragen und Suchen anhebt." – S. 50: „Von der Frage getrieben, hebe ich den Blick zu den Dachkanten der Häuser, ich fasse mit einem ‚zugreifenden Blick' plötzlich den gesuchten eigentümlichen Giebel, dazu fallen mir ganz neue Dinge ins Auge."

40 Copei 1966, S. 37: „Die Frage gewinnt an Spannung. Zuzeiten ist es schwer, das vorwärtsdringende Suchen gegenüber der Wirrnis des Materials zurückzuhalten." – ebd. S. 53: „Die *Fragehaltung* – der ganze

Komplex von vorwärtsdrängendem Suchen theoretischer Fragestellung und Suche nach Ausdruck – ist *das entscheidende Glied zwischen Sache und Sprache.*" – Aebli 1966, S. 37: „Bei genauer Prüfung dieser Beziehung zwischen Handeln und Denken findet Claparède, daß die auftauchende Schwierigkeit, die den Menschen zum Nachdenken anregt, sich zunächst immer durch ein Bedürfnis bekundet. Ein Bedürfnis jedoch, dessen sich das Subjekt bewußt wird, wird zu einer Frage, einer Aufgabe. Dieses Bedürfnis weckt die Energie, die im folgenden zur Tätigkeit der Beobachtung oder Überlegung benötigt wird. Das Bedürfnis ist also der ‚Krafterzeuger' des Verhaltens. Außerdem weckt das Bedürfnis Interesse am Gegenstand der Aktivität oder an der Aktivität selbst." – Aebli 1961, S. 80: „Das Problem ist die treibende Kraft und der Richtungsgeber der Arbeit und das Maß der Güte eines jeden Lösungsvorschlages. Das meint auch Claparède (1931), wenn er schreibt: ‚Une leçon doit être une réponse', eine Lektion muß eine Antwort sein."

[41] Piaget 1966, S. 109: „. . .: ist es nicht vielleicht ein Scheinproblem, wenn man danach forscht, in welcher Art die Frage oder das Bedürfnis das Suchen leiten, als ob sie unabhängig davon existierten? In der Tat, einerseits sind Frage und Bedürfnis der Ausdruck von schon vorher bestehenden Mechanismen, deren Gleichgewicht momentan gestört ist. Das Bedürfnis zu saugen setzt die fertige Organisation des Saugapparates voraus, und andererseits sind Fragen wie ‚was ist das?', ‚wo?' etc. Ausdruck schon ganz oder teilweise bestehender Klassifikationen, räumlicher Vorstellungsstrukturen, etc. (. . .). Das Schema, welches das Suchen leitet, ist daher mit demjenigen, dessen Bestehen schon zur Erklärung des Bedürfnisses oder der Frage unerläßlich ist, identisch: Bedürfnis und Frage, wie auch das Suchen, dessen Bewußtwerden sie ausdrücken, bilden also zusammen einen einzigen Akt, der die Wirklichkeit an das Schema assimiliert."

[42] Vgl. zu diesen und den folgenden Maximen die in der Motivationspsychologie aus psychologischen Befunden gewonnenen Handlungsanweisungen für den Lehrenden (Roth 1966, Correll 1970, Heckhausen 1969).

[43] Die Steuerung durch äußere Umgrenzung bringt Piaget im Begriff des antizipierenden Schemas zum Ausdruck. Dem Begriff der Handlung entspricht Piagets Begriff der Operation, die in verschiedenen Formen auftreten kann, z. B. als effektiver (durch Organe als Effektoren ausgeführter) außenwirksamer Vollzug, vgl. Piaget 1966, S. 44 ff.: „Man kann also annehmen:

1) daß das antizipierende Schema nichts anderes als das Schema der Gruppierung selber ist, d. h. das Bewußtsein einer geordneten Folge von möglichen Operationen;

2) daß die Ausfüllung des Schemas mit der einfachen Ausführung dieser Operationen identisch ist;

3) daß die Organisation des ‚Komplexes' der vorhandenen Begriffe mit den Gesetzen der Gruppierung zusammenhängt.

Wäre diese Lösung allgemein gültig, so würde der Begriff der Gruppierung die Beziehung zwischen dem vorausgehenden Begriffssystem, dem antizipierenden Schema und seiner kontrollierten Erfüllung herstellen. Stellen wir uns jetzt die Gesamtheit der konkreten Probleme vor, die sich der menschliche Geist in seiner lebendigen Bewegung ständig stellt: Was ist das? Ist es mehr oder weniger (groß, schwer, weit etc.)? Wo? Wann? Warum? Zu welchem Zweck? etc. Wir stellen fest, daß jede dieser Fragen notwendigerweise Funktion einer vorher gegebenen Gruppierung oder Gruppe ist. Jeder Mensch ist im Besitz einer bestimmten Anzahl von Klassifikationen, Seriationen, Erklärungssystemen, eines individuellen Raums und einer individuellen Chronologie, einer Wertskala etc. und ebenfalls des mathematischen Raums, der mathematischen Zeit und der Zahlenreihe. Diese Gruppierungen und Gruppen entstehen nicht von Fall zu Fall neu, sondern bestehen das Leben lang: von der Kindheit an klassifizieren und vergleichen wir (Verschiedenheit und Äquivalenzen), ordnen im Raum und in der Zeit, erklären, schätzen unsere Ziele und Mittel ein, zählen etc., und die neuen Probleme stellen sich in bezug auf diese Gesamtsysteme genau in dem Maße, in welchem neue Tatsachen auftauchen, die noch nicht klassifiziert, in Serien eingereiht sind etc. Die Frage, die dem antizipierenden Schema seine Richtung gibt, geht also von der vorherbestehenden Gruppierung aus, und das antizipierende Schema selbst ist nichts anderes als die Richtung, welche die Struktur dieser Gruppierung der Untersuchung gibt. Jedes Problem besteht somit nur aus einem besonderen System von Operationen, die innerhalb der entsprechenden Gesamtgruppierung ausgeführt werden müssen, und zwar sowohl was die Hypothese, die die Lösung vorausnimmt anbetrifft, wie auch deren detaillierte Kontrolle. Um seinen Weg zu finden, ist nicht nötig, den ganzen Raum zu rekonstruieren; es genügt, die Strukturierung in einem gegebenen Abschnitt zu ergänzen. Um ein Ereignis vorauszusehen, um sein Fahrrad zu reparieren, um sein Budget oder sein Tagesprogramm aufzustellen, braucht der Mensch nicht die gesamte Kausalität und Zeit umstellen, alle von ihm anerkannten Werte zu revidieren etc. Die gesuchte Lösung ergänzt und setzt die schon gruppierten Beziehungen nur fort, wobei sie eventuell einzelne Irrtümer der Gruppierung berichtigt und diese vor allem weiter unterteilt und differenziert, ohne sie jedoch gänzlich neu zu konstruieren. Was dann die Verifikation betrifft, so kann sie nur nach den Regeln der Gruppierung selbst erfolgen: durch die Übereinstimmung zwischen den neuen Beziehungen und dem früheren System."

44 Die Komplexität konkreter Handlungen läßt eine Isolierung von einzelnen Lernprozessen nicht zu, weshalb bei der Auslösung einer konkreten Handlung immer mit einer großen Zahl von Lernprozessen gerechnet werden muß, von denen nur einige beachtet werden können.

45 S. z. B. die differenzierte Theorie der „Aktualisierung von Lernresultaten" bei van Parreren 1972. Die experimentelle Erforschung dieser früher als Gedächtnisleistung bezeichneten Prozesse reicht zurück bis zu Ebbinghaus („Über das Gedächtnis" von 1885).

46 Zur Aktualisierung von Lernresultaten als Bedingung für die Gewinnung neuer Lernresultate s. z. B. Piaget (Anm. 43) oder van Parreren (Anm. 45).

[47] Zum Problem der Nebenwirkungen von Handlungen in sozialen Systemen s. u. a. die Arbeiten von Max Weber und Niklas Luhmann.

[48] Zur normativen Funktion s. Anm. 40 (Aebli 1961, S. 80) und Anm. 43; Zur Bedeutung des Themas in Kommunikationsprozessen s. Habermas/Luhmann 1971, S. 329 ff.

[49] Augustinus 1959, S. 9 ff.; Kamlah/Lorenzen 1967, S. 27 ff.

[50] S. Augustinus 1959, S. 10 ff.

[51] Vgl. Edmund Husserls Untersuchungen über „Ausdruck und Bedeutung" (Logische Untersuchungen, 2. Bd., I. Teil, 5. A., Tübingen 1968, S. 23 ff.).

[52] Vgl. Hans Aeblis Überlegungen zum Thema: „Der Kontakt mit der Klasse" (1961, S. 32 ff.).

Zum III. und IV. Kapitel:

[1] Vgl. z. B. Gagné 1969, S. 197: „Es gibt also offenkundige Unterschiede zwischen mehrdeutigen Formulierungen von Zielen und wirklichen Ziel*definitionen,* die Mehrdeutigkeit vermeiden. ... Anders ausgedrückt, handelt es sich um ‚operationale Definitionen'. Die dafür notwendige sprachliche Formulierung scheint folgende Komponenten zu haben:
1. Ein *Verbum,* das beobachtbare Handlung bezeichnet (zeichnen, bestimmen, wiedererkennen, rechnen sind einschlägig; wissen, begreifen, sehen und andere sind es nicht).
2. Eine Beschreibung der *Reizklasse,* auf die zu reagieren ist (zum Beispiel ‚Gegeben ist ein Ausdruck $ab+ac=a(b+c)$').
3. Ein Wort oder eine Wendung, die *das für die Handlung zu benutzende Objekt* bezeichnet, falls das nicht schon im Verb impliziert ist (wenn das Verbum zum Beispiel ‚zeichnen' ist, könnte die Wendung lauten ‚mit einem Zeichenstift', wenn es ‚formulieren' heißt, könnte der Zusatz ‚mündlich' sein).
4. Eine Beschreibung der *Klasse richtiger Antworten* (zum Beispiel: ‚ein rechtwinkliges Dreieck', ‚die Summe' oder ‚die Bezeichnung der Regel')."
In Punkt 4 erfolgt die Gegenstandsbestimmung der Zielhandlung. – S. a. Klauer 1974, S. 20 ff.

[2] Die Diskussion des Deduktionsproblems im Bereich der Unterrichtsplanung konzentriert sich vornehmlich auf das Verhältnis zwischen „höchst abstrakt formulierten Normen und unterrichtstheoretisch erfaßbaren Lernzielen" (Meyer 1972, S. 15). Daß es bei der Ableitung des Unterrichtsgeschehens aus Normen und Zielen auch um sachlogische und psychologische Beziehungen geht, wird dabei leicht übersehen (Identität von Gegenstandsbestimmungen in den Zielen *und* Methoden, Subsumtion der einzelnen im Unterricht zu erfassenden Sachverhalte unter die Gegenstandsbestimmung im Ziel; psychologische Gesetzeshypothesen über bestimmte Prozeßformen des Lernens).

[3] Wir übernehmen den Terminus „Materialfaktor" von van Parreren 1972. Im folgenden Zitat (S. 89) handelt es sich gemäß unserer Unterscheidung

von kritischen und unkritischen Gegenstandsmerkmalen um Materialfaktoren der unkritischen Merkmale: „Was haben alle diese zufälligen Ursachen nun miteinander gemeinsam? Man kann sie zusammenfassend als Eigentümlichkeiten des Versuchsmaterials und der mit ihm ausgeführten Handlungen bezeichnen. Das Ganze nenne ich das ‚Handlungsmaterial', und die in ihm enthaltenen Faktoren, die autonome Tendenzen im Lernen herbeiführen, bezeichne ich als *‚Materialfaktoren'*. Ich unterstelle nun allgemein, daß autonome Tendenzen ihren Ursprung im Versuchs- oder Arbeitsmaterial haben, d. h. *in den Tätigkeiten, die mit dem Material* verrichtet werden, daß also die Richtung, in der sich ein autonomer Lernprozeß vollzieht, durch die jeweiligen Materialfaktoren bestimmt wird. Der Ausdruck ‚Materialfaktoren' bedarf noch einer näheren Erklärung, weil auch in Lernprozessen, die von einer Lernintention ausgehen, das ‚Material' eine Rolle spielen kann. Dabei braucht es sich aber nicht um Materialfaktoren in der eben beschriebenen Bedeutung zu handeln. Beim Aufgreifen einer Lernaufgabe wird man in der Regel immer gewisse auffallende Besonderheiten des Arbeitsmaterials beachten; diese berücksichtigt man dann bei der Ausführung seines intentional aufgestellten Arbeitsplans. In solchen Fällen sprechen wir nicht von der Wirksamkeit der Materialfaktoren. Die Materialfaktoren, die zu autonomen Tendenzen führen, üben ihre Wirksamkeit aus, *ohne daß sie in einem Plan bewußt berücksichtigt werden.*"

4 Wir interpretieren hier ein bekanntes Beispiel aus der Wahrnehmungspsychologie (s. z. B. von Parreren 1972, S. 236 f.).

5 S. van Parreren 1972, S. 167.

6 S. zur genauen Analyse eines ähnlichen Unterrichtsbeispiels Grzesik 1968.

7 S. van Parreren 1972, S. 164: „Diese Wahrnehmung mit veränderter Akzentuierung zugunsten eines Aspektes, der abstrahiert werden soll, stellt noch kein Begriffsverhalten dar – man nimmt immer noch konkrete Ganzheiten wahr –, macht aber die Situation gleichsam für die begriffliche Abstraktion des betreffenden Aspekts reif. Den Prozeß selbst, bei dem in der Wahrnehmung eine Akzentverschiebung stattfindet, nenne ich *wahrnehmungsmäßige Umstrukturierung.*"

8 S. z. B. Gagné 1969, S. 114 f.; Aebli 1961, S. 64 f.

9 Aebli 1963, S. 113.

10 Aebli 1963, S. 115.

11 Van Parreren 1972, S. 161.

12 Aebli 1963, S. 106.

13 Aebli 1963, S. 53 ff.

14 Fricke 1959, S. 100: „Jeder neue Begriff, jedes neue Verfahren ist aufzubauen auf einer dem Begriff oder Verfahren adäquaten oder isomorphen Grundveranschaulichung, das heißt einer solchen Veranschaulichung, die mit dem neuen Begriff (zum Beispiel gewöhnlicher Bruch) oder mit dem neuen Verfahren (zum Beispiel schriftliche Addition) die gleiche logische Struktur besitzt." – vgl. Stegmüller 1974, S. 133 ff.

15 Dienes 1970, S. 44 ff.

[16] Dienes 1970, S. 45.
[17] Dienes 1970, S. 97 ff.
[18] Van Parreren 1972, S. 253 ff.
[19] Van Parreren 1972, S. 119 ff.
[20] Aebli 1961, S. 84 ff.; Bühler 1969, S. 25 ff.
[21] Hierhin gehören: die von Rousseau erörterte Problematik, wieweit Geschichtsdarstellungen nur das faktisch Gewesene dem Educandus vermitteln sollen oder auch dessen Beurteilung, die von Litt gehegte Hoffnung, daß die „Einführung" in zeitüberlegene klassische Werke zu einer Auseinandersetzung zwischen Educandus und objektivem Geist ohne Einschaltung des Lehrers führe, und viele aus Aversion gegen die „Lehrerfrage" gegebene weitreichende Gegenstandsinformationen.
[22] Aebli 1963; Pestalozzi 1961; Hönigswald 1966.
[23] Van Parreren 1972, S. 299.
[24] Van Parreren 1972, S. 349.
[25] Heckhausen 1969.
[26] Hörmann 1970, S. 78.
[27] Hörmann 1970, S. 80: „Die eine Stimme wird als A bezeichnet, die andere als B. Die Vp erhält die Instruktion, nur auf die von A gestellten Fragen zu achten.

Unter diesen Umständen stört die zweite Stimme (B) nahezu überhaupt nicht!

Allerdings muß die Vp die Instruktion, nur auf A zu achten, vor Eintreffen der Fragen haben. Fordert man sie erst hinterher auf, die von A gestellten Fragen zu beantworten, so hat die Vp nicht weniger Schwierigkeiten als bei der Aufgabe, A's *und* B's Fragen zu beantworten. Die vor den Fragen eingegangene Instruktion ‚Beantworte nur die Fragen von A' setzt also einen sehr wirksamen Selektionsmechanismus in Gang, der einen Teil (nämlich den von B kommenden) der Information vernichtet, um dadurch einen anderen Teil (den von A kommenden) ohne Störung empfangen zu können."
[28] Hörmann 1970, S. 82: „Von der relevanten Mitteilung muß nach 4 sec sozusagen eine Kopie noch vorhanden sein – und: die irrelevante Mitteilung wird anscheinend doch nicht ‚unbesehen' weggeworfen; der Wahrnehmungsapparat nimmt auch von ihr in bestimmter Weise Kenntnis ... Der Empfänger hört zwar nur einem Kanal zu, aber wenn er dabei bemerkt, daß dies der irrelevante ist, so kann er auf den anderen umschalten und findet dort noch das vor, was auf Kanal 2 eben abgelaufen ist! (Die Ereignisse in Kanal 1 und 2 sind objektiv ja strikt gleichzeitig.) Was an akustischem Input sich ereignet, wird also auf jeden Fall für eine kurze Zeit aufbewahrt. Wird dann entschieden, daß es irrelevant ist, so wird es zur weiteren Verarbeitung nicht zugelassen (und bald vergessen)." – S. 83: „Wenn der Informationsgehalt beider Mitteilungen zusammen nur für kurze Zeit die Kapazitätsgrenze übersteigt, so kann der Überschuß gespeichert werden, bis er verarbeitet werden wird. (Das ist dann möglich, wenn in den nächsten Sekunden der Input nicht mehr zu hoch ist.)"

[29] Friedrich Kainz: Psychologie der Sprache, IV. Band, Stuttgart 1956, S. 196 ff.: „Das Auge und die optische Perzeption".

[30] Krech/Crutchfield 1974, S. 101 ff.

[31] S. zur Unterbrechung des Leseprozesses Grzesik S. 141 ff.

Zum V. Kapitel:

[1] Mit einer Gruppe von Mitarbeitern bereite ich seit längerer Zeit experimentelle Untersuchungen im Anschluß an die hier entwickelte Konzeption vor. Sie haben zur Ausarbeitung eines Forschungsprojektes geführt. Mit der Ausführung dieses vom Land Nordrhein-Westfalen geförderten Forschungsvorhabens haben wir im Februar 1976 begonnen.

[2] Vgl. Luhmann 1968, Grzesik 1975 (2) und (3), Tenbruck 1972.

[3] Vgl. u. a. Winnefelds Aussagen über die Faktorenkomplexion des pädagogischen Feldes, Winnefeld 1967, S. 34 ff.

[4] Roth H. 1966, S. 223.

[5] Kerschensteiner 1963, S. 84: „Indem der Schüler dort den rechten Sinn der Wortbeziehungen, hier den rechten Sinn der Erscheinungsbeziehungen ermiteln will, stellen sich hier wie dort Denkschwierigkeiten ein, die in ihm von selbst Vermutungen in Form von bestimmten Fragen aufsteigen lassen."

[6] Herbart 1963, S. 50: „Die ruhende Vertiefung, wenn sie nur reinlich ist und lauter, *sieht* das Einzelne *klar*. Denn alsdann nur ist sie lauter, wenn Alles, was im Vorstellen eine trübe Mischung macht, fern bleibt, – oder, durch die Sorge des Erziehers *entmischt*, mehreren und verschiedenen Vertiefungen einzeln dargeboten wird."

[7] Comenius 1960, S. 139 f.

[8] S. Bloch 1969, Herbart 1963, Copei 1966, Dewey 1951, Roth H. 1966, Correll 1970, Kerschensteiner 1963.

[9] S. die von Crowder entwickelte Form des programmierten Unterrichts, Crowder 1969.

[10] Herbart 1963, S. 66: „Wenn nun der Unterricht auf diese Weise jede kleine Gruppe von Gegenständen behandelt, so entstehen der Gruppen *viele* im Gemüth, und jede derselben ist so lange in einer *relativen* Vertiefung gefasst worden, bis sie alle in eine höhere Besinnung sich vereinigen. Aber die Vereinigung der Gruppen setzt vollkommene Einheit jeder Gruppe voraus. So lange nun das letzte Einzelne der Bestandtheile jeder Gruppe noch auseinanderfallen möchte, ist an die höhere Besinnung nicht zu denken. Es giebt aber über der höheren Besinnung noch höhere, und so fort unbestimmt aufwärts bis zu allumfassenden höchsten, die wir durch das System der Systeme suchen, aber nicht erreichen. Auf alles dies muss die frühere Jugend Verzicht thun. Sie ist immer in einem Mittelzustande zwischen Vertiefung und Zerstreuung. Der frühere Unterricht bescheide sich, das, was man im höhern Sinn System nennt, nicht geben zu können; er schaffe dagegen desto mehr *Klarheit jeder Gruppe;* er *associire* die Gruppen desto fleissiger und mannigfaltiger, und sorge, dass die *Annäherung zur umfassenden Besinnung von allen Seiten gleichmässig geschehe.*"

[11] Während Luhmann (1968) Zwecktechnik und konditionale Technik scharf entgegensetzt, scheint uns ihre Verknüpfung für die Unterrichtsplanung erforderlich zu sein.

[12] S. Duncker 1966, S. 52 zur „Zielexplikation".

[13] Heckhausen 1969.

[14] Heckhausen 1969.

[15] S. z. B. die zusammenfassende Darstellung von Nickel 1973.

[16] Vgl. die von Herbart ausgebildete pädagogische Kombinatorik (s. hierzu die Arbeit von Blaß 1969). Die Unterschiede gegenüber Herbart können hier nicht ausdrücklich erörtert werden. Sie betreffen vor allem die Art der Abgrenzung von Faktoren und ihre von uns vorgenommene nicht nur kombinatorische, sondern funktionale Verknüpfung.

[17] Bei den von uns eingeleiteten experimentellen Untersuchungen halten wir aus wissenschaftsmethodischen Gründen die Zahl der gleichzeitigen und aufeinanderfolgenden Veränderungen in der externen Lernsituation noch relativ niedrig. Es werden z. B. relativ kurze Instruktionenfolgen mit unterschiedlicher Belegung ihrer Variablen auf ihre Effektivität hin überprüft.

[18] Vgl. Aebli 1961, S. 78.

[19] Vgl. zum Lernen eines Begriffsverhaltens Gagné 1969 und van Parreren 1972, zum Lernen einer Begriffsdefinition Gagné 1969, S. 120, zu einer Mischform zwischen beiden Arten des Begriffslernens van Parreren 1972, S. 171 ff.

[20] S. Dietrich 1969, S. 34.

[21] Eine im Gefolge von Dewey aufgetretene Form des Pragmatismus, die dessen Auffassung von der Zielsetzung im Unterricht stark verkürzt (vgl. Dewey 1964).

[22] Vgl. Mager 1969.

[23] Vgl. z. B. die Abschnitte über Zielplanung in: Grzesik 1976.

[24] Die Begründung hierfür muß durch die Handlungstheorie geliefert werden, die nicht nur im Anschluß an Husserl die Struktur von Haupt- und Nebenintentionen in komplexen Bewußtseinsakten berücksichtigt, sondern auch die Verteilung der jeweils zur Verfügung stehenden Energie auf die einzelnen Intentionen der komplexen Handlung. Das folgende Beispiel kann nur als Hinweis auf das energetische Problem dienen: Die Energie ist z. B. anders verteilt, wenn man sich die Technik des Maschineschreibens anzueignen sucht als wenn man sich dieser bereits geläufig gewordenen Technik bei voller Konzentration auf die Formulierung von Gedanken bedient. Wird aber einer Intention mehr Energie entzogen, als sie jeweils zu ihrer Realisierung bedarf, dann treten Störungen auf, die nur durch einen zusätzlichen Energieaufwand in diesem Sektor wieder behoben werden können. Es ist deshalb sicher ein wichtiges Ziel des Lernens, die zur Verfügung stehende Energie jeweils so auf die erforderlichen Intentionen zu verteilen, daß die für die Bewältigung einer Aufgabe erforderliche Gesamtleistung einer Handlung zustandekommt.

[25] Vgl. Grzesik 1975 (3), S. 205 ff.

Literaturverzeichnis

Aebli, H.: Grundformen des Lehrens, 3. A. Stuttgart 1961

– Psychologische Didaktik, 2. A. Stuttgart 1966

– Über die geistige Entwicklung des Kindes, Stuttgart 1963

Antenbrink, H.: Unterricht als Determinante kognitiven Denkens, Weinheim und Basel 1973

Augustinus, A.: Der Lehrer, Paderborn 1963

Bachmair, G.: Unterrichtsanalyse, Weinheim und Basel 1974

Biddle, B. J.: Methoden und Konzeptionen der Unterrichtsforschung in: Unterrichtsforschung und didaktische Theorie, hg. von Günther Dohmen, Friedemann Maurer, Walter Popp, München 1970

Blass, J. L.: Herbarts pädagogische Denkform, Wuppertal, Ratingen, Düsseldorf 1969

Bloch, K. H.: Der Streit um die Lehrerfrage, Wuppertal 1969

Bönsch, M.: Zielorientiertes Lernen mit Hilfe spezieller Unterrichtsmethoden, München 1974

Brezinka, W.: Von der Pädagogik zur Erziehungswissenschaft, Weinheim, Berlin, Basel 1971

Bühler, K.: Die Axiomatik der Sprachwissenschaften, Ffm 1969

Comenius, J. A.: Große Didaktik, 2. A. Düsseldorf und München 1960

Copei, F.: Der fruchtbare Moment im Bildungsprozeß, 8. A. Heidelberg 1966

Correll, W.: Lernpsychologie, 9. A. Donauwörth 1970

Crowder, N. A.: Über die Unterschiede zwischen linearem und verzweigtem Programmieren, in: Zur Theorie und Praxis des programmierten Lernens, hg. v. Werner Correll, Darmstadt 1969

Cube, F. v.: Kybernetische Grundlagen des Lehrens und Lernens, Stuttgart 1965

Descartes, R.: Regeln zur Leitung des Geistes, Hamburg 1962

Dessauer, F.: Philosophie der Technik, Bonn 1927

Dewey, J.: Demokratie und Erziehung, 3. A. Braunschweig 1964

– Wie wir denken, Zürich 1951

Dienes, Z. P./Golding, E. W.: Methodik der modernen Mathematik, Freiburg, Basel, Wien 1970

Dietrich, G.: Bildungswirkungen des Gruppenunterrichts, 2. A. München 1969

Döring, K. W.: Lehr- und Lernmittel: Medien des Unterrichts, 2. A. Weinheim und Basel 1973

Dolch, J.: Grundbegriffe der pädagogischen Fachsprache, München 1963

Duncker, K.: Zur Psychologie des produktiven Denkens, Berlin 1966

Flanders, N. A.: Teacher Influence, Pupil Attitudes, and Achievement, Ann Arbor 1962, University of Michigan

Flechsig, K. H.: Die technologische Wendung in der Didaktik, in: Unterrichtsforschung und didaktische Theorie, hg. v. Günther Dohmen, Friedemann Maurer, Walter Popp, München 1970

Flitner, W.: Theorie des pädagogischen Weges, 7. A. Weinheim 1965
Frege, G.: Logische Untersuchungen, Göttingen 1966
– Funktion, Begriff, Bedeutung, 3. A. Göttingen 1969
Fricke, A.: Operatives Denken im Rechenunterricht als Anwendung der Psychologie Piagets, in: Westermanns Päd. Beiträge 1959
Gadamer, H.-G.: Wahrheit und Methode, Tübingen 1960
Gagné, R. M.: Die Bedingungen des menschlichen Lernens, Hannover 1969
Gaudig, H.: Didaktische Präludien, Leipzig und Berlin 1923
Graumann, C. F.: Einführung in die Psychologie, Motivation, Bern und Stuttgart 1969
Grell, J.: Techniken des Lehrerverhaltens, 3. A. Weinheim und Basel 1975
Groeben, N.: Die Verständlichkeit von Unterrichtstexten, Münster 1972
Grzesik, J.: Zur Frage der Sachgerechtigkeit der dialektischen Themenfassung und ihres Verhältnisses zur Schülerleistung, in: Der Deutschunterricht 14/1962
– Vom praktischen Nutzen einer wissenschaftlichen Begründung des Unterrichtens, in: Die Höhere Schule 1968
– Zur didaktischen Relevanz der von Hans Aebli entwickelten Formel für den Schwierigkeitsgrad der geistigen Leistung, in: Pädagogische Rundschau 23/1969
– Theorie und Praxis der Unterrichtsplanung, in: Wissenschaftstheorie der Geisteswissenschaften, hg. v. Roland Simon-Schaefer / Walter Ch. Zimmerli, Hamburg 1975 (1)
– Die Rolle der Zweck-Mittel-Relation bei der Planung von Lernprozessen, in: Bildungstradition und moderne Gesellschaft, Hannover 1975 (Festschrift für H.-H. Groothoff) (2)
– Probleme und Möglichkeiten der Planung von Unterrichtsmethoden, in: Die Neueren Sprachen, H. 3, Jg. 1975 (3)
– Planung des Literaturunterrichts, Kastellaun 1976
Habermas, J.: Technik und Wissenschaft als ‚Ideologie', Ffm 1968
Habermas, J. / Luhmann, N.: Theorie der Gesellschaft oder Sozialtechnologie, Ffm 1971
Hausmann, G.: Didaktik als Dramaturgie des Unterrichts, Heidelberg 1959
Heckhausen, H.: Förderung der Lernmotivierung und der intellektuellen Tüchtigkeiten, in: Begabung und Lernen, hg. v. H. Roth, 3. A. Stuttgart 1969
Heidegger, M.: Die Technik und die Kehre, Pfullingen 1962
Heimann, P.: Didaktik als Theorie und Lehre, in: Die Deutsche Schule 9/1962, S. 407–427
Herbart, J. F.: Die Pädagogik Herbarts. Allgemeine Pädagogik aus dem Zweck der Erziehung abgeleitet, 5. A. Weinheim 1963
– Umriß pädagogischer Vorlesungen. Aphorismen zur Pädagogik, Paderborn 1957
Hermann, E.: Probleme der Frage, in: Nachrichten von der Akademie der Wissenschaften in Göttingen aus dem Jahre 1942
Hönigswald, R.: Die Grundlagen der allgemeinen Methodenlehre, Bonn 1969

– Studien zur Theorie pädagogischer Grundbegriffe, Darmstadt 1966
Hörmann, H.: Psychologie der Sprache, Berlin, Heidelberg, New York 1970
Huber, F.: Allgemeine Unterrichtstheorie, Bad Heilbrunn/OBB 1972
Ingarden, R.: Vom Erkennen des sprachlichen Kunstwerkes, Darmstadt 1968
Kamlah, W. / Lorenzen, P.: Logische Propädeutik, Mannheim 1967
Kerschensteiner, G.: Wesen und Wert des Naturwissenschaftlichen Unterrichts, München 1963
Klauer, K. J.: Methodik der Lehrzieldefinition und Lehrstoffanalyse, Düsseldorf 1974
Köck, F.: Moderne Unterrichtsführung durch Impuls und Appell, Donauwörth 1972
Koskenniemi, M.: Elemente der Unterrichtstheorie, München 1971
Krech, D. / Crutchfield, R. S.: Grundlagen der Psychologie, Bd. I, 6. A. Weinheim und Basel 1974
Kron, F. W.: Theorie des erzieherischen Verhältnisses, Bad Heilbrunn/OBB 1971
Ladanyi, W.: Zur logischen Analyse der Fragesätze, in: Acta Linguistica 15/1965
Lewin, K.: Die psychologische Situation bei Lohn und Strafe, Darmstadt 1964
Litt, Th.: Das Wesen des pädagogischen Denkens, in: Führen oder wachsen lassen, 11. A. Stuttgart 1964
Loeser, F.: Interrogativ-Logik, Berlin 1968
Löwith, K.: Das Individuum in der Rolle des Mitmenschen, Darmstadt 1969
Louis, B.: Unterrichtliche Steuerung und Selbständigkeit des Denkens, München 1974
Luhmann, N.: Funktion und Kausalität, in: Kölner Zeitschrift für Soziologie, Band 14, 1962
– Funktionale Methode und Systemtheorie, in: Soziale Welt, 15/1964
– Zweckbegriff und Systemrationalität, Über die Funktion von Zwecken in sozialen Systemen, Tübingen 1968
Lunzer, E. A. / Morris, J. F.: Das menschliche Lernen und seine Entwicklung, Stuttgart 1971
Mager, R. F.: Lernziele und Programmierter Unterricht, 9. A. Weinheim, Berlin, Basel 1969
Maier, H. / Pfistner, H. J.: Die Grundlagen der Unterrichtstheorie und der Unterrichtspraxis, Heidelberg 1971
Makarenko, A. S.: Ein pädagogisches Poem „Der Weg ins Leben", Ffm, Berlin, Wien 1972
Marcuse, H.: Der eindimensionale Mensch, Neuwied 1967
Meyer, H. L.: Einführung in die Curriculum-Methodologie, München 1972
Nickel, H.: Stile und Dimensionen des Lehrerverhaltens, in: Der Lehrer in Schule und Gesellschaft, hg. v. Klaus Betzen und Karl Ernst Nipkow, 3. A. München 1973
Oerter, R.: Psychologie des Denkens, Donauwörth 1971
Parreren, C. F. van: Lernprozeß und Lernerfolg, 2. A. Braunschweig 1972

Pestalozzi, J. H.: Wie Gertrud ihre Kinder lehrt und ausgewählte Schriften zur Methode, Paderborn 1961
Petersen, P. und E.: Der Sinn der Tatsachenliste, in: Westermanns Pädagogische Beiträge 6/54 V, S. 221
– Die pädagogische Tatsachenforschung, hg. v. Theodor Rutt, Paderborn 1965
Petzelt, A.: Von der Frage, Freiburg 1927
Piaget, J.: Psychologie der Intelligenz, Zürich 1966
– Sprechen und Denken des Kindes, Düsseldorf 1972
Priesemann, G.: Zur Theorie der Unterrichtssprache, Düsseldorf 1971
Roth, H.: Pädagogische Psychologie, Hannover 1966
Roth, L.: Effektivität von Unterrichtsmethoden, Hannover 1971
Rousseau, J.-J.: Emile oder Über die Erziehung, Stuttgart 1963
Rumpf, H.: Sachneutrale Unterrichtsbeobachtung, in: Unterrichtsforschung und didaktische Theorie, hg. v. Günther Dohmen, Friedemann Maurer, Walter Popp, München 1970
Ryans, D. G.: Characteristics of Teachers, Washington D. C. 1960, American Council on Education
Scheuch, E. K.: Die Lehre von der Frage, in: Das Interview, Formen, Technik, Auswertung, hg. v. René König, 7. A. Köln 1969, S. 140
Schleiermacher, F. E. D.: Ausgewählte pädagogische Schriften, Paderborn 1959
Schröter, G.: Didaktik als Struktur der Lehrfunktionen, Düsseldorf 1972
Schultze, W. / Schleiffer, G.: Arbeitszeitanalyse des Volksschullehrers und Rationalisierung des Unterrichts, Ffm 1965, Deutsches Institut für internationale pädagogische Forschung
Schulz, W.: Unterricht und Analyse, 2. A. Hannover 1965, in: Paul Heimann, Gunter Otto, Wolfgang Schulz (gleicher Titel)
Skinner, B. F.: Erziehung als Verhaltensformung, Grundlagen einer Technologie des Lehrens, München-Neubiberg 1971
Skowronek, H.: Psychologische Grundlagen einer Didaktik der Denkerziehung, Hannover 1968
Smith, L. M. / Hudgins, B. B.: Pädagogische Psychologie I, Stuttgart 1971
Spanhel, D.: Die Sprache des Lehrers, Düsseldorf 1971
Stegmüller, W.: Wissenschaftliche Erklärung und Begründung, Berlin, Heidelberg, New York 1974
Steinbeck, B.: Einige Aspekte des Funktionsbegriffs in der positiven Soziologie und in der kritischen Theorie der Gesellschaft, in: Soziale Welt, 15/1964
Stern, Cl. und W.: Die Kindersprache, Darmstadt 1965
Stöcker, K.: Neuzeitliche Unterrichtsgestaltung, 14. A. München 1970
Tausch, R. und A.-M.: Erziehungspsychologie, Göttingen 1965
Tenbruck, F. H.: Zur Kritik der planenden Vernunft, Freiburg/München 1972
Weber, M.: Soziologie, weltgeschichtliche Analysen, Politik, Stuttgart 1964
Weniger, E.: Didaktik als Bildungslehre, Teil 2, Didaktische Voraussetzungen der Methode in der Schule, 4./6. A. Weinheim 1965

Winnefeld, F.: Pädagogischer Kontakt und Pädagogisches Feld, 4. A. München 1967

Ziller, T.: Die Theorie der formalen Stufen des Unterrichts, Heidelberg 1965

Sachregister